08

出版
行思录

刘伯根 著

出版集团战略投资论

人民出版社

◇ 本卷说明 ◇

本卷《出版集团战略投资论》是作者曾经出版过的原名专著，初版于 2011 年。是作者对创新出版企业战略管理模式、培育大型骨干文化企业和战略投资者的深入思考。此次再版，基本保持原貌，只做了极少的修订。

正文前，有柳斌杰先生所作的序《打造出版战略投资者》；正文后，附有本卷作者后记、《出版行思录》作者后记。

出版
集团
战略投资论

STRATEGIC
INVESTMENT
OF PUBLISHING
GROUPS

刘伯根⊙著

新星出版社 NEW STAR PRESS

原版封面书影

图书在版编目（CIP）数据

出版集团战略投资论 ／ 刘伯根著． —— 北京 ：新星出版社，2011.7
ISBN 978-7-5133-0302-6

Ⅰ．①出… Ⅱ．①刘… Ⅲ．①出版发行－企业集团－投资－研究－中国
Ⅳ．①G239.2

中国版本图书馆CIP数据核字(2011)第112250号

出版集团战略投资论

刘伯根 著

责 任 编 辑：罗　晨
责 任 印 制：韦　舰
装 帧 设 计：视觉共振

出 版 发 行：新星出版社
出　版　人：谢　刚
社　　　址：北京市西城区车公庄大街丙3号楼 100044
网　　　址：www.newstarpress.com
电　　　话：010-88310888
传　　　真：010-88310899
法 律 顾 问：北京市大成律师事务所

读 者 服 务：010-88310800　service@newstarpress.com
邮 购 地 址：北京市西城区车公庄大街丙3号楼 100044

印　　　刷：三河市南阳印刷有限公司
开　　　本：710×1000　1/16
印　　　张：21
字　　　数：260 千字
版　　　次：2011年7月第一版　2011年7月第一次印刷
书　　　号：ISBN 978-7-5133-0302-6
定　　　价：35.00元

原版版权页书影

序

打造出版战略投资者

柳斌杰

　　当代中国正在新的历史起点上向新的目标迈进，文化在建设中国特色社会主义事业中的地位日益凸显，对经济社会发展的影响越来越大，作用愈加突出。胡锦涛总书记在中央政治局第二十二次集体学习时发表的重要讲话，高屋建瓴地指出："要推进文化产业结构调整，推进传统文化产业提升改造，积极培育发展新兴文化产业，鼓励有实力的文化企业跨地域、跨行业经营和重组，提高文化产业规模化、集约化、专业化水平。要推进文化和科技融合，提高文化企业装备水平和科技含量，培育新的文化业态。要鼓励和引导文化企业面向资本市场融资，促进金融资本、社会资本和文化资源的对接"。这一精辟的论述不仅为我国文化产业的未来道路、发展方式指明了方向，也高度肯定了兼并、重组、上市融资、跨地域跨领域经营等战略投资方式对于发展文化产业的重要作用和现实意义。

　　经济全球化本质上就是战略投资者的全球选择。有了战略投资者，才有企业扩张行为。企业的兼并、重组、托管、收购、跨国发展，发行股票和债券，资产的剥离、置换、出售等，都是战略投资者在现代市场经济条件下普遍采用的资本经营方式。战略投资者一般具有资金、技术、管理、市场、人才优势，致力于长期投资合作，谋求长期利益回报和企业可持续发展。通过开展一系列战略投资活动，战略投资者可以增强企业核心竞争力和创新能力，提高企业市场占有率，实现规模经济和范围经济，促进产业结构转型升级，带动全行业企业规模化、信息化、国际化发展。从国际出版业发展的历史经验来看，开展战略投资和资本运营是大型国际出版集团迅速壮大、出版业市场规模大幅扩容的必由之路。1950～1980年，美国出版界爆发了企业上市热潮，一大批知名出版企业募得巨额资金做大做强，奠定了美国出版业的新格局。2000～2008年，美国出版传媒业开展了1026次资本并购，年均114次；交易金额达774亿美元，年均86亿美元。近年来，在国际金融危机的震荡之下，国际出版业新一轮的兼并重组更加如火如荼。据美国一家媒体信息服务商报告显示，2010年第一季度，全球媒体跨国并购市场达成交易198宗，总交易额约为45亿美元。可以预见，随着全球经济的逐渐复苏，国际大型出版集团向纵深领域的战略投资活动将更加活跃。他山之石，可以攻玉，培育一批战略投资者，开展多种形式的战略投资活动，壮大我国出版企业的实力，也是我国新闻出版业改革的题中应有之义。

党的十六大以来，在党中央、国务院的正确领导下，新闻出版界认真贯彻落实科学发展观，坚持把发展作为第一要务，大力推进思想观念、体制机制、发展方式、管理模式的转变，极大地解放和发展了新闻出版生产力，全行业成功实现了大改革、大发展、大变化、大跨越。2009 年，我国新闻出版业总产出超过 1 万亿元，图书出版品种和总量居世界第一，成功跻身于出版大国行列。截至 2010 年年底，全国经营性出版社完成转企改制的历史任务，实现由事业单位向企业法人的身份转换，按照市场经济的基本法则初步建立了现代企业制度，不仅为经营性文化事业单位规范转制树立了典范，而且为文化体制改革工作确立了标杆，积累了经验。一批出版发行集团、报业集团、期刊集团作为新兴市场主体的地位初步确立，重构了我国出版业的基本格局。一批出版传媒企业进入资本经营层次，45 家出版传媒企业在境内外资本市场成功上市，市值超过 5700 亿元，净融资达到 2000 亿元，成为行业内实力雄厚的新兴战略投资者，成为国内外证券市场一支引人瞩目的力量。

改革的目的是加快发展，发展的目标是做大做强。应该看到，我国出版业目前总体上还是大而不强，其中最大的问题是缺乏名牌企业和战略投资者。因此，要选择那些体制机制改革到位、整体实力较强、基础条件较好的出版企业集团，通过上市融资、资本重构、出版资源倾斜等措施重点加以培育，造就一批新闻出版骨干企业和战略投资者，力争在 3～5 年内，培育出六七家资产、销售超过双百亿的国内一流、国际知名的大型出版传媒企业，成为文化产业的战略投资者，占据中国文化投资和出版市场的主导地位。全力推进新闻出版企业整合资源、联合重组和结构调整，鼓励那些业务相近、性质相同、产业相通的新闻出版企业跨媒体、跨行业、跨地区、跨所有制并购、联营、重组，迅速成长壮大。

在我看来，打造出版传媒战略投资者、加快进军战略投资市场具有十分重要的意义。

第一，有助于增强国家文化实力。文化是一个国家和民族凝聚力和创造力的源泉，是综合国力竞争的重要因素。我们的文化在世界上缺乏影响力，没有足够的话语权，要在新的国际竞争中立于不败之地，就必须进一步增强文化竞争力和文化软实力。当前，我国出版企业与国际知名出版集团的资产规模相差甚大，企业国际竞争力和产业综合实力都还不够强。通过产业内企业之间的战略投资，培育优秀的战略投资者，大力提高出版企业集团的整体实力和品牌影响力，才能不断扩大主流文化阵地，才能进一步提升中国出版业在世界出版格局中的地位，才能提升中华文化的国际影响力和传播力。

第二，有助于提高出版业市场化水平。由于长期受计划经济体制的影响，我国出版业的市场化程度较低，资源配置方式落后，市场体系建设还有较大差距。通过出版企业的战略投资活动，有利于以市场为基础自由配置出版资源，实现资源配置效率的帕累托最优或次优；有利于打破地方封锁和行政壁垒，进一步完善统一开放，竞争有序、健康繁荣的全国出版物大市场。

第三，有助于转变出版业发展方式。十七届五中全会提出，文化产业将成为国民经济的支柱产业，作为文化产业的中坚力量，出版业具有资源消耗低、环境污染少、科技文化含量高的特点，是典型的"低碳经济""朝阳产业"，日益成为新的重要的经济增长点。通过战略投资活动，有利于集聚优质出版资源，淘汰落后出版产能，促进出版产业由数量扩张、粗放经营向质量提高、集约经营转变；有利于优化出版产业结构，改变过于倚重教材教辅的传统出版格局，建构教育出版、专业出版和大众出版"三驾马车"并驾齐驱和传统业态、电子业态、数字业态共同发展的新型出版格局。

第四，有助于加快出版业技术进步。数字信息技术作为新型的生产技术，是实现传统出版业转型升级的重要推手和科技支撑。不少国际出版巨头的数字出版收入已经占到其总收入的50%以上。通过上市融资，出版企业可以将募集资金用于数字技术的研发和数字设备的更新上，探索出一条适合中国国情和出版业实际的数字出版道路，形成成熟的商业模式和盈利模式，实现整个产业的转型升级。

面对鲜活的新闻出版改革发展实践，伯根同志的这本书可谓适逢其时，填补了国内这一领域的研究空白，具有重要的理论创新价值。它体现了伯根同志对创新出版企业战略管理模式、培育大型骨干文化企业和战略投资者的深入思考，凝聚了伯根同志20多年来为出版事业孜孜矻矻的探索的深厚感情。作者以学术上的慎思明辨和出版实践上的丰富体验立论成书，内涵丰富、视野开阔，值得认真一读。

我们正处于一个伟大的时代，历史呼唤着新的精神创造和文化辉煌。未来10年，我们将要实现由新闻出版大国向新闻出版强国的历史性跨越，目标远大、任务艰巨。新闻出版业必须有更大作为，也必将有更大作为。希望所有出版传媒业界同事，紧紧抓住加快发展方式转变这一主线，科学谋划新闻出版业"十二五"时期发展的新篇章，抓紧培育一批实力雄厚、品牌响亮、享誉世界的大型出版传媒战略投资者，打造更多的中国"出版航母"下水，千帆竞渡，击水中流，参与国际竞争，为实现建设世界新闻出版强国的宏伟目标，为中国特色社会主义文化大发展大繁荣而不懈努力！

2011年5月

目　录

第一章　绪论

第一节　研究背景及意义

1. 研究背景

随着文化体制改革的不断推进，我国出版业正经历着建国 60 多年来未有之变局。通过转企改制建立现代企业制度、塑造市场主体，通过打造和引进战略投资者做大产业规模、增强竞争实力，通过出版产业的大发展、大繁荣促进国家文化软实力的提升，已经成为我国出版改革的重要任务，成为我国出版产业面临的一个重大课题。

胡锦涛总书记在党的十七大报告中指出："事实雄辩地证明，改革开放是决定当代中国命运的关键抉择，是发展中国特色社会主义、实现中华民族伟大复兴的必由之路。"如果说 1978 年以来的改革开放对当代中国具有历史性、抉择性的重大意义，那么，出版领域的改革，尤其是党的十六大以来加速推进的出版改革，对中国出版业同样具有历史性、抉择性的重大意义。改革开放30年给出版业带来了多方面的变化，新闻出版总署署长柳斌杰曾于2008年将其总结为六个方面："一是解放思想转变了工作思路，二是改革开放发展了文化生产力，三是创新体制营造了新的市场机制，四是实现了政府从办出版向管出版的转变，五是公共文化服务得到了加强，六是中国出版业正在走向世界。"[1] 通过不断的改革创新，出版业在30年间发生了巨大变化，从数字来看，出版产业的产品规模、利润、机构数量等都较1978年有了大幅提高（见图1-1、图1-2）。

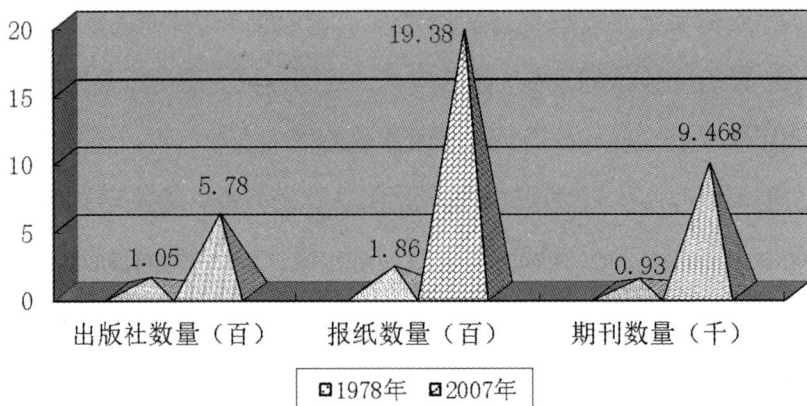

图1-1　我国出版业2007年与1978年情况比较

1　柳斌杰.改革开放30年给新闻出版业带来什么.中国图书商报，2008-1-18.

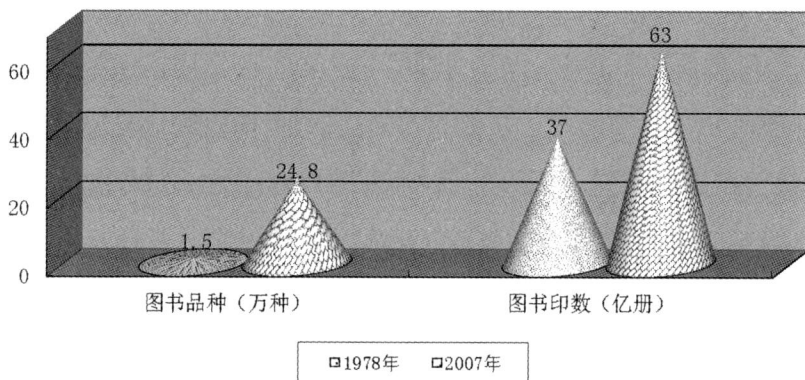

图 1-2   我国出版业 2007 年与 1978 年情况比较

但与其他领域的改革相比，出版改革还嫌滞后，这主要与出版业的特殊性质密不可分。在中国，出版业自古以来就被视为传播和积累文化的重要事业，商业色彩淡薄，公益性质突出。虽然"坊刻"带有明显的逐利色彩，但"官刻""私刻"及其所倡导的"出版公益论"却始终是古代中国出版思想的主流，出书被视为一项重要的文化活动而非商业活动。清代张海鹏的一段话颇能代表中国主流社会对出版业的认知："藏书不如读书，读书不如刻书，读书只以为己，刻书可以泽人。上以寿作者之精神，下以惠后来之沾溉。视区区成就一己之学业者，其道不更广耶？"[1]执政者则将出版视为治理国家的重要手段，唐代名臣魏徵就认为："夫仁义礼智，所以治国也，方技数术，所以治身也；诸子为经籍之鼓吹，

---

1 肖东发等 . 插图本中国图书史 . 高雄：凤仪知识产业股份有限公司 ,2006.140.

文章乃政化之黼黻，皆为治之具也。"[1]

随着商务印书馆、中华书局等一批近代出版企业的建立，出版的商业化逐渐完成，并于 20 世纪三四十年代达到发展高峰。即便如此，张元济、陆费逵等出版家仍以教育为怀，赋予出版企业以深厚的文化氛围与执着的文化追求。

新中国建立后，一批私人出版机构通过公私合营等形式完成了国有化进程，出版事业被确定为国家文化事业的重要组成部分，出版机构的各项经费被列入国家财政支出，出版业在计划经济的框架中运行，出版的商业色彩被完全抹去。改革开放后，出版改革被列上议事日程。1978 年以来，出版改革的进程大致可以分为四个阶段：(1)中共十一届三中全会后，重新确立了出版方针、性质、功能和任务，不断改进出版管理，迎来了出版事业竞争发展的新时代。当时的出版单位属于事业单位，但是开始实行企业化管理，出版业的重心在于满足国内读者的精神需求。(2)中共十三届四中全会后，强化了管理，健全了规范，促进了出版事业的理性发展和繁荣。(3)中共十五大后，新闻出版业以推进集团化建设为突破口进行产业结构调整。在中央出台的一系列政策的推动下，各地纷纷成立报业、出版、发行集团。至 2002 年 10 月，经中宣部、新闻出版总署批准组建的有关集团已有 51 家，其中出版集团 7 家，发行集团 5 家，期刊集团 1 家，报业集团 38 家。(4)中共十六大后，特别是全国文化体制改革试点工作会议后，出版改

1　肖东发等 . 插图本中国图书史 . 高雄：凤仪知识产业股份有限公司 ,2006.172.

革跃升到以转变体制为主要内容的新阶段。2003 年 6 月，全国文化体制改革试点工作会议召开，随后出台了《中共中央办公厅国务院办公厅转发〈中共中央宣传部、文化部、国家广电总局、新闻出版总署关于文化体制改革试点工作的意见〉的通知》。有 26 家新闻出版单位被确定为文化体制改革试点单位，其中出版单位 9 家、发行单位 6 家、新闻单位 11 家。转企改制成为这一阶段出版改革的中心工作。至 2010 年 12 月，全国已成立出版集团 36 家，报业集团 49 家；全国 580 家图书出版社中，除人民出版社、盲文出版社以及少数民族文字的、军队的等部分出版社保留事业性质外，其余绝大多数出版社都已经或即将转制为出版企业；全国 9000 多种报刊，已有 1069 家非时政类报刊出版单位转制为企业法人；49 家报业集团全部完成了"两分开"，以发行、印刷、广告为主组建了报业集团公司。

出版业具有意识形态的特殊性，只能在确保正确舆论导向、确保国家文化安全的前提下推进体制改革，这就使改革增加了难度，加大了成本，也无疑在时间上落后于其他领域。在经济领域，早在 20 世纪 80 年代中期就已经开始了资本的多元化整合。20 世纪 90 年代就解决了"姓社姓资""姓公姓私"的问题，社会主义的旗帜上有了市场经济，兼并、重组、跨地区、跨行业、跨所有制经营成为合法的市场活动。而出版业在这方面则有"滞后"之感，大多数还在计划经济惯性和市场经济模式的双重作用下运行，市场主体、竞争能力尚未完全形成。

因此，如何在出版企业特别是出版企业集团中引入战略投资，培育和打造战略投资者，通过进入资本市场筹集发展资金，通过联合、兼并、重组优化产品结构、形成竞争优势，通过培育新型业态、优化产业结构做大做强我国出版产业，就成为我国出版改革所面临的主要课题。

2. 研究意义

（1）出版产业战略投资是提高国家文化软实力的需要

20 世纪 90 年代，学者们对冷战后的世界产生了两种不同的著名观点，一个是塞缪尔·亨廷顿提出的"文明的冲突"观点，另一个是约瑟夫·奈提出的"文化软实力"[1]观点。两者在结论上虽有不同，却都将文化竞争力纳入国家综合实力的范围中。亨廷顿的理论强调了冲突的不可避免，认为冷战后世界格局的决定因素表现为七大或八大文明，即中华文明、日本文明、印度文明、伊斯兰文明、西方文明、东正教文明、拉美文明，还有可能存在的非洲文明。冷战后的世界，冲突的基本根源不再是意识形态，而是文化方面的差异，主宰全球的将是"文明的冲突"。约瑟夫·奈的"文化软实力"概念，则强调了不同文明在融合基础之上的相互竞争。

---

1 20 世纪 90 年代初，哈佛大学教授约瑟夫·奈首创"软实力"（Soft Power）概念，从此启动了"软实力"研究与应用的潮流。按照他的观点，软实力是一种能力，它能通过吸引力而非威逼或利诱达到目的，是一国综合实力中除传统的、基于军事和经济实力的硬实力之外的另一重要实力。这一概念的提出，明确了软实力的重要价值，将它提升到与传统的"硬实力"同等甚至更为重要的位置——正如约瑟夫·奈所言，"硬实力和软实力同样重要，但是在信息时代，软实力正变得比以往更为突出"。

对文化软实力的推崇是我国的传统。中国传统文化向来崇尚"王道"而贬斥"霸道"，主张"文化"而反对"征伐"。所谓"王道"，即以人文化成天下，以文化软实力提高国家竞争力；所谓"霸道"，即以干戈征服异邦，通过军事等硬实力夺取胜利。在人类历史上，曾经存在数以万计的民族，但很多民族都因精神支柱垮塌而消失在历史的长河中，唯有中华民族因其延绵不绝的文化生命力而五千年屹立于世。这其中，记载和传承文化的图书文献发挥了重要作用。

中国历史上，国家文化软实力通过出版实力得到了淋漓尽致的体现。主要体现在两个方面：一是中国古代藏书丰富，是世界四大文明古国中历史文献最为丰富的国家；二是中国图书在周边国家和地区，尤其是在日本、越南、朝鲜半岛等地广泛流传，并对这些国家和地区产生了重大影响。

我国历代政府和知识分子都重视藏书。据《古今书录》记载，唐代政府的藏书最盛时达51853卷，另有宗教图书9500多卷。隋代藏书规模达到了9万多卷。私人藏书在万卷以上的，不下20家。不少汉籍流传至日本等地，催生了汉字文化圈。中国政府还通过"赐书"，展现文化软实力。唐开元年间，吐蕃以金城公主名义求《毛诗》《礼记》《左传》《文选》等图书；唐太宗时，政府将《晋书》赐给新罗。1055年，西夏帝遣使向宋朝购买史传和佛经。中国古代图书数量见表1-1。

表 1-1　中国古代图书数量简表 [1]

时期	图书数量（卷）
先秦两汉	13000
魏晋南北朝	30000
隋唐五代	60000
宋代	100000
辽金元	不详
明代	100000
清代	138000

历史上，中国图书曾大量流传至朝鲜半岛、日本以及越南等许多国家，并对其思想文化的形成与发展产生过重要的影响。关于日本汉籍的研究目前已经有许多论文与论著出现，在此不再赘述。汉籍对朝鲜半岛也产生了巨大影响，中华文化的软实力借助出版物而得以充分展现。《南齐书》卷五八《东南夷传》记载，高句丽、新罗、百济三国时代的士人已"知读'五经'"。《周书》卷四九《异域传》上，也记载其国"书籍有'五经'、'三史'、《三国志》、《晋阳秋》"。《旧唐书》卷一九九上《东夷传》记载，《文选》一书，其国士人"尤爱重之"。到了高丽时代，汉籍传入朝鲜半岛的就更多了。高丽成宗九年（宋太宗淳化元年，990 年），在成宗所

---

[1]　此表据曹之《中国古籍编撰史》相关数据而来，因学者对历代图书数量尚无定论，争议颇多且民间著述多湮没无闻，故此表数据仅为约数，在此仅作为参考，以窥古代中国出版实力之强。参见：曹之.中国古籍编撰史.武汉：武汉大学出版社,1999.

下的教令中曾说道，自其即位以来，"盖以崇儒，踵修曩日之所修，继补当年之所补。沈隐士二万余卷，写在麟台；张司空三十车书，藏在虎观。欲收四部之典籍，以畜两京之府藏，青衿无阅市之劳，绛帐有执经之讲，使秦汉之旧俗，知邹鲁之遗风，识父慈子孝之常，习兄友弟恭之懿。宜令所司于西京开置修书院，令诸生抄书史籍而藏之"（《高丽史》卷三）。宋徽宗宣和年间，徐兢以奉议郎为国信使出使高丽，归而撰成《宣和奉使高丽图经》40 卷。《高丽史》卷三四忠肃王元年秋六月庚寅记载，高丽成均馆博士柳衍、学谕俞迪先是被派遣入元，购得经籍一万八百卷而还。当年七月，洪瀹便又奏请朝廷，元仁宗因再"赐（高丽忠肃）王书籍 4371 册，共计 17000 卷"[1]。从这些史料不难看出，朝鲜时期自中国本土流入东国的汉籍是极为丰富的，对朝鲜的社会文化生活的影响是十分深远的。

与辉煌的历史相比，我国出版业的现有实力，尤其是出版物对外辐射的广度和深度，要相对弱于唐宋明清时期，其对文化软实力的贡献率亟待提升。就目前而言，中国出版产业的经济规模和市场竞争力，与发达国家和地区相比仍有较大差距，对国家文化软实力的贡献有待进一步提高。

第一，我国出版业整体的经济总量不大，"出版硬实力"与发达国家相比差距仍然很大。

2010 年 6 月 21 日，美国《出版商周刊》刊登的、由《出版商周刊》（*Publishers Weekly*）与法国《图书周刊》（*Livres Hebdo*）

---

1 巩本栋 . 关于汉籍东传的研究 . 学习与探索 ,2006,（2）.

联合完成的 2009 年全球出版业前 50 名的排名显示：前五名的总
收入都在 40 亿美元以上，我国的高等教育出版社以 3.68 亿美元
的总收入名列第 39 名，但仍只是第一名培生集团总收入（77.56
亿美元）的 4.8%，我国出版业中以大众图书出版为主的出版单位
尚无一家进入前 50 名（见表 1-2）。从前 50 名的地区分布看，日
本占 7 席，韩国和中国各占 1 席，其余 41 家出版企业或企业集
团均处于欧美国家（见图 1-3；对于同时分属几个国家的跨国公司，
在图中分别记入不同的国家）。与发达国家相比，我国出版在经
济实力上的差距无疑会影响到软实力的发挥。

表 1-2　2009 年全球出版业前 50 名 [1]

排名	公　　司	国　家	2009 年总收入（百万美元）
1	培生	英国	7756.40
2	里德·爱思唯尔	英 / 荷 / 美	7367.12
3	汤姆森—路透	加拿大	5470.00
4	威科	荷兰	4910.77
5	贝塔斯曼	德国	4256.95
6	拉加代尔出版 / 阿歇特图书	法国	3259.03
7	Planeta 集团	西班牙	2586.58
8	麦格劳—希尔教育	美国	2388.00
9	阿格斯蒂尼出版社	意大利	2235.00（2008 年）
10	霍茨布林克	德国	1963.00（2008 年）

1　来源：中国图书商报，2010-6-29.

（续表）

排名	公　司	国　家	2009 年总收入（百万美元）
11	圣智学习	加 / 美	1958.00
12	斯格拉斯蒂克	美国	1849.00
13	威立	美国	1611.00
14	霍顿—米夫林—哈考特	美 /Cayman Island	1600.00
15	集英社	日本	1448.14
16	小学馆	日本	1385.05
17	讲谈社	日本	1352.07
18	施普林格科学及商业媒体	英 / 德 / 意 / 法	1228.77
19	哈珀－柯林斯	美国	1141.00
20	Informa	英国	1074.90
21	牛津大学社	英国	938.65
22	邦尼	瑞典	937.71
23	桑迪雅纳集团	西班牙	884.50
24	学习研究社	日本	845.94
25	埃格蒙集团	丹麦 / 挪威	838.77
26	RCS Libri	意大利	828.88
27	西蒙 - 舒斯特	美国	793.50
28	读者文摘	美国	758.00
29	Klett	德国	667.72
30	康乃馨	德国	617.97
31	角川书店	日本	614.67
32	蒙达多利	意大利	612.23
33	Sanoma	芬兰	610.37
34	Messageri	意大利	494.66

（续表）

排名	公　司	国　家	2009 年总收入 （百万美元）
35	禾林	加拿大	468.85
36	媒体与参与出版集团	法国	456.95
37	勒佛布维尔—萨鲁	法国	450.21
38	玛蒂尼埃	法国	372.79
39	高教社	中国	367.91
40	教元集团	韩国	365.62
41	韦斯特曼出版集团	德国	358.16
42	伽利玛集团	法国	347.98
43	文艺春秋社	日本	322.61
44	新潮社	日本	302.53
45	威卡	德国	300.81
46	珀尔修斯	美国	300.00（2008 年）
47	Haufe Gruppe	德国	274.43
48	MariDuMont	德国	258.08
49	世界图像	德国	250.92
50	阿尔班·米歇尔集团	法国	234.43

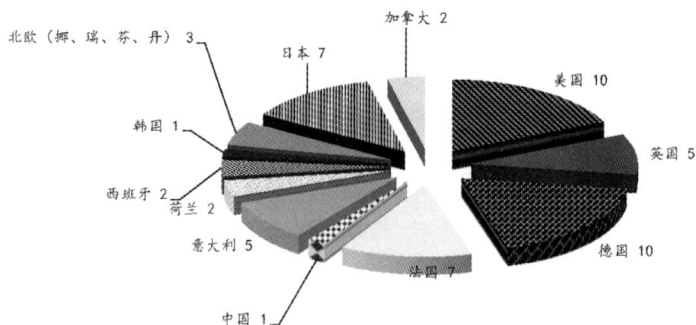

图 1-3　2009 年全球收入前 50 名出版机构地区分布图

第二，我国出版业尚未形成统一大市场，规模化程度不高。至 2009 年，16 万处图书发行网点，区割于不同的地域市场；虽有部分发行单位实现了局部突破，但全国性"统一、开放、竞争、有序"的大市场的形成、地域壁垒的打破还为时尚早。580 家图书出版单位、320 家音像出版单位、120 家电子出版单位中，基本没有一家达到国际大型出版集团的水平。

第三，随着出版物销售市场逐渐放开，原有的以国内市场为绝对主体的出版市场必然要被国际同一的出版市场逐渐取代，在国际出版市场的平等竞争当中，我们尚未具备足够的弄潮能力。

第四，出版物消费在日常消费支出中的占比不高。我国人民正在建设全面小康社会。"全面小康"意味着，文化产业对经济总量的影响将逐渐加大，人民的经济、政治、文化、社会、生态文明程度将普遍提高，文化消费在人民总体消费中的比重将逐渐加大。发达国家经验表明，当人均国内生产总值达到 800 美元以上时，文化产业和文化消费将明显增长。我国的人均国内生产总值虽已达到 4000 美元以上，但出版物消费在居民日常消费支出中的占比依旧不高，甚至有时出现下降的势头。2009 年，国民的图书阅读率为 50.1%，较 1999 年的 60.4% 下降了 10.3%；又据统计，目前每个国民一年的读书量，我国是 0.7 本，韩国是 7 本，日本是 40 本。俄罗斯每 20 人拥有一套《普希金全集》，对应地，我国每 4500 人才拥有一套《鲁迅全集》（人民文学版）。读书消费固然与国民的文化水平、整体消费水平及获取知识的方式有关，也与图书的内容、定价、销售方式相关。

第五，我国包括出版物在内的文化产品对整个人类文化的辐射与影响程度还比较薄弱。近二十年来，美国等西方国家借助其发达的文化产业、发达的生产和营销能力，在向全球推销其文化娱乐产品的同时，也在推销它们的文化价值观，已是不争的事实。就在"中国制造"的物质产品遍及全球之时，我国的文化产品特别是出版产品还没有阔步走出国门。作为先进文化传播者之一的我国出版业，在积极开拓国际市场、努力弘扬民族精神方面，还有大量工作要做。

鉴于文化软实力的重大作用，20世纪90年代以来，发达国家、新兴工业化国家和地区纷纷调整文化政策，制订国家文化发展战略，在"知识经济高地"进行战略竞争的同时，又在"文化经济高地"展开了新一轮竞争与博弈。美国、欧盟、日本、韩国、新加坡等，都是这一轮文化软实力竞争的积极推动者。进入21世纪，英国和韩国分别制定了"创意英国"[1]与"活力韩国"[2]的总体方针，法国、

---

1 "创意英国"大型推广活动，旨在为当代英国的创造与革新思想提供一个更为广阔的发展空间，并以此推动中英两国年轻人之间的交流。"创意英国"通过贯穿2003年全年的一系列引人注目的活动、新式展览及其他激动人心的项目，把英国的最新创意与创新和发明精神带入中国。创意英国活动由英国驻华使/领馆文化教育处和英国政府主办。

2 韩国观光公社针对2002年4月27日在韩国仁川举行的中韩对抗赛，以中国球迷为对象推出名为"活力韩国"的模拟世界杯观光产品。此项观光产品以4夜5天为主，整个游程会结合韩流表演等系列文化活动，包括到第三地道、都罗山展望台、临津阁等地的安保观光，还有汉城的青瓦台、景福宫、明洞、南大门市场以及世界杯赛场等，让游客亲身感受一个将体育、文化、观光融为一体的综合文化观光产品带来的乐趣。2007年，韩国政府为庆祝韩中建交15周年，在中国再次举办名为"活力韩国"（Dynamic Korea）的文化活动。

西班牙、日本等国也都在有计划地实施各自的语言战略，努力扩大其语言的国际影响。

党的十七大报告提出"文化软实力"的概念，首先是对我国传统政治文化、政治哲学的充分吸收，其次是对国际形势的准确判断，再次是对以往施政理念的合理延伸。无论是在十七大之前提到的"和平崛起""和谐世界"，还是社会主义和谐文化，都必须构建文化软实力，都必须依赖文化软实力。约瑟夫·奈也认为，只要未雨绸缪、妥善处理，"文明的冲突"与"大国政治的悲剧"都是可以避免的。他认为，"和谐世界"已为人类未来描绘出一幅乐观积极的图景，并相信中国能够和平崛起，但中国有必要通过"软实力"和负责任的行为来消除世界对其崛起的恐惧。

出版是文化产业的基础性资源，它既是文化内容的组织策划者，又是文化内容创造者与文化市场消费者之间不可或缺的纽带，还是演艺业、影视业、娱乐业等其他文化产业的重要内容来源，发挥着文化发展孵化器和助推器的作用。因而，出版业又可以称为文化的基础产业。文化软实力的构建，离不开出版业的大发展大繁荣。文化软实力既要有优秀的文化内核，又要有充满魅力的文化形式；文化的大发展大繁荣既要依赖传统文化的弘扬、文化原创生产力的培养，又离不开包括出版产业在内的整个文化产业的经济规模和市场竞争力。

（2）出版产业战略投资是构建和谐社会的需要

胡锦涛同志在中共十六届六中全会上提出了构建社会主义和

谐社会的宏伟目标，把构建和谐社会放到与物质文明、政治文明和精神文明建设相并列的突出位置。在中国文联第八次、中国作协第七次全国代表大会上，胡锦涛同志高屋建瓴地指出，要更好地构建和谐社会，就必须在社会主义先进文化引领下，大力建设和谐文化，广泛动员人民群众投身和谐社会建设。和谐文化既是和谐社会的重要特征，也是实现社会和谐的精神动力。建设和谐文化，是构建社会主义和谐社会的重要任务，也是构建社会主义和谐社会的重要条件。

因此，构建社会主义和谐社会的重要内容之一，就是构建和谐文化。出版业作为文化建设的重要力量，一方面要在和谐社会建设中作出突出贡献，另一方面又要加快自身的改革和发展，以适应社会主义和谐社会的要求。

首先，打造战略投资者是实现出版业事业性质与产业性质相协调相和谐的重要途径。出版业既具有事业性质，又具有产业性质。但长期以来，我国出版管理部门过于注重其事业性质而较少注重其产业性质，这一思维定式与运行模式在出版改革深入推进、世界文化交流频繁的背景下亟待改变。单纯强调事业性质而忽略产业属性是不利于国家文化软实力的增强与提升，不利于和谐社会的建设的。出版业"不仅是社会主义现代化建设的巨大动力，更是现代化建设不可或缺的重要内容；出版业的功能不仅是要用文化塑造美好心灵，弘扬民族优良特性，维护国家文化安全，而且还要在国民经济发展格局中扮演重要的角色。""与事业相比，产业是我们改革的重心，我们力图通过产业运作，将我国的出版产业大大地发展起来，加大其在国民经济总量中的份额，以在国际竞争中处于优势地位。这是因为：在所有的出版单位中只有极少数单位保留事业性质，采用公益模式，而绝大多数单位则必须转为企业，形成规范的现代企业制度和完备的法人治理结构，特别是形成科学的、合理的、持久的激励机制与约束机制，从而激活企业，壮大产业实力，回过头来反哺事业，使事业更好地履行公益服务的职责。"[1] 因此，我国的出版改革在强调事业、公益的同时，还将进一步加快企业化转型和产业化进程，这是当前改革任务的主要着力点，而战略投资者的打造和引进便成为加快这一进程的催化剂。

其次，出版业要通过打造和引进战略投资者，实现产业升级，壮大自身实力，为社会主义和谐社会建设作出贡献。经济基础决定上层建筑，社会和谐的基础是社会的可持续发展。如果没有雄厚的经济基础，就不可能保持社会长期稳定的和谐。科学发展观强调，发展是第一要务，是人类社会发展的最终决定力量，发展也是促进与实现和谐社会的最终决定力量。要大力发展出版文化事业和出版文化产业，提供对和谐社会的文化支撑，就必须首先实现出版产业自身的发展壮大。但就目前而言，出版业的改革力度还有待进一步加大，出版生产力有待进一步解放，出版新型业态还有待加快建立。出版业的经济基础与发达

1 郝振省. 和谐出版刍议. 中国编辑 ,2007,（1）.

国家和地区相比还比较薄弱，还有待实现可持续发展。由于长期束缚于计划经济体制下，出版产业虽然近年来加快了改革步伐，但仍然面临着严峻的挑战，一些痼疾已不能按部就班地解决，必须进行大刀阔斧式的改革。出版业面临的挑战是多方面的，主要有以下几点："一是以教材为支柱的产业体系受到结构性冲击，出版市场竞争日趋激烈，利润空间大幅压缩；二是纸介质出版物国民阅读率持续走低，传统出版市场渐次萎缩；三是粗放式生产经营方式尚需改变，产业结构必须升级；四是体制机制改革具有相当的复杂性和艰巨性；五是市场开放扩大，2006年出版物总批发权对外资全面开放，挟有资本、技术、机制和管理优势的外资、民营资本和其他行业的资本都将以前所未有的规模和速度向我国出版产业渗透；六是国内出版市场发展风起云涌，虽然有一批媒体集团在试点政策的支持下，先行一步，机制日趋灵活，跨地区、跨媒体、跨所有制发展，正在迅速崛起，形成出版的主导力量，但也有相当多的其他出版单位正在被边缘化"。[1] 因此，出版业必须以科学发展观为指导，进一步转变出版经济增长方式，调整产业结构，拓展产业链，促进产业升级，实现超常规发展。目前与出版业相关的各项政策正逐步放开，出版业超常规发展所面临的主要瓶颈，就是发展资金的匮乏与管理方式的落伍，而培育和引进战略投资者正可以很好地解决这些问题。

1　唐瑾，王建辉.论和谐出版.中国出版,2007,（2）.

（3）出版产业战略投资是应对信息技术挑战的需要

传播史上，媒介品种呈现出累加式的发展趋势，即虽然每一种新媒介的出现都会对原有媒介产生较大冲击，但原有媒介并不会因此而销声匿迹。但不可忽视的是，报纸的出现对出版、广播的出现对报纸、电视的出现对广播、网络的出现对印刷媒体与影视媒体等，都造成了很大的冲击。尤其是在受众的争夺方面，新媒介往往会迅速扩大自己的受众群，同时原有媒介的受众规模与经济规模则会明显缩水。就出版业而言，据中国出版科学研究所2008年发布的《第五次全国国民阅读与购买倾向抽样调查报告》显示，我国国民传统介质阅读率持续8年下降，网络阅读率则持续8年上升。全球范围内，随着互联网和高新技术的快速发展，包括书籍、报纸、杂志、音像制品等在内的传统出版物近年来在不少国家或地区都出现了经营滑坡的趋势，而互联网媒体则呈现出强劲的发展势头。由于世界范围内数字时代的到来，大众的阅读方式已经不再局限于传统纸质媒体甚至光存储媒体，新兴的数字媒体譬如新闻网站、电子图书、数字杂志、在线音乐、网络游戏，还有以手机为载体的手机报纸、手机小说、手机音乐等等众多新的阅读方式和阅读载体正在蔚然兴起，风起云涌，日新月异，不断地对传统媒体的生存提出挑战，不断地冲击着人们的听觉、视觉神经。

信息技术对出版业产生的最大挑战，主要在于新兴的数字出

版 [1] 的快速发展及网络销售商对图书发行话语权的掌控。

新兴的数字出版以电子图书为主要形式。据《中国图书商报》和读吧网联合发布的《第四次中国电子图书发展趋势报告》显示，截至 2009 年，我国电子书交易册数为 5370 万册，实现销售收入 3.27 亿元；与此相适应的，则是电子图书读者群的不断扩大，电子书读者规模达到 10100 万人。[2] 见图 1-4 和图 1-5。

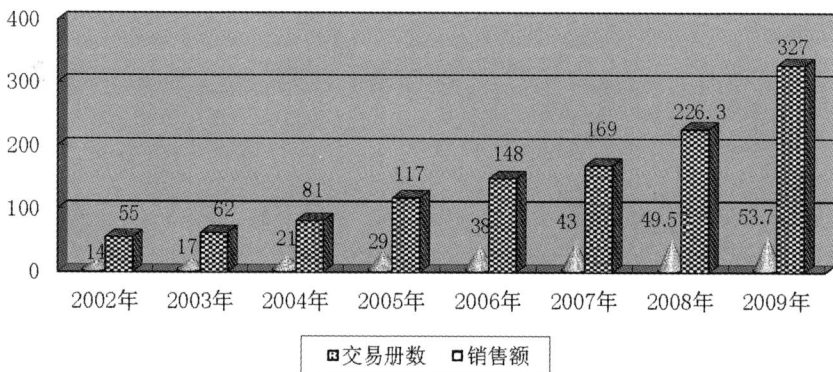

图 1-4　2002 ～ 2009 年中国电子书交易册数及销售额（单位：百万）[3]

美国福雷斯特研究公司公布的报告指出，2010 年美国电子书销售额达到 10 亿美元，电子书阅读器价格降低到 100 美元左右，

1　笔者认为，数字出版的主要特征是：内容数字化、传播网络化、经营集约化、交易电子化。数字出版的主要形态有：电子图书、互联网期刊、按需出版（按需印刷）、在线数据库、电子词典、在线教育、网络游戏、在线音乐、手机出版（包括手机彩铃、手机铃声、手机游戏、手机动漫、手机报纸、手机小说、手机杂志、手机搜索等）、移动阅读（包括手机、手持阅读器、PDA、MP3、MP4、GPS、电子纸等）等。

2　第四次中国电子图书发展趋势报告 . 中国图书商报 ,2010-4-16.

3　姜海峰，马莹 . 电子书市场扩容渐明 . 中国图书商报 ,2007-4-18，数据有补充。

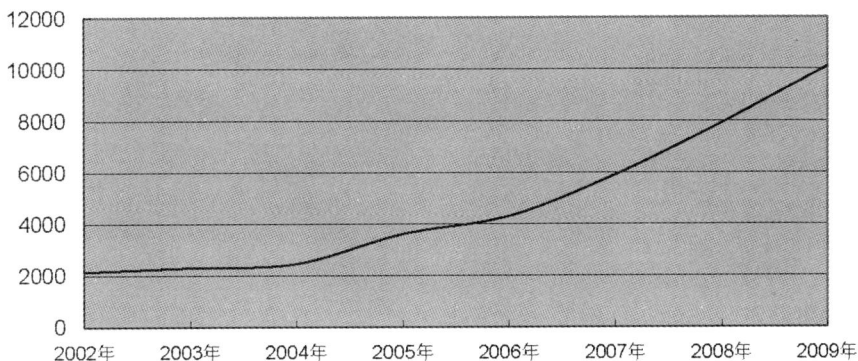

图 1-5 2002～2009 年电子书用户增长情况（单位：万人）

目前美国读者手中有专用电子书阅读器 1050 万台，平板计算机 1000 万台左右，大多为 iPad；在拥有 iPad 的人群中，三分之一同时拥有 Kindle 电子书阅读器。按照最保守的估计，2011 年电子书销售额将达到 13 亿美元。福雷斯特研究公司在 2010 年 9 月针对 27 家出版社的 35 名高管的调查中，53% 的被调查高管认为到 2014 年底，电子书将占据图书的半壁江山，在销售册数上居主导地位，在销售额上则未必。

随着数字出版日新月异的发展，网上出版发行商对出版发行渠道的话语权也越来越大。以亚马逊、当当网等为代表的网上发行机构越来越成为当代图书消费者的首选购书渠道，一些传统出版发行单位也开始纷纷借助亚马逊、当当的渠道推广产品，或者直接投资建设网络销售渠道。

亚马逊等网络发行商已经凭借其渠道优势，开始挤压传统出版商的利润空间，侵入他们的产业链条。创办于 1995 年 7 月的亚马逊公司依靠先进的技术优势成为全美最便宜的书店之一，同时也成为出版产业新型业态的典型代表。在图书零售领域取得巨大成功的亚马逊不满现状，目前已将目光转向了传统出版领域，而这必将改变出版产业的生态系统。亚马逊一度强行要求出版商将印刷业务交由亚马逊旗下的按需出版公司"书浪"（Book Surge），结果惹起出版商的众怒，不得不发表声明进行解释，称不愿交出印刷业务的出版商仍可通过 Advantage 项目与亚马逊继续合作，但需另外付费。亚马逊之所以敢于冒犯出版商，原因就在于出版商已经逐渐深陷亚马逊的泥潭——传统出版业在发行方面对网络的依赖已经越来越严重，而这一趋势在短期内仍无改善的趋势。

国内出版社也是如此，一些出版社对当当网的依赖日增，据称有些出版社通过当当网销售的码洋已占其销售总码洋的 30% 以上。

毋庸置疑，网络书店确实能够在早期为出版社带来额外利润，使得出版社通过网络销售弥补不断缩水的传统销售。但随着网络书店的做大，出版社将不得不面对这些新的"渠道权贵"的"压迫"。这并非杞人忧天，而是已现端倪——亚马逊公司对那些在出版社自己网站上打折售书的出版商发出警告，如果出版商继续在出版社网站上打折售书，亚马逊将以出版社网站直销的折后价为准来履行与出版商的付款合同。也就是说，一本定价 100 元人民币的图书，如合同规定亚马逊以五折从出版商进货，而出版商又在自家网站上以 80 元的价格零售该书，那么亚马逊将按照 80 元的五折价格与出版商结账，即亚马逊只愿意支付 40 元而不是 50 元。可以预见，在不久的将来，如果出版企业还不能建立起强有力的网络销售渠道，来自亚马逊之类的网络书店的压榨就只会加强而不会减弱，其最终结局很可能是出版企业丧失产品定价权，读者资源也将逐渐聚集于网络书店之手。到那时，传统出版企业就彻底沦为亚马逊等新企业的打工者了。[1]

总体来看，国际国内数字出版的发展趋势咄咄逼人，对传统出版形成了巨大挑战。

①国际数字出版现状

每年初在美国举行的 DBW（世界电子书大会）和 TOC（Tool of Change 论坛，TOC 论坛）是国际电子书和数字出版界两个顶级大会。2011 年 1 月在纽约召开的第二届 DBW 电子书大会，有 1300 多名出版业人士参与探讨图书出版业的数字化转型之道，"欢呼出版业新黄金时代的到来"。Open Road 首席执行官、前哈珀 - 柯林斯出版社首席执行官简·弗里德曼称，电子书和数字出版冲击传统出版业"如海啸一般"。麦克米伦出版社总裁布赖恩·纳帕克说，出版业走到了交叉路口上，对整个出版业来说也许会出现一个"黄金时代"，但对传统出版社来说则未必。DBW 论坛的发起人麦克·沙特金预言：未来 10 年内，出版业的数字化程度将达到一半；未来 5 年内，实体书店里的书架空间将缩减一半；

1　河阳 . 由《冲出亚马逊》想到的 . 中国图书商报，2008-9-12.

未来 10 年内，缩减 90%；实体书店最终将消亡。然而，Verso 数字公司于 2010 年 11 ～ 12 月间对消费者图书购买行为的第四次抽样调查，其结果则温和得多。调查显示，2010 年电子书阅读器的拥有量比上年增长了两倍，但电子书阅读器拥有者购买电子书和纸质书并不互相排斥，90% 的阅读器拥有者认为还会购买纸质书。不仅如此，72% 的读者依然没有完全接受电子书阅读。因此，"预言实体书店将在 10 年内消亡 90% 的说法，是误导性的"。[1]

作者认为，国际数字出版有如下基本特征。

第一，从发展趋势看，国际传统出版商已经开始全面向数字出版商转型。

近几年的法兰克福书展上，30% 的展品都是数字产品。目前，从数字出版物类别来看，百科全书、工具书、专业图书、专业杂志占主流，小说及文艺类则是纸质出版物居多。全球数字出版与纸介质出版的比例，杂志高于图书，专业出版物高于通俗读物；从销售收入来看，大众类数字出版所占的比例为 4% ～ 5%，教育类数字出版的比例为 30% ～ 40%，专业类数字出版的比例为 60% ～ 70%。爱思唯尔、施普林格、汤姆森、麦格劳 - 希尔等公司已初步完成了向数字出版的转型，取得了不错的成绩，无论是在服务模式、服务效率、服务质量上，还是在增值服务的延展性上都取得了很大的成效，数字业务在总收入中所占比重不断增加。

关于数字出版物的定价，工具书和学术专著的数字版比纸质

---

1 参见百道网。

版更贵，大众图书和教科书则不同。牛津大学出版社的工具书电子版定价为纸质书的 150%，学术专著为 135%，大众出版物为 75%，而大学教科书仅为 50%。

第二，数字出版的盈利模式正在积极探索中，数字出版盈利水平逐步提高。

在美国，大众出版的数字化转型仍然在隧道里潜行，数字产品收入金额均还没有超过总营收的 1%；专业出版及教育出版是数字化转型中商业模式成功的第一片霞光，已在很大程度上实现了盈利。

2007 年，汤姆森集团在出售了旗下的汤姆森学习出版集团后，绝大部分的销售额来自电子产品和服务的盈利。鉴于这部分目前正处在不断高速增长的状态，汤姆森 2007 年电子化收入所占比例由 2006 年的 69%增长到 80%。

作为传统媒体的巨人，麦格劳-希尔早在 20 年前就开始了一场战略性变革：它重新审视自身的业务，调整了业务方向，进行大规模的业务重组，剥离了在情感上非常难以割舍的资产，包括在 2009 年 12 月将已有 80 年历史的《商业周刊》出售给彭博资讯公司，最终将业务的重心聚焦在数字化时代更具成长性的教育出版、金融信息和媒体三大核心业务上，从一个出售信息的传统出版商转型为数字时代的信息服务供应商。在产品线方面，为了维持一贯的优势，麦格劳-希尔进行了一系列的收购，包括针对 12 岁以下学生的著名出版商 Tribune Education、高等教育出版社 Open Press 等，以巩固其在各条产品线的强势地位。在内容方面，麦格劳 - 希尔还在探索研发侧重于内容的深度制作和提供高附加值教育解决方案的在线教育交流平台，并瞄准了电子阅读的新形式，率先为亚马逊 Kindle、苹果 iPad 等电子书硬件商提供内容。在媒体业务方面，麦格劳 - 希尔通过重新定位，收购一些调研分析公司，加强了对信息的处理和驾驭能力。过去是通过专有的渠道来收集信息统一地出售给所有的客户，现在则是通过更好地理解客户的信息需求，建立强大的数据库，为客户提供定制化的信息服务。历经 20 多年的持续战略转型，现在麦格劳 - 希尔终于成功地摆脱了数字时代媒体业利润流沙化的厄运。在过去 10 年里，麦格劳 - 希尔股东的年回报率增长了 17.85%，超过了同业 14.6% 的水平。

在日本，用手机看小说一度成为潮流。2006 年手机小说的销售超过了 8200 万美元（100 亿日元）。2007 年上半年，进入日本 10 大畅销书排行榜的，一半是由手机小说改编的作品，人气爆棚的《红线》更是以突破 150 万册的销量，牢牢地占据了畅销书头把交椅。影响最大的手机小说网站 Mahoi-Land，能提供 100 多万部手机小说，一度吸纳了 600 多万名会员。手机小说的繁盛，导致各大出版社蜂拥而入，使得手机小说数量激增，结果导致读者分散，难以再掀高潮。2009 年，在日本最大的连锁书店纪伊国屋书店公布的畅销书排行榜中，前 100 位已无手机小说的身影。

然而，日本的电子书市场却是一派风起云涌的景象。在硬件方面，2010 年 12 月，几家公司陆续推出新款阅读器。索尼的"Reader"卖点是"文库本的大小、可容纳 1400 册图书"，读者可以用电脑连接索尼公司的"Reader Store"并下载。日本电信服务公司 KDDI 发布的阅读器是"Biblio Leaf SP02"，能存储约 3000 册图书，读者可通过手机或无线网络，从该公司的网络书店"Lismo Bookstore"下载购买；带有太阳能充电功能，一次充电能阅读约 50 本书。夏普公司则推出了两款平板电脑"GALAPAGOS"，有报纸和杂志的定期自动下载功能，其下载中心有 3 万多种图书。移动通信公司 NTT Docomo 在于 2010 年 10 月发布新产品 smart phone "GALAXY S"的同时，推出了"电子书的试读活动"。在内容方面，不少出版社开始筹建电子书库。角川集团推出"混合型媒体（media mix）"和电子书交易平台 Book Walker，作为纸本和电子书的共存系统，向纸本读者送出限定版插图这样的电子赠品。角川集团下属 10 个出版副牌都有产品上传平台，内容包括轻小说、杂志、文艺书和漫画、实用图书、历史图书等，品种繁多。在销售方面，与索尼"Reader"相配套的网络书店在 2010 年 12 月 10 日上线，当时已有 10500 个品种。日本大型传统书店则对电子书持谨慎乐观的态度。纪伊国屋书店 2011 年打算在店内开设一个系统，让读者用无线网络下载电子书。三省堂在 2010 年 12 月推出"on demand print"服务，客人在电脑上选书并申请印刷，十分钟后就可以拿书。这么印刷出来的书的价格，和实体书差不多。

2009 年，日本电子书销售达到 26500 部，销售额突破 500 亿日元（约 40 亿元人民币）；相应的，纸质图书销售比 2008 年减少 9138 亿日元（约 730 亿元人民币），杂志销售减少 11272 亿日元（约 900 亿元人民币）。

在韩国，包括电子书、电子词典、教育用 CD/DVD、学术论文库、电子杂志、图书正文搜索、数字教科书、Audio Book、Mobile Book 等领域在内的电子出版产业增长迅速，2007 年的销售额达到了 5110 亿韩元（约 36 亿元人民币），此后每年均以百分之几十的速度快速增长。

2007 年，《秘密》的听书版本达到了惊人的 100 万册，西蒙 & 舒斯特的听书销售取得了大幅增长，其中听书下载销售额猛增 100%。而企鹅集团 2007 年的听书销售额比 2006 年增长了 31%。而在 2008 年，简单听书公司（Simply Audiobooks）投入了 2000～3000 种不加密的听书用以下载销售。

2009 年，亚马逊公司推出了 Kindle 阅读器，苹果公司推出了 iPad 阅读器，逐渐成为全球电子阅读器市场的主导品牌，并占据绝大部分市场。

第三，传统出版发行企业在数字化进程中暂时落后于信息技术企业。

目前，谷歌（Google）已进军数字出版领域，与美国纽约公共图书馆等图书馆合作，将这些著名图书馆的馆藏图书扫描制作成电子版，并研发了"Google 学者"搜索引擎，放到网上供读者阅读。读者能够免费搜索到图书的相关数字内容。目前，全球有上万家出版社已经加入谷歌的图书搜索合作项目，如牛津、剑桥学术出版社；谷歌的全球多语言图书搜索已包括 100 多万本书籍，并已在 20 多个国家推出。

与此同时，传统的实体书店在数字化进程中遭受很大冲击。由于在线书店和电子书的日益普及，2010 年 2 月 16 日，美国第二大连锁书店集团、在美国拥有 642 家连锁书店的鲍德斯集团（Borders）申请破产。反观美国最大的连锁书店巴诺（Barnes & Noble），因为及时调整战略，于 2009 年推出了自己的 Nook 阅读器以及同它配套的电子书，2010 年末，其在线销售额中，电子书所占比重超过纸质书籍。巴诺如今在电子书市场的份额已达到 20%。

针对传统出版发行企业在数字化进程中落后的情况，第二届 DBW 电子书大会上公布的福雷斯特公司的调查报告称，80% 的被调查出版社高管认为员工培训是数字时代下出版社保持竞争力的关键，而出版社目前最缺乏的是能够根据变化作出适应性决策、调整战略投资方向的人。

②国内数字出版现状

中国的数字化产业近年来发展迅速，产业规模快速扩大。中国工业和信息化部发布的信息表明，截至 2010 年底，中国网民数量达 4.57 亿人，居全球首位。据易观智库发布的数据，截至 2010 年底，我国手机上网用户达到 2.88 亿户。根据中国互联网络信息中心（CNNIC）统计，截至 2009 年底，我国网站数量达到 323 万个，年增长率为 12.3%；国际出口带宽达到 86.6 吉比特每秒，年增长率达到 35.3%。

中国出版科学研究所发布的《2010 中国数字出版产业年度报告》显示，2009 年我国数字出版产业的收入达 799.4 亿元，比 2008 年增长 50.6%，继续保持高速增长。其中，电子书收入 14 亿元，占比 1.75%；数字期刊收入 6 亿元，占比 0.75%；数字报（网络版）收入 3.1 亿元，占比 0.39%；网络游戏收入 256.2 亿元，占比 32.08%；网络广告达 206.1 亿元，占比 25.77%；手机出版（包括手机音乐、手机游戏、手机动漫、手机阅读）达到 314 亿元，占

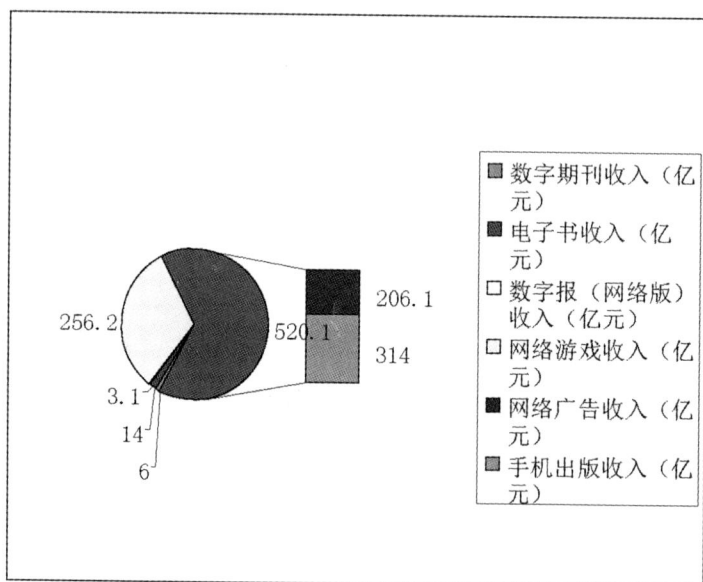

图 1-6　2009 年中国数字出版产业收入结构

比 39.26%。[1] 网络游戏、网络广告和手机出版成为数字出版产业名副其实的三巨头（见图 1-6）。

中国出版科学研究所自 1999 年以来连续发布的《全国国民阅读与购买倾向抽样调查报告》显示：中国国民图书阅读率持续 8 年下降，网络阅读率持续 8 年上升。2008 年 4 月发布的数据显示：网络阅读率为 36.5%，图书阅读率为 34.7%，网络阅读率首次超过图书阅读率。

2010 年 5 月，由清华大学传媒经济与管理研究中心编写、社会科学文献出版社出版的《2010 年：中国传媒产业发展报告》（又名《2010 中国传媒蓝皮书》）发布。该报告根据 2010 年 2 月为止收集的各种数据进行统计和计算出，2009 年中国传媒产业的总产值为 4907.96 亿元，比 2008 年增长了 16.3%。2009 年，中国互联网经济整体市场规模达到 743 亿，同比增速为 30.6%，相比 2008 年 52.6% 的增长速度有所下滑。而在移动传媒产业部分，截至 2009 年 8 月底，移动用户累计达到 7.11 亿，普及率高达 52.5%。有专家表示，预计到 2013 年，中国手机用户将超过 10 亿。3G 时代的到来更为移动电信产业的发展提供了无限空间。

中国传媒产业内部的组成结构也在发生着迅速变化。从传媒产业内部比重的变化情况看，传统传媒产业，除有线电视收费一项外，其他门类收入基本都呈下降趋势；在传媒产业中占重要比

1　因统计口径不同，上述数据与《中国图书商报》2010 年 4 月 16 日发布的《第四次中国电子图书发展趋势报告》有较大出入。参见中国出版科学研究所 .2010 中国数字出版产业年度报告 .2010-7-20.

重的门类如图书出版、电视广告、报纸发行、广告公司等，其占传媒产业的比重下降幅度比较大。可见，新媒体的迅速成长也使得中国传媒产业结构发生了很大变化。

在创新阅读形式和传播方式方面，中国大力推进以数字技术和互联网技术为核心的文化生产和传播的新兴行业，加快传统发行业向现代发行业的转换，积极发展电子书、手机报刊、网络出版物等新业态，发展手机网站、手机报刊、IP 电视、数字电视、网络广播、电视电影等新兴的传播载体，并将其写入国家文化发展纲要当中。按照《新闻出版业"十一五"发展规划》，"十一五"期间，中国数字出版领域着力建设了 8 个重点工程（多媒体研发工程，国家数字复合出版系统工程，中华字库建设工程，国家知识资源数据库出版工程，国家动漫振兴工程，中国古籍数字化工程，国家版权保护技术开发工程，数字化文化传播工程）。

中国的数字出版最初是由技术提供商推动的，现在它们已大多发展为数字媒体提供商兼数字内容提供商，在提供技术的同时与出版社合作，购买出版社的内容资源，进行数字化后放到自己的内容发布平台上。这些数字媒体提供商主要包括：传统期刊互联网出版和在线数据库领域的清华同方知网、万方数据、维普资讯、龙源期刊等；多媒体期刊互联网出版领域的 XPLUS、VIKA、ZCOM 等；数字图书馆或电子图书领域的北大方正、超星、书生、中文在线等；手机出版领域的数码超智、银河传媒等；出版类网站如起点中文网、榕树下等，也都是以数字媒体的形式从事数字内容的提供和发布；百度、新浪、搜狐、网易、盛大、TOM、腾讯、九成等网站或搜索引擎也开始互联网出版业务。汉王、易博士、翰林、博朗、方正、易狄欧则成为国内知名的电子阅读器生产厂家。其中，汉王科技因成功开发出电纸书，并持续保持国内第一的出货量，很快于 2010 年 3 月在国内创业板市场成功上市。2010 年 10 月 11 日，该公司发表公告称已获国家新闻出版总署批准从事互联网出版业务，公司阅读平台搭建策略得以往前推进一步。后续公司将获得北京市新闻出版局发放的互联网出版许可证。2011 年 2 月，盛大集团内部人士透露，盛大无线将依托云中书城，力推一款纯手机阅读软件"云中书城"客户端，适用于 Android、iPhone、Symbian S60、Java 及 Brew 等多个手机平台，这是目前市面上支持机型最多的一款看书软件。

③中国数字出版产业发展的制约因素

笔者认为，中国数字出版产业发展的主要制约因素有十个方面。

一是观念和认识。传统出版单位在数字出版的概念、特点、发展趋势、对内容优势的认识等方面存在着许多观念和认识上的误区。

二是主导权。现代信息技术正在重组着，甚至将来有可能颠覆传统出版产业链，出版单位正逐渐由传统出版的"强势"地位变为数字出版领域的"从属"地位，面临着丧失主导权的危险。

三是发展战略。目前，中国大型出版单位和出版集团明确提出数字出版战略的还不够多，更不用说绝大多数中小出版单位。

　　四是体制机制。出版社的现行体制、运作模式、业务流程、管理机制、人才知识结构、激励机制等等，很难适用于新兴的数字出版产业。

　　五是人才队伍。数字出版横跨 IT 和出版、教育、图书馆等多个行业。而传统出版单位目前的人才知识结构中，既懂信息技术，又懂出版业务的复合型人才很少，而集掌握互联网和信息技术、熟悉出版业务、具备企业经营管理经验等于一身的数字出版行业领军人物则更是凤毛麟角。

　　六是出版标准。纵观数字出版的各个环节，从元数据到编码，再到产品格式，都存在严重的标准不统一的问题，仅电子书就有 CEB、SEP 等 20 余种格式。

　　七是发展资金。中国出版单位相对于技术提供商和国外出版集团，投入资金的绝对数字和相对销售收入的比例都很小。

　　八是版权问题。传统出版单位开展数字出版，面临着补签历史出版资源合同（《信息网络传播权授权合同》）、盗版侵权、数字版权保护技术不完善等诸多障碍。

　　九是商业模式。传统出版单位的数字出版还很少有成功的盈利模式。目前，只有少数几家出版单位主动探索工具书检索、POD、多媒体数字平台、二维码等新的盈利模式。

　　十是法律法规。目前，中国政府已经颁布了《信息网络传播权保护条例》等关于数字出版的法律法规，但相对于技术的高速发展，政府监管的技术手段还相对落后，相关的政策法规还有待完善。

其中，第一、四、六、八、十等 5 项因素可以通过行政立法等手段解决，其余 5 项因素则必须依赖一定规模的战略投资才能得以解决。

前面说过，信息技术对出版业产生的最大挑战，在于新兴的数字出版的快速发展及网络销售商对图书发行话语权的掌握。面对这两个挑战，出版单位一是要加大数字出版产品的研发和推广，二是要加快自身网络渠道的建设步伐。国内出版单位，尤其是中国出版集团公司等一些大型出版发行集团已经注意到这一点，并开展了各种各样的工作。

以中国出版集团为例，该集团高度重视数字化发展，把信息化建设和数字化工作提高到了新的战略高度。2008 年 4 月 22 日，中国出版集团公司投资组建"中版集团数字传媒有限公司"，初期投资 1000 万元。以此为契机，利用信息技术，改造和提高传统出版产业，整合集团的数字出版资源，推进数字出版，促进产业结构的调整和升级，创造新的业务增长点，实现集团发展的新突破。同时，中国出版集团还加快了数字出版资源建设步伐：

（1）"中国可供书目数据库"和"书业公共数据交换中心"。"中国可供书目数据库"由中国出版集团所属中版通数据信息技术有限公司于 2005 年开始建设。目前，已收录建国以来书目 220 万条，能够及时覆盖国内 90% 以上出版单位的新书品种。2008 年开始正式推出"网上样本厅"系统，实现了传统看样订货流程在网络上的应用。目前正在进行"书业公共数据交换中心"系统的建设。

（2）"辞书语料库"和"工具书在线"。"辞书语料库"及编纂系统作为新闻出版总署批准的重点科技项目，由中国出版集团所属商务印书馆承建，已投入资金1000余万元，是目前中国出版业最大的信息化项目之一。辞书语料库已成为中国最大的语料库之一，已入库各种高质量的语料近6亿字。2008年，"辞书语料库及辞书／工具书数字出版系统"代表新闻出版行业申报"国家科技进步奖"。"工具书在线"（www.refbook.com.cn）作为该项目的数字出版产品，2007年荣获"首届中国出版政府奖——音像电子网络奖"，是三个网络出版奖中唯一来自出版社的数字产品。

（3）"中国百科术语数据库"和"百科在线"。"中国百科术语数据库"由中国出版集团所属中国大百科全书出版社承建。该数据库现有百科全书条目及各类术语量达80万，在大型综合性术语数据库领域属国内首创，达到国际先进水平。中国百科术语数据库曾获1999年度国家科技进步奖三等奖。2007年，《中国大百科全书》在线版——"百科在线"，荣获"首届中国出版政府奖——音像电子网络奖提名奖"。

（4）"中华古籍语料库"。由中国出版集团所属中华书局承建，目前已完成2亿余字的古籍语料。

（5）"多语种翻译资源数据库及应用系统"。由中国出版集团所属中国对外翻译出版公司承建，将该公司30多年来为联合国和各类大型机构翻译过程中所积累的翻译资源进行有效整合和利用。目前，该数据库已有数百万条记录。

（6）"中国图书对外推广计划网络平台"。2004年下半年由国务院新闻办公室与新闻出版总署启动，中国出版集团所属中国图书进出口（集团）总公司承办，旨在向世界说明中国，让世界各国人民更完整、更真实地了解中国。

（7）中版"大佳阅读器"。2010年4月，中国出版集团公司在成都书博会开幕当天推出的第一款自有品牌移动阅读器——"大佳阅读器"。它预装108种畅销图书和一批常销精品图书，分为畅销读物、文学艺术、政治、历史、哲学、法律、经济、科技人文、少儿休闲、其他10大类。它的诞生是中国出版集团公司从传统出版业向新型出版转型、构建完整的数字出版产业链的第一步。

各大出版集团的经验表明，不论是数字出版、网络渠道建设还是盈利模式的创新，都需要投入大量的启动资金与发展资金，而出版行业利润率普遍偏低，依靠自身的资金积累难以完成巨额投资。因此，出版企业在这轮信息化大潮中的转型成败，在很大程度上取决于战略投资者的引进和打造。

（4）出版产业的战略投资是应对传媒产业竞争的需要

近年来，随着一大批出版发行集团纷纷成立，以及政策对外资和民间资本进入出版发行业的逐步放开，出版产业的竞争趋于激烈，并有进一步加剧的趋势。

首先，文化产业投资政策逐步放宽，资本运作日益活跃。

2001年12月11日，中国正式加入WTO，在此后的3年多时间内，书报刊分销、广告、电影、节目制作等纷纷加大开放力度。

2004 年 12 月 22 日，北青传媒股份有限公司在香港联合交易所正式挂牌上市，作为内地传媒公司境外上市的第一只股票，引起香港当地媒体的极大关注。

2005 年 4 月 13 日，国务院颁布《关于非公有资本进入文化产业的若干决定》，鼓励和支持非公有资本进入文艺表演团体、演出场所、博物馆和展览馆、广告、书报刊分销、音像制品分销、包装装潢印刷品印刷等领域；鼓励和支持非公有资本从事文化产品和文化服务出口业务；允许非公有资本进入出版物印刷、可录类光盘生产、只读类光盘复制等文化行业和领域。

2006 ～ 2007 年，上海新华传媒股份有限公司、四川新华文轩连锁股份有限公司、辽宁出版传媒股份有限公司等 3 家出版发行企业先后挂牌上市，揭开了出版行业进入资本市场的序幕。随后，中国出版业开始掀起一股进军资本市场的上市热潮（见表 1-3）。

表 1-3　国内早期部分出版发行企业上市情况表

公司名称	上市时间	上市方式	融资规模
上海新华传媒	2006.10.17	借壳上市 A 股	—
四川新华文轩	2007.5.30	IPO 香港上市	约 21.43 亿港元
辽宁出版传媒	2007.12.21	IPO 上交所上市	61.79 亿元人民币

其次，我国出版业市场绝对集中度仍然偏低。

国内出版业亟待形成具有绝对竞争力的领导型企业。2005 年

我国图书定价总金额 632.28 亿元，2009 年为 848.04 亿元，增长
34.12%。但出版社普遍规模小，力量分散，相互之间差异不大，
出版业内结构性规模阶梯尚待调整。2005 年到 2009 年，社科等
八类主要图书 CR5 及 CR10 值均呈增长态势，但总体市场的 CR5
值却由 2005 年的 10.03% 下滑至 2009 年的 8.86%，CR10 值则由
2005 年的 16.14% 下滑至 2009 年的 14.49%（见表 1-4）。

表1-4 2005 ~ 2009 年中国图书零售市场各细分市场集中度

分类	CR5（%）					CR10（%）				
	2005	2006	2007	2008	2009	2005	2006	2007	2008	2009
社科	14.80	15.29	17.94	15.88	15.64	24.19	24.86	27.48	25.25	24.9
科技	35.11	36.24	37.44	37.84	37.35	53.28	54.66	55.98	57.58	58.4
生活	17.42	16.81	18.48	22.13	24.41	27.78	28.19	29.04	33.83	38.12
文艺	23.05	22.47	15.09	15.17	15.72	32.36	32.08	22.13	22.87	25.01
语言	50.15	49.03	49.63	49.42	50	61.04	60.02	60.87	61.18	62.08
教辅	17.27	18.87	20.47	20.78	21.35	26.40	27.63	30.53	31.36	32.05
少儿	25.92	23.95	26.58	24.03	25.09	40.64	39.02	42.25	37.96	37.93
综合			76.23	71.68	86.6			85.77	81.13	91.67
总体	10.03	10.96	9.99	9.57	8.86	16.14	17.25	16.55	15.5	14.49

数据来源：开卷公司：《中国图书零售市场观测年度报告》（2005 ~ 2010）。

对作为国内出版市场竞争主体的出版集团而言，前 10 大集
团的市场占有率之和虽然从 2005 年的 24.61% 增至 2009 年的

26.69%，但增幅不大，且前十名中仅有一半集团的市场占有率取得了增长（见表1-5）。

市场集中度低，尤其是市场绝对集中度低，为具备绝对竞争力的领导型企业集团提供了极大的发展空间，而引进和打造战略投资者无疑是扩大企业规模、提高市场竞争力的最佳选择。

（5）出版产业的战略投资是集团做大做强的需要

从1999年开始，国内开始组建大型出版发行集团，以增强出版业竞争实力，应对经济全球化与文化全球化的来临。这些出版集团已经成为国内出版竞争的主体。2007年，组合进集团的出版单

表1-5　2005～2009年中国图书零售市场领先出版集团市场占有率（%）

出版集团	2005年	2006年	2007年	2008年	2009年
Top10（按2005占有率排序）	24.61	24.43	25.02	25.92	26.69
中国出版集团	7.04	6.76	7.06	6.66	6.52
上海世纪出版股份有限公司	3.07	2.80	2.55	2.41	2.25
北京出版社出版集团	2.06	2.73	3.09	2.86	2.36
吉林出版集团	2.54	2.55	2.62	3.44	3.91
中国国际出版集团	1.87	2.16	2.06	2.45	2.68
浙江出版联合集团	1.87	1.63	1.59	1.61	/
上海文艺出版总社	1.41	1.56	1.51	1.35	/
凤凰出版传媒集团有限公司	1.61	1.47	1.56	2.18	2.70
科学出版集团	1.66	1.39	1.17	1.59	1.56
辽宁出版传媒股份有限公司	1.48	1.38	1.15	1.37	1.57

数据来源：开卷公司：《中国图书零售市场观测年度报告》（2005～2010）。

位 209 家，占全国出版单位总量的 36.5%；集团码洋占有率之和为全国总量的 38.76%；集团动销品种总数达到 31.92 万种，占全国总量的 36.43%。

截至 2010 年 9 月，新闻出版总署正式批准的各类出版集团共有 36 家（见表 1-6）。

表 1-6　国内部分出版集团概况

序号	集团名称	成立时间	备　注
1	上海世纪出版集团	1999.2.24	上海世纪出版股份有限公司前身
2	广东省出版集团	1999.12.22	广东省出版集团有限公司前身
3	北京出版社出版集团	1999.7.7	北京出版集团前身
4	辽宁出版集团	2000.3.29	
5	中国科学出版集团	2000.6.25	
6	湖南出版集团	2000.9.1	湖南出版投资控股集团有限公司前身
7	山东出版集团	2000.12.12	
8	浙江出版联合集团	2000.12.21	
9	江苏出版集团	2001.9.28	凤凰出版传媒集团前身
10	中国出版集团	2002.4.9	中国出版集团公司前身
11	吉林出版集团	2003.12.12	
12	中国作家出版集团	2003.12.22	
13	四川出版集团	2003.12.26	
14	河南出版集团	2004.3.28	
15	河北出版集团	2004.4.15	

（续表）

序号	集团名称	成立时间	备　注
16	上海文艺出版总社	2004.6.22	
17	湖北长江出版集团	2004.10.12	湖北长江出版传媒集团有限公司前身
18	江西省出版集团公司	2004.12.31	
19	云南出版集团公司	2005.1.25	
20	重庆出版集团公司	2005.4.28	
21	贵州出版集团公司	2005.9.30	
22	武汉出版集团公司	2005.11.28	
23	安徽出版集团有限责任公司	2005.11.28	
24	读者出版集团	2006.1.18	
25	山西出版集团	2006.12.21	
26	北师大出版集团	2007.7.10	
27	陕西出版集团	2007.12.28	
28	青岛出版集团	2009.3.18	
29	黑龙江出版集团	2009.5.18	
30	黄河出版传媒集团	2009.9.9	
31	内蒙古出版集团	2009.12.10	
32	杭州出版集团	2009.12.18	
33	广西出版传媒集团	2009.12.22	
34	天津出版传媒集团有限公司	2009.12.29	
35	中国地图出版集团	2010.9	
36	中国教育出版传媒集团公司	2010.12.18	

综合性出版发行集团已经成为产业主体。从出版集团拥有的市场规模看，江苏凤凰出版集团、山东出版集团、湖南出版投资控股集团、浙江出版联合集团、中国出版集团、中国教育出版集团公司等，已经达到国内 500 强的企业规模。

2009 年，全国排名前 10 的出版集团码洋占有率为 26.69%，动销品种占有率为 19.14%，出版集团在出版业中的主导地位凸显无疑（见表 1-7）。

表 1-7 2009 年全国前 10 位出版集团相关数据

排名	出版集团	码洋占有率（%）	动销品种占有率（%）
1	中国出版集团	6.52	3.94
2	吉林出版集团	3.91	2.50
3	凤凰出版传媒集团有限公司	2.70	1.93
4	中国国际出版集团	2.68	1.09
5	北京出版集团	2.36	1.46
6	上海世纪出版股份有限公司	2.25	2.83
7	湖北长江出版集团公司	1.59	1.05
8	辽宁出版集团	1.57	1.39
9	中国科学出版集团	1.56	2.00
10	陕西出版集团有限责任公司	1.55	0.95
总　计		26.69	19.14

数据来源：北京开卷信息技术有限公司；《中国图书零售市场观测 2010 年度报告综合卷》。

但与美国等发达国家相比，我国出版集团的领导作用尚需进一步体现，这主要体现在中国的市场集中度要远远低于这些国家（见表1-8）。

表1-8 不同年份美国前4家、前8家图书公司市场占有率[1]

	1947 年	1963 年	1967 年	1972 年	1993 年
CR4（%）	18	20	20	19	30
CR8（%）	29	33	32	31	52

对比表1-6与表1-7可以发现，我国出版集团2007年的CR10值要远远小于1993年美国出版集团的CR8值，甚至也小于其CR4值。这说明我国的出版集团仍需加快扩张步伐，增加产业集中度，提高集约化经营的水平。

我国出版产业的低市场集中度[2]是由多方面的原因造成的，其中既有产业准入门槛高、地域壁垒强大等行政因素，又有市场

---

1 数据来源：周蔚华.出版产业研究.北京：中国人民大学出版社，2005.90.

2 市场集中度即市场中主要竞争者的集中程度，一般指在一定区域、行业内排名前几位的竞争者销量累加所占总量的比例。产业研究通常以CR5（即行业内前5位竞争者市场占有率之和）或CR10来衡量市场集中度的高低。一般CR5 > 60%即可视为高市场集中度行业，30% < CR5 < 60%为中市场集中度行业，CR5 < 30%为低市场集中度行业。高市场集中度意味着行业已进入成熟期并处于寡头垄断阶段，业内市场机会已经不多；中市场集中度意味着业内竞争激烈，品牌正处于从分散到集中的整合状态之中，行业正处于垄断竞争阶段，这一阶段对强势品牌而言是绝佳机会，对一般品牌而言则是威胁；低市场集中度意味着企业所面临的机会相对较多，但环境错综复杂，形势依旧不明朗。对于强势品牌而言，这一阶段仍是起步期。

化程度低、集团本身由行政捏合产生等内生因素。一方面，严苛的市场准入政策限制了非公有资本进入出版产业的渠道；另一方面，"大量民营资本和外国资本对出版领域虎视眈眈，通过各种途径和手段直接或间接地进入出版领域。其根本原因在于业内存在大量的效率低下的企业，这使得业外资本有充分的信心可以在看似饱和与过度竞争的市场中占领一席之地。由于在法规上规定民营资本不能进入出版内容产业，而民营资本又想在这一领域掘金，这就导致了民营资本在出版领域的非正常投资，由此，民营资本在出版领域便没有'沉淀成本'。从经济学的角度来说，投资所产生的'沉淀成本'是一种可抵押的物品，它会对经营主体的经营行为产生强约束，能够增加经营主体违法违规经营的成本和风险。正是由于经营的低风险和预期的高利润，因此民营资本在出版领域必然会表现出强烈的'游击性'和'短期性'，敢于打政策的'擦边球'，甚至是直接从事违法违规的经营活动，比如制作'伪书'等"[1]。

与此同时，我国的出版集团很少像国外出版集团那样通过并购重组来扩张企业规模，其中既有动力缺乏的因素，又有并购成本过大的原因，"特别是在跨区域整合的时候。因此，现已成立的出版集团都是行政推动的结果而不是市场自身整合资源的需要。我们知道，国际上的出版企业巨头基本上都是通过资本市场运作，以兼并或重组等手段来迅速扩大规模，获得超强市场地位

1　陈昕.中国图书出版产业发展现状分析.中国图书商报,2007-7-30.

的。如果我们目前的这种状况不变，很难产生能够同跨国出版巨头相抗衡的具有强大竞争力的巨型航母"。因此，引进和打造战略投资者，既是解决这一问题的重要途径，又是出版改革的目标之一。[1]

第二节　研究对象及范围

本书的研究对象，是作为战略投资者的出版集团。明确了"企业集团""出版集团""战略投资"及"战略投资者"等几个关键概念，也就基本确定了本书的研究范围。

1. 什么是企业集团

从世界经济发展史看，随着经济发展水平的提高，企业之间竞相构筑同盟关系，加速向协作化、集团化的方向发展已成为一种主要趋势。企业集团作为市场经济和社会化大生产的共同产物，已成为发达国家和地区经济发展的重要支柱。

（1）企业集团定义

企业集团是企业联合的高级形态，它由若干个企业组成，是一种多功能的经济联合体。企业之间的经济联合是一种世界性的经济现象，伴随社会化工业大生产的兴起而产生。19 世纪 60 年代起，欧美一些国家的企业就开始走上"集团式"发展道路。它们通常采取以下几种形式进行企业之间的经济联合：(1)卡特尔

1　陈昕.中国图书出版产业发展现状分析，中国图书商报.2007-7-30.

（cartel），(2)辛迪加（syndicate），(3)托拉斯（trust），(4)康采恩（concern）。[1] 其中康采恩最类似于企业集团，它最先出现于 20 世纪 20 年代的法国，是在托拉斯的基础上产生；康采恩的德文 konzern 系"多种企业集团"之意，它将不同经济部门的一系列企业联合起来，形成一种庞大的群体，但各企业仍然保持其独立法人的地位，借助相互持股聚合起来。20 世纪 50～60 年代，英美等国出现的"混合联合公司"其实质也是康采恩。尽管欧美发达国家早已出现类似企业集团的组织，但"企业集团"这个名称却是二战后在日本最先出现的，我国采用企业集团的名称，也是从日本引进的。[2]

"企业集团"一词最早出现在二战以后 20 世纪 50 年代的日本，源于日文中的当用汉字"企業集団"。"二战结束时，美国占领当局下令解散日本财阀组织之后，旧财阀系统下的部分企业由于能够适应企业系列化和产业调整的要求，重新联合而形成了日本企业集团。在日本战后经济复兴和后来的经济发展过程中，日本企业集团作为日本政府宏观调控经济的传导点和作用点，在优化资源配置、推动科技进步、促进产业结构合理化以及增强国家竞争力等方面发挥了重要作用，为使日本从一个落后的工业国快速发展成为世界经济强国作出了巨大的贡献。日本组建企业集团推动

1　秦尊文.企业集团概论.北京：经济科学出版社，1999.1–2.

2　黄光辉.组建企业集团的理论研究和个案分析.湖南大学硕士学位论文.2001.

经济发展的成功经验引起了世界各国的关注。"[1]

狭义的企业集团定义源于日本，目前主要有两种代表性的观点：

一是以日本学者金森久雄为代表的，认为企业集团是"多数企业相互保持独立性，并相互持股在金融关系人员派遣原材料供应产品销售制造技术等方面建立紧密关系而协调行动的企业群体"。[2]

二是以日本学者奥村宏为代表的，认为企业集团"本质上是大企业之间在资本上相互结合，但体现为集团领导制，用康采恩的概念是不能概括的"。企业集团的主要特征是"集团内大企业各自有机的多方面相互持股，从整个集团来看，呈环形相互持股状态；建立在相互持股基础上的社长会；成员企业以集团为单位的共同投资；大城市银行成为企业集团的核心；综合商社成为企业集团的另一个中枢；以银行、综合商社为核心形成了包罗万象的产业体系"。[3]

狭义的企业集团定义，将企业集团限于以银行为核心的企业集团或财团型企业集团，而把具有现代典型意义的早期垄断组织排除在企业集团范畴之外。

广义的企业集团定义的观点主要以日本学者山田一郎为代

1 郭福娜.日本企业集团形成机制研究.黑龙江大学硕士学位论文.2007.

2 李有荣.中国现代企业集团.北京：中国商业出版社，1994.

3 郭晓利.企业集团的国际比较.北京：中国财政经济出版社,2002.

表。该观点把企业集团定义进行了扩展，将早期的垄断组织卡特尔、辛迪加、托拉斯、现代企业的跨国联盟、康采恩、垄断财团以及松散的企业联合体等经济组织形式都归结为企业集团的不同组织形态。认为企业集团就是一种单纯的企业的集合。比如有代表性的定义是山田一郎所给出的企业集团的定义，该定义认为企业集团是"以各个成员企业在技术及其他经济机能上的互相补充为目的，以成员的自主权为前提，在对等互利原则下结成的持续长久地经营结合体形态和经营协作体制"。[1]

企业集团理论引入我国后，我国学者也对企业集团进行了定义。其中最具代表性的是由厉以宁所给出的定义，他认为"企业集团是企业之间横向经济联合的产物，它是若干个企业在同一地区、同一部门或跨地区、跨部门的经济联合体。这种联合可能主要在生产、销售领域内，即企业之间主要是实行产品的联合、技术的联合，彼此之间存在着多层次的协作关系。但是这种联合也有可能深入到所有权范围内，即企业之间通过资金渗透、联合，朝着相互参股和股份联合的方向发展，最终形成控股的母公司—子公司—孙公司系统。上述两种可能出现的联合中，无论哪一种联合都会形成企业集团，只是前一种联合形成的企业集团较松散，后一种形成的企业集团比较紧密"。[2] 此外还有其他几种具有代表

1 　袁宁 . 企业集团成因研究 . 西北大学博士学位论文 .2003.

2 　郭福娜 . 日本企业集团形成机制研究 . 黑龙江大学硕士学位论文 .2007.

性的定义 [1]。

黄光辉则以较为通俗的语言为企业集团定义：作为一种经济组织，企业集团是一个以少数（也可以是一个）具有法人地位的大企业为核心，以一批具有共同利益、受这个核心不同程度控制或影响的法人为外围，通过资金及契约等不同形式的利益联系而构成的经济联合体。对此应作如下理解：

企业集团是一种从事生产、经营、科研等活动的经济组织，而不是政治组织、行政组织或别的什么组织；

企业集团是由一批具有独立法人资格的企业为共同利益而组成的经济联合体，非经济联合体的单体大企业不是企业集团；

企业集团与其他经济联合体不同，它具有强有力的核心企业或核心层，能够对最重要的生产经营活动实行较高的统一，故松散的经济联合体不是企业集团；

企业集团的成员企业都保持着独立法人地位，这表明它们在法律上是平等的。但是，这并不意味着它们在经营管理上的地位

1 一是伍柏麟对企业集团所下的定义，他认为"企业集团是在现代企业高度民主发展基础上形成的一种以母子公司为主体，通过产权关系和生产经营协作等多种形式，由众多的企事业法人组织共同组成的经济联合体"。二是梁宪等人在研究了中国香港、中国台湾、日本、韩国和新加坡等地的著名企业集团后，将其定义为"以资本（产权关系）为主要纽带，通过持股、控股等方式紧密联结、协调行动的企业群体"。三是李荣融的定义，他认为，"企业集团是由若干相对独立的企业法人和事业单位法人组成，具有以核心企业为主体的多层次组织结构，通过资产、生产、经营、技术、服务等纽带结成一体的经济组织形式。它是横向经济联合的主要组织形式之一"。四是郭晓利所给出的企业集团定义，他指出，企业集团是"以资本关系为主要纽带，以母公司或母子公司体制为主体，多个法人的企业联合群体"。参见袁宁.企业集团成因研究.西北大学博士学位论文.2003.4.

完全平等。[1]

综合以上观点，可以认为：企业集团是现代企业的高级组织形式，是以一个或多个实力强大的、具有投资中心功能的大型企业为核心，以若干个在资产、资本、技术上有密切联系的企业、单位为外围层，通过产权安排、人事控制、商务协作等纽带所形成的一个稳定的多层次经济组织。企业集团的整体权益主要是通过明确的产权关系和集团内部的契约关系来维系，核心是实力雄厚的大企业。核心企业通过生产、销售、资金和管理上的绝对优势，控制其他成员企业按照企业集团的总体目标协调运行；经营规模比较庞大，并不断地扩大经营范围，向多元化、综合化方向发展，许多企业集团跨地区、跨部门、跨行业甚至跨国经营；与金融机构密切结合，具有强大的融资功能；特殊的非独立核算的会计主体，需编制以母公司为基础的合并会计报告。[2]

（2）企业集团与集团公司

企业集团与集团公司并不相同。一般而言，集团公司是企业集团的核心，是企业集团形成的前提和基础；企业集团必须依托集团公司而组建。拥有若干子公司的母公司称为集团公司，集团公司连同控股公司、参股公司和关联公司的总体，称为企业集团。企业集团与集团公司有着十分密切的联系，但它们之间又有着本质的区别，主要表现在以下几个方面：

1 黄光辉.组建企业集团的理论研究和个案分析.湖南大学硕士学位论文.2001.

2 参见维基百科：http://wiki.mbalib.com.

（1）法律地位不同。集团公司作为一个经济实体具有法人资格；企业集团是法人企业的联合，其本身不具备法人资格。

（2）结构层次不同。集团公司无论有多少子公司，但由于集团公司内部推行资产一体化，其内部单位都属紧密联合，组织结构上讲它只有单一的紧密层；企业集团由于内部联合的程度不同，而呈现出组织结构上的多层次。

（3）联系纽带不同。集团公司内部成员一般以统一产品系列及加工工艺为纽带，实行公司内部专业化协作；企业集团内部成员的纽带是通过企业间的契约，进而也通过资金融通，在资金、人力、技术、资源等方面进行联系。

（4）内部关系不同。集团公司是一种纵向的领导与被领导，支配与被支配的关系；企业集团内部是一种横向的平等互利关系。[1]

（3）企业集团的形成

前面说过，企业集团是企业为适应经济环境的变化而逐步形成并成为经济发展主流的。国内学者对企业集团的形成原因有深入的研究，主要分为以下五个方面：[2]

一是从规模经济角度分析企业集团的形成原因。规模经济迎合了企业集团对经济效率的追求。所谓规模经济是指随着生产量的扩大而单位产品成本下降的趋势。这可以用一个简单的数学模

1　黄光辉.组建企业集团的理论研究和个案分析.湖南大学硕士学位论文.2001.

2　参见袁宁.企业集团成因研究.西北大学博士学位论文.2003.

型描述：即设 a 为固定成本，b 为可变成本，产量为 x，则企业总成本函数为：$F(x)=a+bx$。

进一步可推导出其单位平均成本函数为：$U(x)=a/x+b$。从 $U(x)$ 中可知，当 x（产量）增大时，a/x 的值就变小，即 $U(x)$ 曲线呈下降趋势。

事实上，随着产量的增大，不仅分摊在每一单位产品上的固定成本将减少，而且可变成本的绝对值亦将变小。这在出版产业中表现得尤为突出。企业集团特别是工业企业集团的形成使商品生产产生了规模经济，降低了生产成本。因此可以说，规模经济既是企业集团发展的动因，也是企业集团发展的必然结果。企业集团的出现既能够充分利用资本的规模经济，也能够充分利用组织管理的规模经济。但必须注意的是，在一定条件下，企业集团规模的扩大与经济效益呈正相关；当企业集团的规模超过一定界限时，企业集团的规模与经济效益会呈负相关。只有当企业集团达到合理经济规模时，企业集团及其成员企业才能获取企业集团的规模经济效益。

二是从交易费用的角度分析企业集团的成因。产权学派用交易费用的概念来解释企业扩大的动因，认为企业的扩大或集团化可以将市场交易内部化，从而降低交易费用。著名的"科斯定理"[1] 说明，只要交易费用不为零，就可以利用明确界定的产权之间的自愿交换来达到配置的最佳效率，从而避免外部性。企业集团通过降低交易费用降低了生产成本，获得了相对竞争优势。

三是从范围经济[2] 的角度分析企业集团的成因。从范围经济角度的观点看，不同单体企业组成企业集团的原因在于保持单体企业最优规模的前提下，进一步拓展企业经营规模和市场范围，分散企业在生产和经营中可能遇到的各种风险，从而取得更大的规模经济效益，由此形成企业集团进行多角化经营的战略。

四是从速度经济[3] 的角度分析企业集团的成因。所谓速度经济是指依靠加速交易过程而得到的流通成本的节约。在当今国与

1　科斯定理是以诺贝尔经济学奖得主罗纳德·哈里·科斯（Ronald H. Coase）的名字命名的。他于1937年和1960年分别发表了《企业的性质》和《社会成本问题》两篇论文。这两篇文章中的论点后来被人们命名为著名的"科斯定理"，是产权经济学研究的基础，其核心内容是关于交易费用的论断。科斯定理较为通俗的解释是："在交易费用为零和对产权充分界定并加以实施的条件下，外部性因素不会引起资源的不当配置。因为在此场合，当事人（外部性因素的生产者和消费者）将受一种市场里的驱使去就互惠互利的交易进行谈判，也就是说，是外部性因素内部化。"科斯定理的精华在于发现了交易费用及其与产权安排的关系，提出了交易费用对制度安排的影响，为人们在经济生活中作出关于产权安排的决策提供了有效的方法。根据交易费用理论的观点，市场机制的运行是有成本的，制度的使用是有成本的，制度安排是有成本的，制度安排的变更也是有成本的，一切制度安排的产生及其变更都离不开交易费用的影响。参考维基百科。

2　范围经济是指一个企业进行多角化经营拥有若干个独立的产品市场，当若干个经营项目联合经营要比单独经营能获得更大的收益时，则该企业获得了范围经济。

3　速度经济是由哈佛大学钱德勒教授首先提出的。随着大规模零售商的出现，追求从生产到流通的速度而带来的经济性，即通过企业内部的协调，加速商品流通的速度（如库存周转率）经济性十分明显。于是，钱德勒创造了这一新的范畴。尔后不久，许多学者都运用这一范畴分析现代的工商大企业。

国之间的经济贸易战中，该能力往往具有决定性的作用。对比企业集团与一个单体企业，我们就会发现企业集团内生产—贸易—零售—服务几个同盟伙伴的通力合作，再辅之以资金支持、生产规模、技术优势，无疑在速度经济范畴内具有单体企业无法比拟的竞争优势。

五是从功能和效应论的角度分析企业集团的成因。认为企业集团形成的客观基础一是社会化大生产发展的内在要求，二是发达市场经济的内在要求。企业由分散从事生产经营活动转向发展联合，是迫于剧烈市场竞争的压力和对资本增值的追求，是着眼于企业集团的综合优势和放大效益。首先，企业集团的组建能够创造出比一般性协作更大、更高的生产力，特别是能使人才聚集、资本投入集中，从而形成新的、单体企业难以与之相比的创新优势。企业集团的形式不仅能容纳高度发展的生产力，而且能创造新的生产力，这正是企业集团的成员企业能在市场竞争中处于有利地位的最大资本。其次，企业集团的建立还能实现交易成本的节约。企业之间的交换可以通过外部市场进行，也可以在企业组织内部实现，而市场交易的内部化，将大大节省市场交易成本和行政管理成本，企业集团的组建能引起外部市场交易的内部化从而减少企业的生产经营成本，同时用企业集团的管理体系取代市场交易，还排除了外部市场交易的不确定性。再次，通过企业集团，原来的单体企业往往不需要花费大的投资，就能获取规模经济效益，企业集团各个成员企业之间能以较低的代价实现生产要素的优化组合，享受分工、专业化以及协作带来的好处，使各成员企业共享规模经济效益。另外，企业集团的组建还可以使原先的单体企业不用做太大的调整，就可以实现多元化经营、分散市场风险的经营目标，就可以使企业集团的成员企业享受分工的好处。

（4）中国企业集团的形成与特点

改革开放使得我国的多数企业在较短时间内完成了完全市场经济条件下需要数十年甚至上百年时间才能完成的体制机制转变，短短十几年就经历了孕育产生、创建调整和快速发展的整个过程。这就导致了中国的企业集团的形成带有明显的中国特色。可以说，我国的企业集团是在企业尚不成熟、市场尚未健全、政府职能还没有转变的情况下开始组建的。"企业集团的组建从比较松散到比较紧密，从局限于本地区、本部门、本系统内部走向跨地区、跨部门、跨系统，从横向的产品联合走向纵向的工艺联合，从单一产品企业的结合向多角化经营发展，从政府行政推动、以契约形式联合发展到以资产为纽带的联结方式，每一步发展都离不开改革的深入，每一步发展也都反映出传统管理体制的弱化和市场经济体制加强的趋势。"[1] 袁宁将我国企业集团的产生与发展大致划分为 3 个时期（见表 1-9）[2]。

也有研究者将我国企业集团的产生与发展划分为另外的 3 个

1 袁宁. 企业集团成因研究. 西北大学博士学位论文.2003.81.

2 袁宁. 企业集团成因研究. 西北大学博士学位论文.2003.82—85.

时期，即：(1)企业集团的萌芽阶段（20世纪80年代初～1986年3月）；(2)企业集团的初生阶段（1986年3月～1992年10月）；(3)企业集团的成长阶段（1992年10月至今）。[1] 虽然划分标准和时间段略有差异，但都能大致反映我国企业集团的发展轨迹。

表 1-9 中国企业集团发展轨迹

发展阶段	时间跨度	标志性事件
孕育产生期	1979～1987	1980年7月国务院发出《关于推动经济联合的暂行规定》，出现企业集团的雏形。 1986年3月国务院发出《关于进一步推动横向经济联合若干问题的规定》，强调维护企业横向联合的自主权，在一些松散的联合体中开始出现企业集团的形式。
创建调整期	1987～1994	1987年国家体改委和原国家经贸委发布《关于组建和发展企业集团的几点意见》，这是我国发布的关于企业集团问题的第一个专门性文件。 1991年国务院批转了国家计委、国家体改委、原国务院生产办公室《关于选择一批大型企业集团进行试点的请示》（71号文件）。 1988年底全国在工商行政管理局注册的企业集团有1630家。 1994年底，全国登记注册企业集团2万多家。 1986～1994年，在1991年国家试点的55家企业集团中，有72%，计41家进入了国家计委计划单列的企业集团行列。

1 郭福娜.日本企业集团形成机制研究.黑龙江大学硕士学位论文.2007.20—22.

（续表）

发展阶段	时间跨度	标志性事件
快速发展期	1994 ~	1997 年 4 月国务院批转了国家计委、国家经贸委、国家体改委《关于深化大型企业集团试点工作的意见》，提出"建立以资本为主要纽带母子公司体制"的目标。在随后召开的十五大中又强调："以资本为纽带，通过市场形成具有较强竞争力的跨地区、跨行业、跨所有制和跨国经营的大企业集团。"

　　与其他国家企业集团的形成不同，中国企业集团的产生虽然也有经济发展的自身需求，但也带有浓重的行政色彩与官方烙印。在西方国家，企业集团一般是在市场竞争过程中由企业自发地根据需要结合而成的，政府只是通过政策、法规等形式为企业集团的形成创造一个良好的外部环境，引导、诱发企业集团的形成，而不出面直接参与企业集团的形成。在我国企业集团形成之初，由于政府职能尚未转变，干预企业行为的强大历史惯性依然存在。当时普遍存在的"国有企业即是政府所有企业"的观点更加剧了这一现象。如首钢集团就是由政府有关机构用行政划拨方法兼并了 13 家军工企业后逐步形成的，又如万宝电器集团是由广州市政府出面将原二轻局系统的洗涤具公司、压缩机公司、家电公司等企业划拨给万宝电器公司而形成的。[1] 中国的出版发行企业集团的成立同样带有明显的行政色彩，而这也对企业集团现代企业制度的建立、管理模式的形成、经济效率的发挥等提

1　郭福娜 . 日本企业集团形成机制研究 . 黑龙江大学硕士学位论文 .2007.

出了更大挑战。

2. 什么是出版集团

出版集团是企业集团的形式之一，是以一个或多个实力强大、具有投资中心功能的大型出版企业为核心，以若干个在资产、资本、技术上有密切联系的出版发行或相关企业、单位为外围层，通过产权安排、人事控制、商务协作等纽带所形成的一个稳定的多层次经济组织。

出版集团因其意识形态性和文化特性而与其他企业集团有所不同。出版集团并不像其他企业集团一样完全致力于利润的追逐，而是把社会效益放在首位，追求社会效益和经济效益的统一；出版集团的产品满足的是人们的精神需求，因此其产品价格与产品需求弹性较大，不像物质生产集团那样是为了满足人们的基本生活需求，其产品的价格与需求量弹性较小。这就决定了出版集团的利润率一般会低于其他企业集团。但在社会贡献方面，出版集团对社会文明的进步，对社会文化的发展，对人类精神文明成果的传播和保存，都具有重要贡献，这是其他企业集团难以比拟的。

从一定意义上看，出版集团与其他企业集团的最重要的区别之一，就在于其社会公共性或文化公益性——虽然出版集团同样有对利润的追求。"出版从来就是一项具有文化普惠价值的公益性事业，公益精神应当是出版事业的宗旨和旗帜。这几乎是不用讨论的公理。但是，当出版业处于市场经济条件下，在文化体制改革中，在出版机构逐步分别被定位为公益性事业单位和经营性企业单位的时候，出版界产生了一些模糊认识，一些经营性出版企业以为出版的公益性问题从此可以少谈甚至忽略不计，社会效益成了出版活动的底线，而企业利润最大化的原则应当写上出版企业的旗帜。这些模糊认识显然不利于我国出版事业的健康发展。正确认识出版与公益精神的关系就成为一件很有现实意义的事情。"[1]

出版集团的公益性主要体现在以下几个方面：

从出版活动的起源来看，出版首先是人类的人际间、代际间的传播行为，公共性从一开始就存在。《尚书·多士》中有"惟殷先人，有册有典，殷革夏命"的记述，《墨子》中有"书于竹帛，镂于金石，琢于盘盂，传遗后世子孙"的名言，可见出版对于人类社会在记录历史、传承思想文化方面的不可或缺性。出版的本原就是人们将知识和思想文化"公之于众""传遗后世"，是一种有益的公共行为。

从出版活动对人类社会的价值来看，出版公共性的首要要求就是有益于人类发展、社会进步与世道人心。孔子说"河不出图，洛不出书，吾已矣夫"，"河图""洛书"自然要有益于思想文化传承。曹丕称文章为"经国之大业，不朽之盛事"，同样适用于对出版有益于治国安邦的要求。出版业的公益价值要远远大于其所创造的经济价值。出版物的判断标准，应是其社会公益影响力的大小，而不能简单归结于发行量的多寡和其经济效益的高下。

1　聂震宁.出版与公益精神——在北京大学公益传播论坛上的发言.2008.

从出版业发展的趋势来看，公益性精神越来越成为出版业最耀眼的精神，成为不断放大的特质之一。随着我国文化体制改革的深化和开展，出版业市场化、产业化程度越高，其内容形式、传播手段的创新能力就越强，而公益性要求也就越发受到重视和强调。出版的公益性，突出体现在对广大人民群众文化需求的满足上。因此，出版活动在传播精英文化、满足高端需求的同时，将更加重视大众读物的开发，要对畅销书给予充分的重视和尊重。同时，出版活动还要不断提升读者的阅读品位，提高国民素质。无论是经营性出版企业单位还是公益性出版事业单位，这些要求应当是一致的，都要既强调出版物的思想文化价值，又要追求最好的传播效果，只不过两类性质的出版单位，其公益价值的实现形式有所不同而已。

与国外出版集团相比，中国的出版集团还具有以下特点：

经营规模低。经营规模远远低于国外出版集团。国外出版集团大多有上百年历史，经过了无数次的兼并组合，其资产规模、经营总额、利润总额等主要数据都远远优于国内的出版集团。

产业范围小。国外出版集团多数是以图书为重点的跨媒介、跨地区经营的媒介集团。由于经济全球化的发展，跨国发展成为这些出版集团发展的重要方向。我国的出版集团主要是以省域为单位进行的地区组合，因此集团建设并没有打破地域壁垒。我国的出版集团主要由出版单位联合组成，图书出版经营依然是集团主要的经营业务，还没有形成成熟的跨媒介经营结构。同时，由于出版集团内部仍然是分散经营，资源整合力度不够，其专业化优势也并不存在或并不突出。

行政捏合。国外出版集团主要走组合兼并的发展道路。收购与兼并已经成为出版集团扩张的主要方式，20 世纪 80 年代以来更是兴起了大规模的跨国兼并高潮，大规模兼并使得许多出版集团在其国外的营业额超过了在本土的经营。比如英国和荷兰合资的里德·爱思唯尔集团在世界各地经营所占比例中，北美占56%，而英国和荷兰只是分别占 20%。[1] 我国的出版集团则受到多种因素的制约，兼并重组障碍重重，出版集团的扩张欲望也由此受到影响。

产权结构单一。国外出版集团的情况大多是所有权与经营权分离，企业的所有者并不直接参与企业的经营，企业的经营和管理由职业经理人负责，使企业形成了合理的监督和激励机制，企业的经营管理更加高效。我国出版集团的资产属于国家，虽然目前的出版集团已经或正在进行国有资产的授权经营，但出版集团仍要接受主管机关严格的监督和管理，并不能实行完全意义上的现代企业制度。此外，由于单一的产权关系，我国出版集团同样也存在着活力不够、监管不力等国有企业所共同面临的问题。

3. 战略投资与战略投资者

在西方，投资通常是指为获取利润而投放资本于企业的行为，主要是通过购买国内外企业发行的股票和公司债券来实现。所以，

1 杨永龙. 我国出版集团多元化经营的思路与对策. 北京印刷学院硕士学位论文 .2006.22.

在西方，投资一般是指间接投资，主要任务是如何计算股票和债券的收益、怎样评估风险和如何进行风险定价，帮助投资者选择获利最高的投资机会。而在我国，投资概念既包括直接间接的股票、债券投资，也指购置和建造固定资产、购买和储备流动资产的经济活动，有时也用来指购置和建造固定资产、购买和储备流动资产（包括有价证券）的经济活动所必须运用的资金。因此，投资一词具有双重含义，既用来指特定的经济活动，又用来指特种资金。

简而言之，可以把投资定义为：经济主体为获得经济效益而垫付货币或其他资源用于某项事业的经济活动。

战略投资者是指与标的企业业务联系紧密、以谋求长期战略利益为目的、持股量较大且长期持有、拥有促进标的企业业务发展的实力并积极参与公司治理的法人投资者。与一般法人投资者相比，战略投资者持股的安定性更强、集中度更高、参与公司治理的积极性更大，因而是一种积极持股者和安定性股东。

总体上，战略投资者应当具有如下特征：

一是与标的企业有联系紧密的业务往来或者从事的行业具有一定的互补性，拥有促进投资者业务发展的实力或能够规避不同时期的行业风险。

二是追求长期战略利益，而非短期市场行为，能够长期稳定持股，不会因为暂时的获利而变现。这是其区别于一般法人投资者的首要特征。

　　三是持股量较大。如作为战略投资者的美国福特公司持有江铃汽车的股权，为其第二大股东。上海宝钢集团持有首钢股份的股权，为第二大股东。

　　四是有愿望也有能力参与标的企业的经营管理。也就是说，战略投资者不仅擅长资本运营，更要精通生产经营，不仅仅是单纯的金融资本，更应具有强大的产业资本背景，能够积极参与公司生产经营，甚至可以移植先进的管理和技术，从而提高标的企业的经营效率和赢利水平，借此获得较高的收益回报。

第二章　中国出版产业的基本格局

第一节　当代中国出版业的历史变迁

随着新中国在 1949 年宣告成立，当代中国出版业也翻开了新的历史篇章。自 19 世纪末兴起的中国现代出版业，不再仅仅是晚清以来知识分子宣扬"主义"和"教育立国"的一项社会实践，或者是民族资产阶级工商业经营活动中的一项产业，而是在中国共产党的坚强领导下，作为重要的意识形态宣传阵地和伟大的社会主义文化事业的一个重要组成部分，纳入到社会主义事业的整体建设中去。经过 1949 ～ 1956 年的"社会主义改造"，私营、公私合营和国营并存的出版业格局被打破，出版业实现了全部国营，并在党政共管、从中央到地方四级体系的管理体制下，完成了全国范围的计划性、区域化布局。自此，出版业在高度集中的计划经济体制下取得了重大成就，积累了重要经验，也有深刻教训。1978 年底，党的十一届三中全会总结历史经验，拨乱反正，作出了把党和国家工作中心转移到经济建设上来、实行改革开放的战略决策。在改革开放的伟大实践中，党和国家成功开辟了中国特色社会主义道路，把坚持社会主义基本制度同发展市场经济结合起来，发挥社会主义制度的优越性和市场配置资源的有效性，使全社会充满改革发展的创造活力。当代中国出版业在改革开放的道路上加快了步伐，由高度集中的计划经济体制向充满活力的社会主义市场经济转变，不断深化文化体制改革，在全球经济一体化背景和推行文化"软实力"竞争的战略下，进一步完善行政管理体制和法制建设，组建大型出版、发行企业集团并推动其转企改制，推动出版企业集团进入资本领域上市融资，向外资、民营资本逐步开放，大力推动传统出版的数字转型，强化公益性文化服务体系建设。21世纪的当代中国出版业，在产业化思维、现代企业制度、国际化竞争、资本运作、数字化升级这些新元素的推动下，形成了崭新的格局。

1. 出版管理机构及其职能转变

自1949年以来，当代中国出版业一直保持着"双管四级"的出版管理体制，即由党委领导、政府管理从而形成党政双管，由中央到省（自治区、直辖市）、地、县形成四级管理。这种"双管四级"的管理体制，充分体现了中国特色社会主义的体制特征，既保证了出版业作为思想意识形态阵地的政治属性，和出版业作为社会主义文化事业的事业属性，又有效保证了发挥市场在资源配置中的作用的同时，党和国家对出版产业化运行、出版经营的宏观调控，以克服出版产业市场自身存在的某些缺陷，促进出版产业充满活力、富有效率、健康运行。

在这一管理体制中，党和政府行政部门主要发挥领导、监督、宏观调控作用，出版行业的各种协会以及各种民间组织作为辅助和桥梁，起到领导部门与出版产业之间的沟通作用。与之相关的出版业各项法律法规、政策制度，则规范和保障了出版业的健康运行。

（1）"党政共管"的管理机构

针对出版业的管理，世界各国多有不同。美国崇尚自由主义经济，政府主要通过法律和经济手段实现对出版业的调控，在联邦政府机构中并不设立专门的出版业管理部门。美国国务院下属的新闻总署，与我们的行政管理不同，实际上是美国政府的对外宣传机构。美国设有专门的版权登记和管理部门，即版权局，但版权局也只是美国国会图书馆的下属机构，所肩负的职能主要是负责版权法的执行、办理版权登记等。

需要说明的是，西方国家的政府机构中不设出版产业专门管理机构，并不等于出版产业中没有"政府干预"。相反，"政府干预"通过诸多渠道渗透到出版产业。在不同的历史时期，"政府干预"有时会以更加强势、公开的方式进行。比如法国政府一直以来也不设立专门管理机构，但自1976年法国文化部成立图书阅览司开始，政府对图书出版产业的干涉政策逐渐形成。20世纪80年代，不仅由图书阅览司制定并实施《图书统一价格法》，通过价格体系对出版产业进行全方位调控；而且还通过国家图书中心对出版产业的国际化竞争大力扶持。再如美国政府，它通过法律、税收、财政补贴等或明或暗的方式，来保护、制约和影响出版企业，倡导社会文化功能，扶持和输出美国文化。这些方式包括：对盗版行为，不像大多数国家那样以民事论处，而是以刑事罪判刑；对儿童（13岁以下）图书，立法禁止色情、暴力内容；对中小学教材，不统一编写，但中小学必须在州一级教育主管部门（州议会教育委员会）推荐的范围内选用教材；出版社的存货计入生产成本，这个规定客观上抵减了出版社的纳税额；出版商到国外售书，其差旅费可抵减税金（不是在成本里减，而是直接抵税），这个规定客观上鼓励了文化输出；美国对许多国家的"禁运"均不包括图书出口（只有对古巴例外）；出版物邮寄费较其他物品便宜；全美1000多家非营利出版社中，130多家是由国家供养的；美国政府认为必要时，会出资让小出版社参加国际书展。以上这些情况表明，西方的出版业已经真正做到了政府引导市场，市场引导企业。这是值得我国出版业借鉴的。

当代中国从1949年就确立了党和政府对出版业共同管理的管理体制。党中央管理出版的机构，一直以来主要是中央宣传部。中央宣传部专设有新闻局和出版局，出版局又根据出版业的主要领域，设立图书处、期刊处等处室。中宣部出版局的职能主要是监督并保证出版业的政治导向，保证出版业在社会主义文化建设中坚定执行党的出版方针和政策。不过，在不同的历史阶段和特定形势下，中央宣传部这一职能也曾微调。改革开放以来，随着党政分开、政企分开等体制机制改革，尤其是 20 世纪末各地成立出版集团以来，原直属政府系统的出版集团改由中央或省市县的宣传部直接领导，宣传部门对出版业的影响力愈发加强。

政府系统设立专门的新闻出版业管理机构，是中国特色社会主义的一部分。1949 年新中国成立之前就已决定，借鉴苏联体制，并结合中国革命的历史经验和长期实践，设立新闻出版管理机构。早在 1948 年初，建立全国性统一集中的出版领导机构提到了党中央的议事日程。是年 8 月份，中央开始作出部署，调黄洛峰从香港赴东北开始着手筹备这项工作。1949 年 1 月 31 日，北平和平解放，中共中央 2 月 11 日便给北平市委书记彭真等发电，提出"组织临时的出版工作委员会……。"2 月 22 日，出版委员会成立，黄洛峰担任主任。出版委员会是新中国成立之前，在中央直接部署下组建的临时性最高出版管理机关。1949 年 10 月，中央人民政府成立后，中华人民共和国政务院正式成立了出版总署和新闻总署两个机构，分别负责集中统一管理全国出版工作和新闻工作。在此后的历史中，出版管理机构虽然经历过多次的归入文化部、独立直属国务院的反复，但设立专门的出版业的政府管理机构这一观念始终没变。自 1987 年开始，出版管理部门作为国务院专设机构的形态固定下来。这年 1 月，中华人民共和国新闻出版署成立。到 2001 年 4 月，新闻出版署进一步升格，成为国务院直属的正部级机构，更名为中华人民共和国新闻出版总署。

党政共管的管理格局，从中央推行到地方。在各省、自治区、直辖市，党的宣传部门设有新闻出版处，政府系统设有专门的新闻出版局。在基层的区、县一级，两个系统中依然设有专门处室管理出版业。这一党政共管模式，同时延伸到微观领域的出版集团或出版单位，党组（委）书记和总裁（社长、总经理）共同管理具体的出版活动。

在政府出版业管理机构中，除了新闻出版总署专门管理出版业之外，还实行部门"交叉共管"模式。比如音像管理方面，1980 年以前，国家并没有明确专门的管理机构。自 1982 年 12 月国务院发布《录音录像制品管理暂行规定》开始至今，音像管理一直采用文化部、广播电视局、新闻出版署三家共管、权力分属的模式。直到 2008 年 7 月 11 日，国务院办公厅下发《关于印发〈国家新闻出版总署（国家版权局）主要职责内设机构和人员编制规定〉的通知》，为新闻出版总署增加了六项职能，音像制品的批发、零售、出租、放映以及进口的职责才一并划入总署，总署才第一次拥有了较为完整的音像管理权。

与音像管理权类似，期刊的管理一直以来也体现出多个部门交叉管理的特点。1988 年新闻出版署颁发的《期刊管理暂行规定》中仍然规定，新闻出版署仅拥有部分的审批权，中央和国务院各部委、各直属机构、各民主党派、人民团体及所属单位所办的社会科学类期刊由新闻出版署审批，自然科学技术类期刊则由国家科委审批后报新闻出版署备案，军队系统由解放军总政治部审批，地方期刊由地方新闻出版局在新闻出版署确定的指标内核准后报新闻出版署备案。直到2005年9月30日新闻出版总署正式颁发《期刊出版管理规定》，期刊的审批权彻底收归新闻出版总署。

在一些重大的出版专项工作或专项行动中，政府各部门共同参与的特点更为明显。比如"扫黄打非"行动，尽管其日常办事机构设在新闻出版总署，但2001年成立的第一个"领导小组"成员单位就包括国务院办公厅、中央宣传部、中央政法委、公安部、铁道部、交通部、文化部、新闻出版署等15个。参照这一组织结构，各地纷纷成立的"扫黄打非"领导小组，同样包含这15个单位的地方组织。

随着中国出版工作者协会、中国印刷技术协会、中国编辑学会、中国期刊协会、中国音像协会、中国书刊发行业协会、中国版权协会等众多出版业协会的先后成立，行政管理部门与具体的出版单位之间有了更好的沟通桥梁。这些协会一方面对行政管理部门的政策制定、标准建立提供市场依据，反映出版单位的意见和建议，另一方面又对行政管理部门的管理工作起到辅助作用。比如开展出版业人才培训工作、加强出版从业人员的自律性教育、评选表彰优秀出版工作者和优秀出版物，与国外开展文化交流，组织会展等工作。但是，与美国强调独立的"出版商协会"等相比，我们出版业的各种协会仍具有鲜明的官方色彩。

上下一致、庞大严密的出版业管理体制，从某种意义上来说也是"举国体制"。这既能充分保证出版业坚持正确的政治导向和方向，形成稳定可靠的舆论氛围，又能发挥中国特色社会主义体制的优越性，集中力量办大事，推进出版业为文化大发展大繁荣作出积极贡献。但与此同时，如何恰当处理党政、政企、出版事业和出版产业之间的关系，也不断考验着管理者的管理能力和管理艺术。

（2）行政管理者的职能转变

回顾出版业行政管理机构的变迁，在从计划经济向市场经济的转变过程中，行政管理机构从计划管理者向宏观调控者、从"政治第一"到"以人为本"的转变脉络相当清晰。

1949年成立的出版总署，主要扮演着"社会主义改造"的执行者和当代中国出版体系的建立者角色，具有明显的历史过渡性。正是在出版总署的努力下，1949年尚存的数千家私营出版、印刷企业[1]，到1956年完全退出了历史舞台，出版业实现了全部国营。同时，出版总署立足其时社会主义建设的历史需要，按照"全国一盘棋""专业分工"的思路，设立了从中央到省市、从综合到专业的全国出版业格局。同时，出版总署不仅从宏观上制定出版业管理法规、制定第一个"五年计划"《全国出版事业五年建设计划大纲（草案）》，还亲自参与到微观的出版活动中，着手推出《毛

---

[1]　根据出版总署1950年3月初步统计，在北京、天津、上海、南京等11个大城市中，私营书店共有1009家（从业人员7600人），其中经营出版的有244家。据出版总署1953年10月统计，全国86个大中城市共核准的出版业、印刷业和发行企业3043家，其中私营企业2574家；在核准的285家出版企业中，私营出版社220家。参见《中国出版通史·中华人民共和国卷》.北京：中国书籍出版社，2008.50–51.

泽东选集》《中国人民文艺丛书》等重点出版项目。在新中国出版业的创设时期，出版总署同时扮演了"裁判员""教练员"和"运动员"三种角色。

自 1954 年到 1986 年，出版业管理工作基本上属于文化部。对出版业的管理基本固定在三个方面，一是政治上的管理，"监督各出版社贯彻党和国家制定的出版工作的方针任务"，"制定和推行出版工作中的重要制度"，"对书籍进行事后审读工作，督促出版社提高出版物的质量，推动图书评论工作"；二是全国一盘棋的"计划"性管理，"对全国的出版计划进行汇总平衡"，"审核出版社报送的长远选题计划"；三是从"经济"上对出版业进行指导，"指导和督促出版社改善企业的经营管理"，"对出版社进行财务监督和汇总审核的管理工作"。文化部出版事业管理局掌控出版业在计划经济体系下合理运行，而政治正确、计划合理、经营有效这三个方面基本上构成了出版业在计划经济时代的全部内涵。

自 1987 年成立新闻出版署、2001 年升格为新闻出版总署以来，当代中国出版业最高管理机构适应社会主义市场经济体制的要求，不断深入改革、扩大开放，推进出版业大力加强出版产业化、经营市场化、竞争国际化、文化建设公益化则成为其管理的四大内涵。2009 年新闻出版总署署长柳斌杰在接受中央电视台采访时，称"新闻出版总署就是文化市场管理的工商局"，并将总署的职能简称为"六项出版四大市场一个管理两个专项"，即图书、报纸、期刊、电子、音像、网络"六项出版",出版、发行、印刷复制、版权"四大市场",一个"新闻管理","扫黄打非"和公共文化服务体系建设"两个专项"行动。从这些言简意赅的表述中可以看出,与计划经济时期相比,当前出版行政管理部门的工作重点已经发生了极大的转变。从改革观念来说,行政管理部门走到了现实的前面,正"自上而下"地推进文化体制机制的全面改革。但也不讳言,将改革从观念落实到现实的出版运作中,还存在着政策缺位、制度缺位、管理缺位等问题。

在出版行政管理部门自 1949 年尤其是改革开放以来不断强化的"党政分开""政企分开""科学管理"总体趋势下,出版业多年形成的一些原则性管理权则持续强化。如包括图书、期刊、电子、音像、印刷复制、发行等出版业全流程各方面的审批制,出版业各单位的主管主办制、选题三审制、重大选题备案制度等,并没有随着改革开放的深化而丝毫减弱。这些原则与制度,是维护当代中国出版管理体制最为重要的基础性制度。

2. 出版法制体系及特殊制度

由于 20 世纪 50 ~ 70 年代特定的"冷战"历史背景,国内频繁的政治运动,以及出版业在这一时期至高无上的政治功用,当代中国出版业的法制建设进程并不顺利,甚至一度陷于停滞。随着 1978 年之后的改革开放,"依法治国"战略的实施,尤其是1991 年以来为适应社会主义市场经济发展、社会全面进步和加入世贸组织,当代中国出版业的法制建设加快了步伐。时至今日,已经基本上形成了一个以国家制定的法律为核心、以行政法规为基础、以部门规章及规范性文件等为有效补充的出版法制体系。

（1）有关出版的法律

制定并施行专门的《出版法》，在世界各国并不普遍。目前，世界上只有少数国家有专门的《出版法》，比如法国、芬兰分别有《法国出版自由法》《芬兰出版自由法》。但是，20世纪以来现代出版业最为发达、法律体系最为完备的英国和美国，并没有《出版法》。美国出版最核心的法律是保护出版自由的《宪法》第一修正案。英国出版业最重要的法律则是《版权法》。1709年，英国颁布的《安妮法令》，成为世界上第一部版权法，其中对著作权拥有者和版权保护期限的设定原则，至今仍是版权法的核心内容。事实上，目前国际上通用的出版业法律仍属于著作权保护方面的法律，如1971年7月24日在法国巴黎修订通过的《世界版权公约》和《伯尔尼保护文学和艺术作品公约》。

与之相似，当代中国至今也没有专门的《出版法》。1954年颁布的《中华人民共和国宪法》是当代中国整个出版领域法律体系的基石。《宪法》（2018修正）第三十五条规定，"中华人民共和国公民有言论、出版……的自由"。《宪法》同时在第二十二条明确规定，包括出版业在内的各种文化事业坚持为人民服务、为社会主义服务的"二为"方向。

在国家通用性法律中，针对出版业也作了专门规定。《中华人民共和国刑法》为保护出版业的健康发展，针对非法出版规定有七项刑事犯罪。《中华人民共和国民法通则》针对知识产权和人身权等设有专门条款。《中华人民共和国国家通用语言文字法》以法律形式规定"普通话、规范汉字是国家通用语言文字"。《中华人民共和国广告法》第十八条规定，包括期刊在内的众多媒介不能"发布烟草广告"；发布"药品、医疗器械、农药、兽药等商品"的广告，在发布之前必须"要由有关行政主管部门""对广告内容进行审查"。此外，《中华人民共和国保守国家秘密法》《中华人民共和国海关法》《中华人民共和国未成年人保护法》也都有与出版有关的专门条款。

当代中国出版业迄今为止唯一一部经全国人民代表大会通过的法律，是 1990 年 9 月颁布通过、1991 年 6 月施行的《中华人民共和国著作权法》（2001 年 10 月修订）。其实，《著作权法》的出台经历了漫长的历史，甚至一波三折。早在 1950 年 9 月，出版总署召开的第一届全国出版会议通过的《关于改进和发展出版工作的决议》，就曾明确提出保护著作权的要求。1951 年 4 月，出版总署专门成立了以周建人副署长为首的著作权出版权暂行条例起草委员会。1954 年 5 月，出版总署将《保障出版物著作权暂行规定》（修改稿）报送政务院文化教育委员会审核，但无果而终。直到改革开放后，鉴于国际国内的多种压力，在国家领导人的直接要求下，《著作权法》才于 1979 年重新起草，历经 10 多年艰苦努力才出台。《著作权法》的出台为中国出版业参与国际文化交流和市场竞争打下了重要的基础。

（2）出版行政法规和部门规章

针对缺乏专门《出版法》这一现状，世界各国普遍采取"法律体系化"方式，即通过制定多种多样的法律，来覆盖出版业的各个环节。在这方面，英国涉及出版的法律最为完备。美国则以《宪法》第一修正案为基础，联邦和各州也设有相关的法律。事实上，英美国家并不单独制定《出版法》的原因之一，在于这些国家一直将出版业视为"商业经营"的一部分，作为出版企业的美国出版业法人单位，在各种通用性法律面前不作特殊对待。通用性法律和税收制度，是美国管理包括出版业在内的各种企业组织的两种根本手段。

当代中国出版业的出版管理法规，在《著作权法》之外，行政法规和部门规章众多。从立法机构看，行政法规主要由国务院和新闻出版总署制定。从行政法规和部门规章的适用范围来看，则几乎涵盖了出版业的各个方面。

国务院颁布的行政法规主要有 6 个条例，包括 1991 年 10 月实施、2001 年 12 月修订的《计算机软件保护条例》，1991 年 5 月发布、2002 年 8 月修订的《中华人民共和国著作权法实施条例》，1994 年 10 月实施、2001 年 12 月修订的《音像制品管理条例》，1995 年 7 月通过的《中华人民共和国地图编制出版管理条例》，1997 年 2 月施行、2001 年 12 月修订的《出版管理条例》，1997 年 3 月发布、2001 年 8 月修订的《印刷业管理条例》。国务院通过的这些"条例"，事实上秉持着《出版法》的职能。

　　新闻出版总署颁布的部门规章数量更多。从出版业各个环节来看，出版环节最重要的包括：1988 年 11 月发布施行、2005 年9 月修订的《期刊管理规定》，1990 年发布的《报纸管理暂行规定》，1996 年 2 月发布施行、2004 年 6 月修订的《音像制品出版管理规定》（原称管理办法），1997 年 12 月发布的《电子出版物管理规定》，2002 年 6 月由新闻出版总署联合信息产业部发布的《互联网出版管理暂行规定》。印刷复制环节最重要的包括：1997 年 8 月发布的《出版物印刷管理规定》，1996 年 2 月施行的《音像制品复制管理办法》。发行环节最重要的有 2001 年发布的《出版物市场管理规定》。综合性的规章还包括：1995 年发布的《报纸质量管理标准》，1997 年发布的《图书质量保障体系》等。

　　此外，还有一些法规性文件在出版法制体系中起着举足轻重的作用。如 1950 年 9 月第一届全国出版会议上通过的《关于发展人民出版事业的基本方针的决议》，明确提出了"为人民大众的利益服务是人民出版事业的基本方针"。1983 年 6 月 6 日，中共中央、国务院发布的《关于加强出版工作的决定》，是新中国成立以来第一个也是唯一一个由中共中央和国务院联合作出的关于出版工作的决定，其中明确规定的"二为"方针，明确提出的出版物具有"社会效果"和"作为商品出售而产生的经济效果"的两重属性等等，解决了出版事业在改革与发展中遇到的思想问题和理论问题，为新时期建设有中国特色社会主义出版事业奠定了基础。[1] 进入 21 世纪以来，在深化文化体制改革方面，一些法规性文件更是产生了巨大的作用。2001 年，中共中央办公厅、国务院办公厅转发的《中央宣传部、国家广电总局、新闻出版总署关于深化新闻出版广播影视业改革的若干意见》（即 17 号文件），明确了出版业集团化建设的方向和任务，文化体制改革进入到新阶段。2006 年 7 月，新闻出版总署发布的《关于深化出版发行体制改革工作实施方案》，提出了推动有条件的出版、发行集团公司上市融资，稳步推进股份制改革和上市融资步伐。

总的来看，这些法规性文件表现出几个特点：一是通常集中出现在深入改革时期；二是体现出探索性和不断的完善性；三是具有很强的指导性和针对性，但操作性与实践性不够；四是对出版行业常常有重大且持久的影响力。就此来说，法规性文件对出版业的改革发展所起到的作用，有时甚至比法律和部门规章还要强烈。

（3）出版管理制度

①出版单位审批制度

实行创办出版单位审批制，是我国出版业独特的管理制度。1997 年国务院颁发、2001 年修订的《出版管理条例》，作为我国出版管理最高级别的法规，规定出版社、报刊社（编辑部）以及音像电子出版单位的创办实行审批制。创办这些单位，首先要由创办单位向当地新闻出版局提出申请，审核通过后报请新闻出版

1　中国出版史料（现代部分）.济南：山东教育出版社，2001.371–382.

总署批准。

审批制从 1949 年新中国成立以后就开始推行。1952 年 8 月 16 日政务院颁发的《管理书刊出版业印刷业发行业暂行条例》，即明确规定出版业相关单位的创办要经过出版行政机关的"核准"，之后再向工商机关进行登记。在后来的历史中，这一制度虽有微调但一直没根本改变。其微调主要表现在审批权的最终拥有者方面。在 20 世纪 70 年代之前，这一权限曾分散在党、政、军、民族等各方面的出版领导和管理机关。1978 年，为打破"文革"形成的"书荒"，尽快繁荣出版业，国务院 1978 年 8 月 15 日在批准国家计委的《关于出版期刊审批手续的通知》[1]中，将期刊的审批权分散到中央宣传部、国家科委以及省、市、区党委。审批权分散化，造成期刊在短时期内数量暴涨。直到 1997 年的《出版管理条例》，审批权才基本集中到新闻出版署。

在新中国出版业发展史上，出版单位审批权制度有其优势。其优势表现在两个方面，一是从源头上保证出版单位的出版导向方向和国有属性；二是有助于宏观调控、总量控制与合理布局。

②出版单位主管主办制度

同样在国务院颁发的《出版管理条例》中明确规定，申请创办出版单位"应当附具出版单位的章程和设立出版单位的主办单位及其主管机构的有关证明材料"。这一制度同样涵盖包括图书、报刊、音像、电子各类出版单位。主管主办的形式，尽管在新中

1　国家出版局.出版工作文件选编（1976.10–1980.12），1981.229.

国成立时就开始部分采用，但作为一种制度主要是在改革开放以后逐步形成的。1982年10月，文化部颁发的《审批期刊实施办法》，首次明确期刊创办要有上级主管部门。1986年9月，《国家出版局关于审批新建出版社的条件的通知》中，对出版社的主管主办单位作出了明确规定："主办出版社的单位必须是党政机关和全民所有制的企事业单位。建立中央一级出版社应由部委或相当于部委一级的单位申请，所办的出版社须有主管部委的负责人直接领导"，"所办的地方出版社须有省、自治区、直辖市主管厅、局的负责人直接领导"。[1] 至此，主管主办制基本形成。《出版管理条例》则将这一规定作为法规给固定下来。

主管主办制的根本作用，恐怕还是为"出版方针的贯彻和思想内容的审查"确定责任人，是维护目前出版管理体制完整性的重要组成制度之一。但其对主管主办单位特殊层级、身份的规定，对一般出版单位来说未免增加了难度。

③印刷复制和发行许可制度

印刷复制和发行，从出版产业的产业链角度来看，属于中下游的经营性环节；从出版业作为意识形态阵地的角度来看，则是不可分割的一部分，某些时候甚至还起到非常重要的作用。改革开放以来，尤其是随着中国加入WTO、向外资开放发行业务以来，既有的印刷复制和发行管理经历了重大的调整。

1 　新闻出版署政策法规司编。中华人民共和国现行新闻出版法规汇编（1949–1990）．北京：人民出版社，1991.197.

目前，规范印刷复制业的主要是国务院 1997 年通过、2001 年修订的《印刷业管理条例》和 2002 年 11 月 1 日国务院下发的《关于取消第一批行政审批项目的决定》。按照《印刷业管理条例》，印刷业仍然采用经营许可证制度，具体包括"二证一照"，即新闻出版部门的印刷经营许可证、公安机关的特种行业许可证、工商行政管理部门的营业执照。经过《关于取消第一批行政审批项目的决定》的调整，创办印刷复制单位减缩为"一证一照"，即取消了公安机关的特种行业许可证。

发行方面，目前适用的法规主要为《出版管理条例》，新闻出版总署 2003 年 7 月公布、2004 年 6 月修订的《出版物市场管理规定》，以及新闻出版总署与对外贸易经济合作部 2004 年 6 月修订的《外商投资图书、报纸、期刊分销企业管理办法》等。《出版管理条例》明确规定从事发行业实行许可证制度，提供"一证一照"，即新闻出版行政管理部门审批的发行许可证，工商行政部门核发的营业执照。与此同时，《出版管理条例》和《出版物市场管理规定》放开了发行企业的"资本性质"规定，"国家允许设立从事图书、报纸、期刊分销业务的中外合资经营企业、中外合作经营企业、外资企业"。[1]

发行方面的出版物进口业务，则不仅要经过审批获得"一证一照"，还要实行"国务院出版行政部门指定"，进口单位的资本性质也要"是国有独资企业并有符合国务院出版行政部门认定的

1　出版管理条例.有关出版的法律法规选编.北京：中国大百科全书出版社，2007.96.

主办单位及其主管机关"。[1]

④出版社专业分工制度

实行出版社专业分工制度，已经有 60 年的漫长历史，但在今日出版业的转型与发展中，这项制度经受的挑战最大。1949 年之前，以商业竞争为主流的现代出版业，并没有专业分工制。商务印书馆、中华书局等都是综合性出版社。1949 年新中国成立之后，才以行政手段将出版业的专业化分工做法纳入管理内容。当时的专业化分工，首先是出版、印刷、发行等各环节的专业化。其次是出版社的专业化，主要参照国家行政部门类别、社会行业类别以及学科门类来组建出版社，各出版社在自己的类别之内组织出版，不得跨行业。第三，还按照行政级别划分"中央级"和"地方级"出版社，在业务范围、服务对象等方面进行"级别"型的专业分工，地方出版社主要面向"地方化""通俗化"，不得跨地域。

进入新时期以来，出版社专业分工制度虽然一直保留，但总体上呈现弱化趋势。如 1988 年中央宣传部、新闻出版署发出《关于当前出版社改革的若干意见》，提出适当放宽一些专业面狭窄的出版社的出版范围。[2] 2001 年修订的《出版管理条例》，尽管要求设立出版单位时要有确定的业务范围，国家审批时同时也要考

1　出版管理条例.有关出版的法律法规选编.北京：中国大百科全书出版社，2007.96.

2　新闻出版署政策法规司编.中华人民共和国现行新闻出版法规汇编（1949-1990）.北京：人民出版社，1991. 211.

虑出版结构等，但已经不再明确规定专业分工。21 世纪以来，随着文化体制改革的进一步加深，尤其是集团化向着跨地域、跨行业的发展，出版社的专业分工开始趋向淡化，因而这一制度需要调整的空间极大。

⑤书号、刊号、版号控制制度

自 1986 年开始，中国书号、刊号、版号开始与国际接轨。书号由以"ISBN"为标识的国际标准书号（International Standard Book Number）和图书分类 - 种次号两部分组成，形成"中国标准书号"；其中，国际标准书号是中国标准书号的主体，可独立使用。刊号由以"ISSN"为标识的国际标准刊号（International Standard Serial Numbering）和以中国国别代码"CN"为标识的国内统一刊号两部分组成，形成"中国标准刊号（CSSN）"；两个部分必须同时使用。版号由以"ISRC"为标识的国际标准音像制品编码（International Standard Recording Code）和以中国国别代码"CN"为标识的类别代码组成，形成"中国标准音像制品编码（CSRC）"，亦即"中国标准版号"。

作为图书、期刊、音像制品的编号，书号、刊号、版号在以登记制为基本制度的国家，只起着产品序列统计并辅助税收的作用，本身并没有价值。1956 年 2 月，文化部出版事业管理局颁发《全国图书统一编号方案》，目的也只是在于统一管理全国图书总量、方便宏观调控之用。书号、刊号和版号真正成为"稀缺资源"和一些人的牟利手段，主要发生在 20 世纪 80 年代。为遏制买卖书号、非法出版，防止由此给党和国家舆论环境造成不安定的因素，1989 年 7 月，新闻出版署发出《关于在全国出版社整顿协作出版、代印代发的通知》，其中提出对买卖书号的整顿措施，包括罚金、对出版社停业整顿或撤销登记等处分。1993 年 10 月，中央宣传部、新闻出版署联合发出《关于禁止"买卖书号"的通知》，严禁任何单位或个人以任何形式购买书号。1997 年 1 月两个部门再次联合发布《关于严格禁止买卖书号、刊号、版号等问题的若干规定》，罗列了"买卖三号"的种种手段并明令禁止。严厉的处分手段，在产生威慑作用的同时，无意中更增加了"三号"的市场价值。

"三号"专属于经过出版行政管理部门审批的出版单位，"三号"的审批被认为是"国家赋予出版行政部门的权力"，而且是垄断性、排他性的权力。这一限定，等于将"三号"本身与商业流通绝缘。与此同时，出版行政管理部门给予出版单位的"三号"也有严格的数额限定，比如书号，长期以来按照出版社每一发稿编辑每年不超过 5 个书号，出版单位每年书号总量不超过前 3 年新书的年平均数。

随着改革开放的进一步深化，民营出版能力的加强以及年出版图书总量的上升，新闻出版总署 2008 年开始对书号发放进行大幅度调整，一是通过出版社等级评估，放宽对优秀出版社书号使用数量的限制；二是通过书号实名申领制度，尽量遏制买卖书号的现象。但无论如何调整，"三号"作为国家垄断性资源的实质，并没有彻底改变。

⑥重大选题备案制度

重大选题备案制度，发端于 1990 年 8 月中央宣传部、中央文献研究室、新闻出版署联合制定的《关于出版、发表毛、周、刘、朱、任、邓、陈和现任中央常委著作的几项补充规定》，其中提到"如果要正式出版这类文稿，须经中央文献研究室审批，并报新闻出版署备案"。[1] 1997 年，新闻出版署颁布的《图书、期刊、音像制品、电子出版物重大选题备案办法》，将"重大选题备案"作为一项制度固定下来。2001 年修订并沿用至今的《出版管理条例》《音像制品管理条例》将备案制度以及所需备案的 15 个方面的选题保留了下来。这 15 个方面，主要包括有关党和国家的重要文件、文献选题，党和国家曾任和现任主要领导人的著作、文章以及有关其生活和工作情况的选题，涉及民族问题和宗教问题的选题，涉及"文革"的选题，引进版动画读物的选题等等。

⑦三审制度

出版物在出版过程中实行三级审稿制度，为当前出版社普遍沿用。《出版管理条例》和《图书质量保障体系》对此都有明确的规定。这一制度最早由人民出版社副社长王子野在 1951 年提出，但其时主要在公营出版单位使用。1952 年 9 月 8 日，出版总署公布实施的《关于公营出版社编辑机构及工作制度的规定》中明确规定，书稿要经过编辑初审、编辑主任复审、总编辑终审等三级审读，由社长最终批准。

1　新闻出版署图书管理司编.图书出版管理手册.沈阳：辽宁大学出版社，1991.68.

是否设有明确的三审制以及三审制是否严格落实，也是认定出版责任的重要依据。出版业普遍的经验是，出版物在政治导向方面出问题，没有坚持三审制度肯定是原因之一。

书稿三审制度，不仅是程序规定，与内容规定也有关系。书稿的政治性是否正确，始终是三审制的第一重点。在 20 世纪 50 年代到 80 年代中期，与政治性同等重要的，是书稿的思想价值和学术、美学价值。20 世纪 80 年代中期之后，书稿是否能够产生较好的经济效益，成为重要的标准之一。改革开放尤其是深化文化体制改革以来，跨地域出版、合作出版等逐渐成为重要的出版形式。这对出版单位落实三审制提出了一定的挑战。针对这一情况，出版行政管理部门一直强调，第一要牢牢把握书稿的最终审批权；第二要通过信息技术手段，将不在同一地域的书稿传输到出版单位的平台上，供出版单位落实审稿程序。

以上这些制度，在当代中国出版业多年的出版实践中一直沿用并基本固定，它们成了规范出版业在微观领域运行的重要依据，甚至成了当代中国出版人约定俗成的工作"习惯"。相对于其他国家尤其是西方国家的出版业，这些出版制度又具有明显的中国出版特色。

第二节 改革开放以来出版业现状

1978 年党的十一届三中全会的召开，开启了改革开放的新时代。总结 30 多年的改革开放，无论哪个行业，思想解放显然具有最重要的意义，这是包括出版业在内的各行业能够不断探索发展的思想动力。从 1978 年至今，出版业在思想上的解放，重要体现之一在于出版产业化观念的基本形成。围绕这一观念，出版业的体制机制改革不断深化，出版业的行政管理由办出版向管出版转变，出版单位由事业单位、意识形态阵地向事业单位、企业化管理并最终向出版企业转变，出版物也由舆论宣传、文化积累向文化精品、文化消费转变。[1] 思想解放带来了文化生产力的极大释放，出版产业发展取得了显著成就。

1. 转企改制：从出版事业到出版企业

出版业体制机制改革无疑是出版业在改革开放 30 年来，尤其是 21 世纪以来最重要的主题之一。追溯出版业的体制机制改革与建设，出版事业与出版单位的事业性质，出版企业与出版单位的事业性质企业化管理，是一直纠缠的两对矛盾四个概念。

新中国成立初期的出版业，基本上属于"企业单位事业管理"，即在名义上属于企业，事实上却按照事业单位进行管理。1951 年政务院第 116 次会议通过、1952 年 8 月 16 日公布的《管理书刊出版业印刷业发行业暂行条例》中明确规定，出版单位属于"出版企业"。但是，伴随着社会主义工商业改造的完成，出版单位的企业特点并没有体现。相反，出版单位的事业性质越发明显。出版单位在所有权上属于国家，在经营上实行计划经济，人事上

1　柳斌杰.改革开放 30 年给新闻出版业带来什么.中国图书商报,2008-1-18.

采用领导任命制、员工干部身份制，分配上采用工资制。出版单位最重要的任务，不仅是要完成书刊等出版物的生产任务，更主要的是要切实履行意识形态安全的政治使命和建设社会主义文化事业的文化使命。无论从出版单位的使命任务，还是出版单位的内部构成和内部运转，或者职工的身份待遇，出版单位都堪称标准的事业单位。与此同时，出版单位属于"事业单位"的观念，也植根于出版人的思想意识之中，成为出版体制机制推动艰难的思想障碍。

改革开放以后，出版单位这种实质上的"事业性质"仍然长久延续，只不过改变为"事业单位企业化管理"。1983 年 2 月 22 日，文化部出版局发布的文件规定，出版社的性质属于事业单位，实行企业管理。1984 年 5 月，《国务院关于进一步扩大国营工业企业自主权的暂行规定》发布，从十个方面对"国营工业企业"放宽自主权。为使有关出版单位享受到《规定》中的"分配"自主权，文化部出版局在 6 月份召开的哈尔滨地方工作会议上，更加明确地提出"出版社既不能按事业单位管理也不能完全按企业对待，而必须实行事业单位企业管理"。其理由在于出版单位具有"两重性"，即"出版社是党的宣传、舆论工具，传播科学文化的阵地，生产精神产品的单位。这决定了它是同一般工商企业不同的文化事业单位。同时，出版社的产品——书刊又具有商品的属性……出版社又具有企业的属性，这也是不能忽视的，但不能改变由于精神生产的特点所决定的出版社的事业性质"。[1] 1984 年中共十二届三中全会通过的《中共中央关于经济体制改革的决定》，还处于承认"商品经济"的合理性的历史阶段，而且对商品经济的发展还限定在"公有制基础上的有计划的商品经济"。因此，相对于改革开放之前的"企业单位事业管理"，20 世纪 80 年代的"事业单位企业化管理"有其历史的合理性，符合党和国家其时对出版业的要求，符合其时的历史实际，同时与 80 年代经济体制改革的不均衡对待和逐步推进的策略也相吻合。但在新的历史条件下，"事业单位企业化管理"已极度不适应建设社会主义市场经济的要求。柳斌杰在总结改革开放 30 年来的出版业时曾说，"所谓的事业性质、企业化管理，那是个非事非企的怪胎，其结果是人往事业靠（当干部）、钱按企业拿（多分配），越搞越糟，是单位没活力、事业难发展的根源"。[2]

问题的实质在于，出版单位的体制属性，决定于出版业在党和国家政治格局与社会发展蓝图中的位置。兼具事业性与商业性这"两面性"，是现代出版业无论作为一种事业还是产业的固有特性，纯粹的商业化与纯粹的事业性都不能成立。党的十七大报告中对包括出版在内的文化体制改革的准确表述是"文化体制创新"。这就决定了出版体制改革必须把握两个关键点，一是"创新"，

1　宋木文.出版社是生产精神产品的出版企业.亲历出版 30 年——新时期出版纪事与思考（下卷）.北京：商务印书馆，2007.572–573.

2　柳斌杰.纪念改革开放 30 年：推动新闻出版业大发展.2008–11–4.

通过创新的体制机制解放文化生产力，促进文化大发展大繁荣；
二是坚持中国特色社会主义的出版性质，这一根本性质并不因为
出版体制的创新而改变。

经过 20 世纪 80 年代以来的长期探索以及对其他行业体制改
革的借鉴，出版业体制机制改革的创新主要表现在以下三个方面。

其一，区分文化事业和文化产业。2002 年，党的十六大第一
次明确提出了"文化产业"的概念，将发展各类"文化事业和文
化产业"置于同等重要的位置。十六大报告对"文化事业"有较
为明确的界定，主要包括党和国家的重要新闻媒体、研究院所、
民族性文化项目、文化遗产和民间艺术等。2007 年党的十七大进
一步缩小了"文化事业"的范围，提出了"公益性文化事业"的
概念，将文化事业中的"经营性"部分剥离出去。为贯彻落实党
的十六大精神，中发〔2005〕14 号文件即《中共中央　国务院关于
深化文化体制改革的若干意见》，明确了"文化事业"所包含的
16 类范畴，其中有 6 类为"公益性"文化事业。这 16 类单位仍
然保留事业单位性质。文件同时明确了"文化产业"的 8 类单位，
这 8 类单位将由事业单位性质转变为现代企业。

其二，推动文化产业的体制创新。如果说文化事业的发展
策略，主要采取国家一般性扶持和重点扶持的办法，"文化产业"
的发展策略则主要分三个步骤：第一是由事业单位转制为企业，
国有资产的所有权和经营权分开，授权出版单位经营国有资产，
为出版企业实现法人治理并建立现代企业制度创造基础条件；第

二是在保持国有资产绝对控股的前提下，推进出版企业进行股份制改造，容许资本多元化，为完善现代企业的法人治理结构提供资本条件；第三是推进出版企业进入资本市场，不仅容许符合条件的出版企业在国内外上市融资，而且鼓励出版企业进行跨地域、跨行业、跨国界的战略投资，包括进行企业间的联合、兼并与重组，为出版企业真正成为市场经济竞争主体提供发展条件。

其三，在体制机制改革的现实步骤上，按照"区别对待、分类指导、循序渐进、逐步推开"的原则，出版单位转制为企业经历了从试点到全面铺开的过程。早在 2001 年，按照中办、国办 17 号文件即《关于深化新闻出版广播影视业改革的若干意见》，以及 2002 年的中办、国办 16 号文件即《关于进一步加强和改进出版工作的若干意见》，新闻出版业改革就已经开始了试点工作，各地纷纷成立了新闻、文艺、出版等方面的集团。党的十六大以后，2003 年 7 月的中办 21 号文件即《中共中央办公厅国务院办公厅转发〈中共中央宣传部、文化部、国家广电总局、新闻出版总署关于文化体制改革试点工作的意见〉》，确定了 35 个实行文化体制改革，尤其是转制为企业的试点单位和 9 个试点地区。其中，进行转企改制的出版单位包括中国出版集团、上海世纪出版集团、辽宁出版集团、广东省出版集团、吉林出版集团、中国科学出版集团、人民邮电出版社等。试点期限为三年。到 2006 年，新出办 16 号文件即《新闻出版总署关于深化出版发行体制改革工作实施方案》出台，出版单位转企改制全面铺开，中国电力出版社等部委出版社、清华大学出版社等高校出版社、国家机关部委出版社以及中直机关、民主党派的出版社，按照时间节奏分别纳入转企改制轨道。2009年4月1日，新闻出版总署再次发出《关于进一步推进新闻出版体制改革的指导意见》，将2009年作为出版单位转企改制的"主题年"和"攻坚年"。2009年底，地方出版社和103家高校出版社完成了转企改制任务；2010年底，148家中央出版单位完成转制工作。

至此，出版单位的事业性质与企业性质之争宣告尘埃落定，除了少数公益性文化事业单位保留事业性质之外，出版业生产各环节所涉及的单位机构都确定为企业性质，而且要都按照既定的时间表和路线图来完成转企改制。

2.当前出版产业的市场竞争者

随着文化体制改革的不断加深，新中国成立以来的"双管四级"出版格局逐渐被打破，多种领域、多元资本构成的出版主体不断涌现，超大型的出版发行集团大量组建，出版产业链的建设逐渐完善，以市场化、国际化、数字化为特征的新的出版格局基本形成。

（1）出版竞争主体

①出版社总体状况

改革开放前，出版单位的审批主要按照计划经济的要求来进行。其鲜明的特征，是将出版单位分为中央级出版社、省级或某些计划单列市的市级出版社，以及如军队、教育、工业、农业等特殊行业的出版社。这三种出版社严格按照"专业分工"的要求确定出版任务和出版范围。比如地方级出版社，主要是服务当地读者和作者，出版地方化、群众化、通俗化的出版物；中央级出版社才能向全国范围内的作者约稿，出版政治性强、学术价值高的出版物。

改革开放以来，尤其是深化文化体制改革以来，这种级别规定和出版分工才逐渐打破。1979 年 12 月召开的全国出版工作座谈会，对地方出版社的出版方针作出调整，由"地方化、群众化、通俗化"调整为"立足本地，面向全国"，极大地解放了地方出版社的生产力，并对全国出版事业的发展起到了重大的推动作用。[1]为适应地方出版社喷薄而发的生产力，20 世纪 80 年代，地方出版社开始了内部裂变，教育社、文艺社、科技社、少儿社等专业性出版社从人民出版社中独立出来，单独建制。高校出版社，从 1977 年到 1982 年，先后恢复或建立了中国人民大学出版社、华东师范大学出版社等 70 多家，到 2008 年又从 70 多家增加到 103家。中央各部委的出版社也纷纷组建，到 2008 年增加到 158 家。

总体来说，全国图书出版社的数量由 1978 年的 105 家增加到 2009 年的 580 家。到 2009 年底，音像制品出版单位发展到380 家，电子出版物出版单位发展到 250 家。

②出版集团

如果说出版社的增加还只是数量上的增加，那么，文化体制改革以来出版集团的纷纷组建以及跨地域、跨行业、跨国界等出

1　宋木文.地方出版社出书方针的拨乱反正.亲历出版30年——新时期出版纪事与思考（上卷）.北京：商务印书馆,2007.35-40.

版政策的出台，则促使出版社进一步向市场竞争主体转型。仅以2008 年的数据来看，当年全国各种出版传媒集团已达 99 个，其中报业集团 49 个，出版集团 24 个，发行集团 24 个，期刊集团 2 个。在 24 家出版集团中，有 17 家完成了转企改制，79 家音像出版社、184 家图书出版社转型到位。完成转企改制的出版集团，经济实力取得了长足发展。从资本实力来说，这些出版集团已经成为当前国内出版业中的超大型出版机构。与改革之初相比，这 17 家转企改制的出版集团的总资产增长了 66%，净资产增长了 68%，出版的销售收入增长了 46%，利润总额增长了 25.3%。从集团旗下的出版单位来说，共有出版单位 209 家，占全国出版单位总量的 36.5%；集团码洋占有率之和为全国总量的 38.76%；集团图书的动销品种总数达到 31.92 万种，占全国总量的 36.43%。从出版集团拥有的市场规模看，江苏凤凰出版集团、山东出版集团、湖南出版投资控股集团、浙江出版联合集团、中国出版集团这 5 家集团达到国内 500 强企业的规模。

至 2010 年底，全国已建立出版集团 36 家。

有人乐观地估计，如果计算人民币与美元之间的汇率，以及两种货币在中国及其他国家的实际购买力，一些出版集团已经接近或实现了新闻出版总署打造资产、销售"双百亿元"的特大型出版企业目标，"资产实力已经可以与世界大型出版集团一比高下"。[1] 出版集团无疑已经成为当前中国出版产业中最为强大的市

1　郝振省．集团化是 30 年最重要事件．中国图书商报，2008–11–18．

场竞争主体。

占据强势地位的出版集团，为新的出版产业格局作出了三个方面的贡献，一是在各地域内出现了一家独大的出版实体，不仅整合了旗下出版单位的出版资源，而且为地域内的出版产业链延伸和完善提供了强大的力量；二是从全国范围内来看，出版产业内部出现了势均力敌、相互竞争的出版实体，市场竞争的规律将更为顺畅地引入到出版产业内部，为出版产业进一步的体制改革提供了新的动力；三是培养了与国际出版巨头开展竞争的出版实体（见表2-1、表2-2）。

表2-1　2009年部分出版集团销售收入和资产总额

序号	集团名称	销售收入（亿元）	总资产（亿元）
1	凤凰出版传媒集团	120.00	100.00 以上
2	浙江出版联合集团	96.00	90.00
3	湖南出版投资控股集团	75.80	82.00
4	山东出版集团	72.90	96.40
5	中原出版传媒集团公司	72.52	77.12
6	江西出版集团	63.00	100.00
7	安徽出版集团	56.00	110.00（含市值）
8	河北出版集团	42.17	60.00 以上
9	中国出版集团公司	41.30	70.00
10	山西出版集团	35.00	35.00
11	广东出版集团	33.96	52.90

数据来源：《出版商务周报》2010年4月19日。

表2-2　2009年中国图书零售市场领先出版集团TOP10

2008 排名	2009 排名	出版集团	码洋占有率（%）	同比变化（百分点）	动销品种	动销品种同比变化	动销品种占有率（%）	同比变化（百分点）
1	1	中国出版集团	6.52	−0.14	39283	+1960	3.94	+0.03
2	2	吉林出版集团	3.91	+0.47	24903	+3013	2.5	+0.20
6	3	凤凰出版传媒集团有限公司	2.7	+0.52	19234	+1285	1.93	+0.05
4	4	中国国际出版集团	2.68	+0.23	10896	+1369	1.09	+0.09
3	5	北京出版集团	2.36	−0.50	14515	−1213	1.46	−0.19
5	6	上海世纪出版股份有限公司	2.25	−0.15	28199	−354	2.83	−0.16
8	7	湖北长江出版集团	1.59	—	10428	+821	1.05	+0.04
14	8	辽宁出版集团	1.57	+0.42	13846	+1009	1.39	+0.04
11	9	中国科学出版集团	1.56	+0.21	19944	+644	2	−0.02
12	10	陕西出版集团有限责任公司	1.55	+0.24	9419	+531	0.95	+0.01
—	—	前10名出版集团合计	26.69	+1.3	190667	+9065	19.14	+0.09

数据来源：北京开卷公司。

③专业性出版社

在出版集团之外，来自高校、行业的单体出版社也在转企改制中显示出强劲的竞争能力。这些出版单位主要分布于北京、上海两地，包括人民教育出版社、高等教育出版社（这两家出版社已在 2010 年底与其他单位一起组建成中国教育出版传媒集团公司）、外语教学与研究出版社、机械工业出版社等。这些出版单位的市场份额、动销品种，在出版市场上多年来都位居前列。教材教辅以及各类学习读物，是这些出版单位最具竞争力的出版物。2009 年 6 月 16 日，世界品牌实验室基于财务分析、消费者行为分析和品牌强度分析得出的"2009 年中国 500 最具价值品牌"中，出版业有 5 个品牌名列其中。这 5 个品牌分别为高等教育出版社（第 195 名，品牌价值 43.01 亿元）、人民教育出版社（第 204 名，品牌价值 41.17 亿元）、凤凰出版传媒集团（第 252 名，品牌价值 30.48 亿元）、外语教学与研究出版社（第 314 名，品牌价值 23.92 亿元）、机械工业出版社（第 487 名，品牌价值 9.73 亿元）。排在第一名的是中国工商银行，品牌价值为 1250.86 亿元。在中国出版产业格局中，这些出版单位基本上因其在教育领域的专业性发展而成为出版集团之外最为强劲的出版主体。

④民营出版机构

民营出版机构有"民营工作室""文化公司"等种种称谓。它们是国有独资或国有控股出版机构之外的私营出版机构。改革开放以来，民营出版发展迅速，大致经历了以下四个阶段。

第一阶段主要在 1984 ～ 1998 年间，出版物发行面向民营开放零售环节。1988 年中宣部和新闻出版署联合下发的《关于当前出版社改革的若干意见》明确提出，可以通过协作出版，利用社会力量，扩大资金来源，多出好书，快出好书，从而迎来了民营出版策划的第一个高潮。但这一阶段主要以"民营发行"为特征。

第二阶段出现在 1998 ～ 2003 年，此时民营分销市场彻底放开，批发市场的门槛降低，更多的经营者开始加入；与此同时，民营出版机构人员素质普遍提高，图书策划能力增强，与国营出版单位开始形成共生关系。这一阶段最显著的特点，是民营出版机构进入到"出版上游"，发展到"策划人"的时代。也正是因为对出版上游的介入，民营出版机构的数量增加到了 5000 家左右。

第三阶段是 2003 ～ 2007 年，经过 20 多年的发展，民营出版机构的策划能力已经被认识到，但其地位仍处于"灰色地带"，身份仍然没有正名，促使其只能采取与国有出版单位合作的方式；但随着文化体制改革的加深，国有出版单位市场意识的觉醒和策划能力的增强，民营出版机构的发挥空间被相对压缩。这一阶段以民营出版机构的"转型"为特点，一些民营出版机构愈发强大，更多的民营机构或者重新寻找更为细分的市场，或者消失。[1]

2008 年以来，民营出版机构迎来了第四个发展阶段。对民营出版机构更为有利的政策开始出台，民营出版机构被定位为"新兴的文化生产力"，国有出版单位与民营出版机构之间的合作受到鼓励，书号也开始对其放开，国家甚至出资给予扶持。种种利好政策将促使民营出版机构迎来发展的黄金时期。

据不完全统计，目前全国有超过 1 万家民营图书工作室，仅北京地区就超过 3500 家，其中经营稳定、规模较大的公司约有

1　何文静、宋迎秋. 影响 2009 的四大话题. 出版人，2009-1-15.

2000 多家。[1] 其中著名的民营出版机构包括共和联动、博集天卷、九久读书人、磨铁文化、世纪天鸿、盛大文学、一石文化、华文天下、中智博文、新经典、蓝狮子、光明书架等，以及国有民营合作的长江文艺北京图书中心、世纪文景、万榕公司、万邦公司等。

民营出版机构也有精确的市场细分，如世纪天鸿主要从事教育出版，九久读书人以引进版的文学类图书著称，盛大文学则定位在版权运营商。目前，盛大文学旗下拥有起点中文网、晋江原创文学网和红袖添香三家网站，共有 8 万名签约作者和 9 万种原创文学小说，日最高浏览量超过 1 亿次，占据了网络原创文学 80% 的市场份额。盛大文学正通过收费阅读和对签约作品的电子版权、无线版权、影视改编版权、出版权等版权运作，来实现增值。

民营出版机构在畅销书方面堪称一支主力军。据商报·东方数据统计，2009 年，50%～70% 的文艺类畅销图书来源于民营出版策划人的智慧和资本"奉献"，至少 40% 的社科类图书来自民营出版策划人的努力（见表 2-3）。这些畅销书涵盖了文学、社科、财经、励志等众多领域。而在教育图书领域，"据业内人士估计，民营所占市场份额更是难以估量，曾经有保守估计是年产值一百亿以上，实际的也许要比这多得多"。[2]

1 问局长攻坚年里管理何为 . 中国图书商报，2009-1-16.

2 何文静、宋迎秋 . 影响 2009 的四大话题 . 出版人，2009-01-15.

表 2-3　近年来部分民营出版机构及其畅销书一览

序号	机构	代表畅销书
1	北京读书人文化艺术有限公司	《富爸爸　穷爸爸》《谁动了我的奶酪？》
2	时代新经典	《菊花香》《窗边的小豆豆》
3	知己	《小王子》《把信带给加西亚》
4	光明书架	《钓鱼课》《变化》《我的非正常生活》
5	正源图书	《格调》《垃圾之歌》
6	北京磨铁图书有限公司	《诛仙》《明朝那些事儿》
7	北京千禧鹤文化公司	《鬼吹灯》
8	北京共和联动图书有限公司	《中国可以说不》《历史的拐点》《刘心武揭秘〈红楼梦〉》《求医不如求己》《不生病的智慧》
9	北京博集天卷图书发行有限公司	《杜拉拉升职记》
10	蓝狮子财经出版中心	《大败局》《激荡三十年》

（2）发行主体

出版业的各个环节中，发行是改革开放最早的突破口，也是目前出版业中开放最完全、市场化程度最高的领域。30 多年来，经过一系列的政策调整和体制改革，发行业突飞猛进，出现了新华书店系统、民营发行系统、网上书店三大发行主体。

① "新华系"发行集团

作为国有发行机构，新华书店自建国以来的结构布局基本上是每省一个，发行业务也在本省运行。改革开放以来，这种格局开始被打破。最早的改革还停留在理顺发行系统的内部关系方面，

1982 年的"一主三多一少"发行改革方案 [1]，一定程度上改变了计划经济主导的纯粹通过国有渠道"供给制"的发行方式。1988 年 5 月，改革再次推进，中宣部、新闻出版署联合发出《关于当前图书发行体制改革的若干意见》，提出"三放一联"，即放权承包、放开批发渠道、放开购销形式和发行折扣，大力推行横向联合。这一政策，极大地推动了新华书店发行网络的扩张。在新华书店的扶持下，集体性质的零售书店遍布城乡。尤其是个体书店从无到有，逐渐形成了堪与新华书店竞争的"二渠道"发行网络。1996 年 6 月，新闻出版署为了治理发行体制改革后发行市场混乱无序的状态，发布了《关于培育和规范图书市场的若干意见》，提出了"建立统一开放、竞争有序的大市场"的目标。

为实现这一目标，也为应对加入 WTO 以后国外资本和大型发行机构的冲击，出版行政管理部门立足整合国有、集体与个体发行资源，培育国有或国有控股的大型发行机构，加大了对新华书店的改革力度，大力推动新华书店系统的集团化建设。1999 年，新闻出版署正式批准广东、江苏、四川三省先后成立新华书店发行集团。2003 年，出版管理部门将 6 家发行集团列入转企改制试点单位，试图通过发行集团的股份制改革、股权多元化建设等，将发行集团打造为真正的企业集团。到 2008 年 10 月，全国新华

1　1982 年 6 月文化部召开的全国图书发行体制改革座谈会上，提出了发行业改革方案，要点为逐步形成以新华书店为主、多种流通渠道、多种所有制形式、多种购销形式、减少流转环节的图书发行网络，简称"一主三多一少"。

书店系统除了西藏以外，全部完成了转企改制。

2006 年 7 月，《新闻出版总署关于深化出版发行体制改革工作实施方案》出台，又提出了推动有条件的出版、发行集团公司上市融资的要求。上海发行集团从 2004 年起，用不到三年的时间，从一家国有独资企业先改制为混合所有制企业，再成立新华传媒，然后借壳华联超市于 2006 年 10 月在上海证交所成功上市，成为我国出版发行企业中第一家 A 股上市公司。2007 年 5 月 30 日，四川新华文轩连锁股份有限公司在香港联合交易所正式挂牌上市，成为国内首家进入国际资本市场的图书发行业零售企业。

借助上市融资、整合重组等重要扩张策略，新华书店系统中一些大型集团公司正在发生"蜕变"，主要表现在以下三个方面。

一是成为具有完善产业链的出版发行大型实体，如上海新华传媒通过股票市场的定向增发以后，借助资本力量，将业务由单纯的发行扩张为图书、广告、媒体、物流和电子商务等业务板块。深圳发行集团于 2007 年整合海天出版社，组建全国首家上下游一体化的深圳出版发行集团。2008 年 8 月，四川新华文轩与华夏出版社合作，共同出资成立北京华夏盛轩图书有限公司，以增加文轩在合作出版及产品研发环节的实力，实现优质产品与发行渠道的强强联合。2008 年 10 月，文轩再出资 1239 万元收购四川新华商纸业有限公司 51% 的股份，为公司的合作出版服务提供有力支持，进一步把业务向产业链上游伸延，为锻造完整的出版发行产业链奠定了重要的基础。

二是由一隅走向全国，通过跨区域兼并联合的方式，组建自有体系的跨区域发行网络。如 2003 年 11 月，浙江省新华书店集团有限公司在江苏徐州开办博库书城，这是全国第一家跨省经营的连锁书店。2005 年 12 月，辽宁出版集团北方出版物配送有限公司与内蒙古 50 加盟市店签署连锁经营协议。2008 年 5 月，江苏新华发行集团通过注资的方式联合海南新华书店组建了海南凤凰新华发行有限责任公司。2008 年 10 月，四川新华文轩与贵州省新华书店实现跨地区的战略合作，成立贵州新华文轩发行有限责任公司。

三是省域壁垒逐渐被打破，少数超大型发行业巨头带动全国发行市场并相互竞争的格局基本形成。这些大型发行集团，在省内实现了对省、市、县各级新华书店零售店的人财物的统一管理，实现了对发行业务的统一调控和配送；同时通过联合经营、连锁经营、资本兼并等策略，增强了辐射全国的能力。

目前，在全国 31 个省域发行集团中，位列前 10 位的发行集团公司效益明显提高，已成为当前发行市场上最具影响力的企业（见表 2-4）。

表 2-4 部分发行集团及其 2008 年销售额

企 业	营业收入（亿元）	规 模
江苏新华发行集团	99.64	总网点 843 个。总营业面积 35.34 万平方米，其中南京凤凰国际书城面积 1.2 万平方米。
浙江省新华书店集团	72.39	总网点 391 个，总营业面积 30.08 万平方米，一个虚拟卖场（博库书城一站多门户网群）。其中博库书城二店经营面积 1 万平方米，年销售额 0.73 亿元；物流中心 14 万平方米，年发货额 45 亿元。
湖南新华书店集团	59.00	总网点 350 多个，总营业面积 12 万平方米。直营连锁门店 448 个。启动"百千万工程"，建有 100 个优质农村网点。
上海新华传媒股份有限公司	29.05	上市公司。拥有大型书城、新华书店、超市卖场等大中小不同类型的售书网点 4000 余家，其中各类新华书店 196 家、大型书城 6 家、超市卖场 4000 余家，图书零售总量占上海零售总量的 60% 以上。公司还拥有库房面积超过 5 万平方米的现代物流。
四川新华文轩连锁股份有限公司	27.38	公司拥有大型书城西南书城、成都购书中心，以及天府书城、外文书店、分布在二级城市的 25 家大中型书城，200 余家直营连锁网点。零售连锁事业部总营业面积 11.69 万平方米，其中成都购书中心面积 1.75 万平方米。设有新华文轩西部出版物物流配送中心，每天可收货 2 万个品次，可拣选 4.5 万个品次，可为 500 家连锁网点提供配送服务。
广东新华书店系统	49.89	其中广东新华发行集团物流中心经营面积达到 3.2 万平方米，年发货额 30 亿元；深圳书城中心城经营面积 4.2 万平方米，年销售额 1.23 亿元。
北京发行集团有限责任公司	28.16	拥有北京西单图书大厦等销售网点 100 多家，以及占地 30 万平方米的北京物流出版发行中心。总营业面积达 41.2 万平方米。且拥有国内最大的国有网络书店——北发图书网。
深圳出版发行集团	7.00	总资产近 11 亿元，拥有 3 座超万平方米的大型书城和 15 家全资、控股下属公司。

数据来源：《中国图书商报 15 周年纪念特刊》，《中国图书商报》2010 年 7 月 6 日。

②民营发行主体

民营发行机构的建立，是民营资本介入出版业的第一支力量，也是我国民营出版业产生与发展的开端。1982 年的"一主三多一少"发行改革方案，是民营发行业正式诞生的信号。而 1988 年的"三放一联"则是民营发展的催化剂。2003 年以来，随着新一轮文化体制改革的推进，尤其是民营发行企业总发行权的获得，以及国有出版集团、新华书店集团与民营出版发行机构的联营、业务合作、资本化合作，民营发行企业在我国出版产业中的身份、地位、实力和影响力，获得进一步增强。

据不完全统计，到 2008 年底，全国民营发行企业有 11 万家。从经营上来看，这些发行企业又分为三种。

第一种是介入出版上游的图书策划，以发行自身策划的图书为主，兼顾发行其他图书。据估计，此类民营发行企业有 5000 家，其中 3500 家在北京。

第二种是独立书店，通过精确的图书定位、多年形成的品牌以及较大营业面积的场所，主要从事图书的零售业务。代表性的零售书店有北京的风入松、万圣书园，上海的季风书店、重庆的精典书店、广东的学而优书店、长春的学人书店、贵州的西西弗书店等。这些独立书店，尽管总体规模有限，但却因其专业性、特色性往往成为当地的地标性民营零售企业。

第三种是连锁书店和读者俱乐部。代表性的企业有北京纸老虎图书有限公司和上海九久读书人俱乐部。从 2001 年至今，北京纸老虎图书有限公司创造了一种新型的购书模式，从会员知道休闲书吧，再到文化 Mall 等，"纸老虎"已经成为一家以文化交流、书刊销售、媒介代理、广告发布为主的综合性文化公司，下设北京纸老虎图书有限公司、上海纸老虎图书有限公司、北京纸老虎文化交流有限公司、北京纸老虎文化休闲广场、第 5 道餐吧、北京虎友会广告有限公司。其销售网络遍布北京和上海的大型商场、超市、写字楼和高档住宅区，从书刊销售渠道的知名品牌成长为书刊与餐饮结合的多元化经营企业。

在贝塔斯曼俱乐部 1995 年入驻中国市场之后，国内效仿者曾经风起云涌，但大都因资本运转、管理经验、员工团队意识等种种问题难以为继。各省新华书店兴办的所谓读者俱乐部则只是借用了"书友会"和"读者俱乐部"这样的概念，例如江苏"新书缘"读者俱乐部、河南新华书店读者俱乐部等，它们只是为读者提供了一种打折的方式，目的是提高书店的销售额，并非零售直销网。

2004 年成立的上海九久读书人俱乐部，从贝塔斯曼书友会和席殊连锁书店那里吸取经验，将网络书店和会员直销制、出版物策划与销售结合起来，通过余秋雨、吴晓波等品牌文化人的加盟，《数字城堡》等畅销书的出版，放松会员入会的条件，以及与人民文学出版社、新华书店总店、对外文化集团等合作形成的多元化资本构成，在贝塔斯曼撤出中国之后逐渐形成了图书发行方面

的俱乐部品牌。其开通的 99 网上书城、不定期举行的文化交流
与推广活动，也为俱乐部的发展提供了很好的保证。[1]

③网上书店

网上书店是出版业与互联网结合的产物，目前已经成为实体
书店之外最重要的出版物零售渠道。全球最早的网上书店是 1994
年 7 月，美国考夫·贝佐斯在西雅图开设的亚马逊书店。受其影
响，中国出版发行业也开始了尝试。1998 年，四川新华文轩创办
的"文轩网"，堪称国内第一家网上书店。经过十多年来的发展，
目前国内的网上书店主要分为以下两类。

第一类是以当当、卓越为代表的民营网络书店。当当和卓越
深受亚马逊经营模式的影响。其中，当当网与亚马逊一样，采用
包括出版物在内的多种类产品销售模式；卓越网则专注于出版物，
尤其是精品图书。两家网站共同的发行策略是"海量图书、天
天低价、送货上门"。尤其是其庞大的图书规模和较低的销售折
扣，对购买者产生了极大的吸引力。当当网面向全世界中文读者
提供的图书曾经达到 30 多万种，占中国大陆可供书市场的 90%。
2009 年，当当网注册用户已达千万以上，图书年销售额突破 20
亿元。卓越网的图书销售也风生水起。2001 年，卓越网创建时由
金山公司和联想投资公司联合投资；2003 年 9 月，国际著名投资
机构老虎基金进入；到 2004 年 9 月，美国亚马逊斥资 7500 万美
元收购了卓越网，并对卓越网进行亚马逊式的改造，向着"做大

1　李莉. 对九久读书人俱乐部的思考. 大学出版，2005，（4）.

而精"转型。到 2009 年 5 月，卓越亚马逊号称"全球最大的中文网络书店"，在网站上公开宣称可提供 60 多万种图书。[1]

第二类是新华书店系统的网站。从文轩网开始，全国各大出版发行集团、各大书店几乎都建立了自己的网上书店。需要分辨的是，这些网站有些停留在对出版物的宣传和展示上，有些嵌入了订货功能，还有些网站同时兼具了选购、订货、结算、配送的整个销售流程。但从营销规模来看，"新华系"网站普遍偏弱。其原因主要在于，一是"新华系"更强调实体书店的销售，对网上书店的定位基本上是服务于实体书店销售的展示功能；二是无法向消费者提供如当当、卓越那样的低折扣，否则将冲击实体书店的销售；三是新华书店系统虽然拥有庞大的仓储能力，但面对分散在全国的读者来说，由于大中盘的缺乏，新华书店的配送能力又显得不足。因此，"新华系"网站，大多数属于配合实体书店的单一网店，少数发展为服务于新华书店各地分支机构的"网群"式网店。如 2008 年 9 月 18 日，北京发行集团开通的"北发网"，不仅整合了下属 10 家单位的出版资源，还以北京图书大厦、王府井书店、中关村图书大厦三大卖场的品种为依托，以 50 万种图书优势，开展网上图书销售。即便是在为配合"北发网"开通而采取的"百种百日图书大酬宾"活动中，图书折扣低达 65%，这样的折扣与卓越网相比还是没有竞争优势（见表 2-5）。

1　网上书店发展史，第一财经周刊.2008-5-15.

表2-5 部分新华书店系统网上书店情况一览[1]

名称	网站创建方	网站构建形式	图书品种	日均 PV 流量
文轩网	四川新华文轩	单一网店	30 余万	约 2193
博库书城网	浙江新华	网群	60 余万	约 31336
北发网	北京发行集团	网群	50 余万	约 12221
沈阳书业网	沈阳新华	单一网店	20 余万	10000 多
添添网	天津图书大厦	单一网店	20 余万	10000 多

3. 当前出版物生产状况

自 1978 年以来,出版物的快速增长经历过三个重要阶段。"第一阶段：1978 ～ 1985 年。在这一期间，中国图书市场总量经历了一个井喷式的超常规增长阶段，图书总印数和总印张数的年环比增长率持续保持在 10％左右，最高年份超过了 16％。如此之长的增长周期，如此之高的增长速度，在世界图书出版史上也是罕见的。第二阶段：1986 ～ 1994 年。1985 年之后，中国出版业高速增长的势头不复存在。1986 年，中国图书出版总量猛跌，总印数和总印张数分别比上年下降了 22.08％和 22.03％。之后的 7 年内，中国图书出版总量始终未超过 1985 年的最高点。中国出版业经历了长达 9 年的调整与徘徊阶段。第三阶段：1995 年以后。从 1995 年开始，中国出版业终于结束了长达 9 年的调整和徘徊，1995 年和 1996 年中国出版主要总量指标大幅度增长的情况表明，中国出版业进入了一个新的增长阶段。导致 1995 年、1996 年出版主要总量指标增长的原因，首先是中国国民经济水平的迅速提高和持续快速增长；其次是中国出版业内部出版结构的调整，管理的加强，营销手段的改进以及出版改革推进的结果。"[1] 2003 年以来的文化体制改革，则为出版业带来了新变化，出版业一步步成为买方市场，面向市场的出版业向真正的出版产业蜕变。

出版产业，总体上包括图书、期刊、音像、电子出版物等出版上游产业，也包括纸张材料、印制发行及运输等出版下游产业。随着新技术在出版产业中的运用，出版业多种媒体形态的聚合，出版企业集团的多元化经营及一些出版传媒企业集团的融资上市，出版产业的边界日渐模糊。出版产业、出版传媒产业、传媒产业，甚至文化创意产业等概念也总是被模糊运用。

从出版传媒产业的大概念来看，根据《中国传媒产业发展报告（2007 ~ 2008）》（社会科学文献出版社）显示，中国传媒产业的产值 2007 年为 4811 亿元，2008 年估计达到 5440 亿元。[2] 根据新闻出版总署在 2009 年 4 月的报告，中国国内新闻出版业总产值在 2008 年已经达到 8500 亿元，与国民经济支柱之一的汽车产业规模相当。[3] 2010 年 7 月，《2009 年新闻出版产业分析报告》显示：2009 年新闻出版业总产出达 10668.9 亿元，实现增加值

1　陈昕. 中国出版业发展的三个阶段与新的出版组织的培育. 中国图书商报，1997-7-11.

2　王光平. 今年传媒产值达 5440 亿元，报业进入转型关键时期. 中国证券报,2008-4-3.

3　柳斌杰.2008 年新闻出版业产值超 8500 亿元. 中国新闻出版报,2009-4-21.

3099.7亿元，占同期GDP比重接近1%，新闻出版产业的规模在文化产业中最大，提前完成新闻出版业"十一五"规划的各项目标。

（1）出版物生产规模

传统出版主要包括图书、期刊、报纸、音像制品及电子出版物这五大领域。

新闻出版总署2010年8月的统计数据显示，2009年我国的图书共出版301719种，年增长率为10.07%；总印数70.37亿册，年下降0.36%；定价总金额848.04亿元，年增长5.68%。

报纸共出版1937种，年下降0.31%；总印数439.11亿份，年下降0.86%；定价总金额351.72亿元，年增长10.62%。

期刊共出版9851种，年增长3.16%；总印数31.53亿册，年增长1.53%；定价总金额202.35亿元，年增长7.96%。

录音制品，全国共出版12315种，出版数量2.37亿盒（张），发行数量2.62亿盒（张），发行总金额11.90亿元。与上年相比，品种增长了5.07%，出版数量下降了6.79%，发行数量增长了5.28%，发行总金额增长了6.16%。录像制品，全国共出版13069种，出版数量1.55亿盒（张），发行数量1.22亿盒（张），发行总金额8.09亿元。与上年相比，品种增长了11.02%，出版数量下降了13.42%，发行数量下降了24.00%，发行总金额增长了11.89%。

电子出版物，全国共出版10708种、2.29亿张。与上年相比，品种增长了10.76%，数量增长了45.30%。

（2）出版物发行规模

2009 年，全国新华书店系统、出版社自办发行单位出版物总销售 159.41 亿册（张份盒）、1556.95 亿元，与上年相比数量下降 4.22%，金额增长 6.90%。全国新华书店系统、出版社自办发行单位纯销售 63.18 亿册（张份盒）、580.99 亿元，与上年相比数量下降 5.5%，金额增长 7.7%。各类出版物中，图书、期刊、报纸的销售同比明显增长；音像制品的发行数量下降了 13.25%，发行金额下降了 5.13%；电子出版物异军突起，与上年相比数量下降 23.03%，金额增长 37.08%。远远高于图书、期刊和报纸等纸质出版物。

总体来说，与改革开放之初相比，出版产业规模发生了翻天覆地的变化。2009 年与 1978 年相比，30 年间，我国图书出版品种从 15000 种增加到 301719 种，增加了 20 倍；图书印数从 37 亿册增加到 70.37 亿册，增加了 1.9 倍；报纸由 186 种增加到 1937 种，增加了 10.4 倍；期刊由 930 种增加到 9851 种，增加了 10.6 倍。从品种规模上看，这个增长速度是十分巨大的。表 2-6 为 1999 ～ 2009 年的图书出版情况。

第三节　出版产业面临的问题

1. 转型期阵痛明显的症候

这里提出的转型期症候，是历史、文化与制度转变等各种宏

表 2-6　1999～2009 年出版业（图书）总规模

年份	品种数	定价（亿元）	销售册数（亿册）	销售码洋（亿元）	库存册数（亿册）	库存码洋（亿元）	出口册数（万册）	出口金额（万美元）
1999	141831	436.33	73.29	355.03	34.62	241.63	224.2	1248.00
2000	143376	430.10	70.24	376.86	36.47	272.68	240.4	1233.70
2001	154526	466.82	69.25	408.49	35.54	297.58	305.85	1370.58
2002	170962	535.12	70.27	434.93	36.89	343.48	320.93	1363.44
2003	190391	561.82	67.96	461.64	38.54	401.38	465.02	1866.74
2004	208294	592.89	67.06	486.02			468.49	2084.49
2005	222473	632.28	63.36	493.22	42.48	482.92	517.68	2920.87
2006	233971	649.13	64.66	504.33	44.59	524.97	735.63	3191.99
2007	248283	676.72	63.13	512.62	44.78	565.90	714.14	3298.39
2008	275668	791.43	67.09	780.52	51.08	672.45	653.42	3130.59
2009	301719	848.04	63.18	580.99	50.62	658.21	885.16	3473.72

数据来源：新闻出版总署官方网站。

观和微观因素共同形成的综合性"病症"。改革开放以来尤其是 2003 年深化文化体制改革以来，出版产业以市场为主导、以文化消费为主流，出版单位转制为企业、进行文化资本运作的趋势已经不可逆转，甚至可以说，这场深刻的变革称得上是一场革命。在一些人看来，根植于文化阅读中的理想主义和崇奉态度逐渐消减，文化的神圣感日渐降低，纸质出版物的阅读率不断下降，而文化消费主义、实用主义等观念大肆盛行。出版人随着由干部身份向企业身份的转换，文化事业心和责任感逐渐向物质性的文化收益权倾斜。这些都形成了转型期特有的文化心理。正是这一文化心理的影响，使得思想解放工作仍然是出版单位转企改制的首要工作。

出版转企改制也面临着现实的资金问题。据统计，全国各行业的事业单位总数量超过 130 万个，从业人员多达 2900 万，其常年经费支出一直占政府财政支出的 30% 以上。出版业转企改制，在人员身份转换方面面临着一定的资金压力。尤其是对于中央级出版集团和中央部委出版单位，这方面的压力更为突出。地方出版集团虽然凭借教材教辅出版和发行资源积累了较雄厚的资金，但在人员身份转换方面的资金付出，仍然带来阵痛。比如辽宁出版集团在 2000 年左右实行的"买断分流"，即付出了 3 亿元的资金，影响了出版集团在内容资源开发上的有效投入。

转企改制还是一场人才资源的大调整。国营事业性出版单位转制为企业，将人才资源的竞争注入到了出版业之中，国有与民营站到了性质相同的企业平台上，人才资源按照市场竞争的法则重新配置，一大批优秀编辑人才开始"下海"独立经营。近些年来涌现的民营出版公司（工作室）中，大都能看到这类人的身影。出版业属于"编辑—作者"紧密型行业，一个编辑人才的流失往往并非简单的一个人的流失，而是一套重要产品甚至一条产品线的整个流失。这一阵痛几乎每家出版单位都真切感受过。

按照当前的出版产业政策，出版单位转制为企业只是第一步。有条件的出版企业势必要经过转企—股改—融资—上市等步骤，成为多种资本构成、主业突出、多元经营的出版传媒企业集团。这是我国出版企业做大做强的必由之路，是我国出版产业繁荣发展的重要保证。但需要认识到，我们出版企业集团的做大做强之路，与国际出版巨头的成长之路呈现出"逆向性"特征。当今国际出版巨头在事业发展之初，往往不是以"出版"为主业，进入出版领域常常是后来的事情。比如培生集团1844年成立时从事的是建筑行业，1882年成为英国最大的建筑工程公司之一；20世纪初，还从事石油业；直到20世纪20年代通过收购组建维斯特明斯特出版社，才进入到出版行业。又比如法国传媒巨头维旺迪集团，从1853年成立到1980年100多年间，集团的经营重点是公共水务，后来扩展到废物管理、能源业、运输业和建筑业等，1996年大举进军电信和传媒领域，成为法国最大的传媒集团。

如果说国外出版巨头的发展之路上充满了"被收购"的经历，我们的出版企业集团总体上属于本行业的"原子型"成长；如果说国外出版巨头靠的是其他行业的外部输血，我们的出版企业集团却在试图通过自身造血、然后"向外输血"来发展。但是，资金规模的缺乏和成长经验的单一，又使我们的出版企业集团在扩张式、跨越式发展方面先天不足。如果在政策层面不对业外资本放开，这将造成我国出版企业集团发展的长期阵痛和困境。

2. 产业环境的法制建设亟待完善

法制与标准是市场能否实现良性竞争和健康运行的准则。随着文化体制改革的不断加深，当出版企业或出版企业集团成为出版市场的新型竞争主体时，竞争的强度和范围都随之加强，对法制和标准的需求也会更为迫切。

国外出版法制体系的建立基础，一方面立足于彻底的市场经济，另一方面立足于出版企业本身的私有性质。故其出版法律主要表现为体现文化产业特征的《著作权法》，以及其他适用于所有商业企业的税法和其他法律。比如美国的出版产业法律主要是《宪法》第一修正案、《著作权法》和相关税法。我国以市场经济为基础的出版产业才刚刚起步，出版产业市场环境治理的相关法律也在建设之中。而长期以来实行的党政共管体制、兼具意识形态和商业经营的出版属性，使我国当前的出版产业市场环境治理，表现出通用性的法律少、部门法规多的特点，在执行过程中又呈现出管理部门多、实际管理权分散而难协同的状况。

当前出版产业环境继续治理的问题主要表现在：第一，盗版猖獗。这是个老问题。我国的音像出版业毁于盗版，几乎是业界公认的说法。图书方面，尤其是畅销书方面，据业内人士估计，畅销的正版图书与盗版图书的比例至少为 1:1。盗版图书的领域从一般大众性的图书如文学、生活等，蔓延至教材教辅和工具书等。盗版同时严重损害了作者的积极性和创造力。拉美作家、诺贝尔文学奖获得者马尔克斯凭借《百年孤独》《霍乱时期的爱情》，在我国拥有广泛的读者。但迄今为止，马尔克斯的作品从没有正式合法引进到我国。[1] 人民文学出版社曾试图引进马尔克斯文学作品的版权，但马尔克斯提出了苛刻的条件：要求人民文学出版社按照 1 美元 1 册的标准，预先支付 70 万册的资金——这 70 万美元实际上是人文社为中国市场上《百年孤独》"盗版书"背负的代价，之后再谈人文社引进版权的问题。马尔克斯也知道，盗版书与人文社无关。如此"刁难"，反映出马尔克斯对我国出版市场缺乏信任。新闻出版总署 2009 年 5 月公布的数据显示，2009年 1 ～ 4 月，全国共收缴非法出版物 2360 万件，其中侵权盗版出版物 2193 万件、占到 93%。总之，无论是就盗版所选择的图书对象，还是就盗版所涉及的出版门类，以及盗版所产生的恶劣影响来说，盗版全方位地且极为严重地侵害了出版产业。

第二，出版产业链中的"账期"和"结账"问题。出版产业链的健康与否，不仅在于出版产业链是否完善，而且在于出版产业链中各个环节能否顺利衔接、有效循环。文化体制改革起步之初，通过技术改造实现印刷复制设备的升级换代，使我们的印刷

1　2011 年 5 月 30 日，获得正式授权。

复制环节得到极大改善；各地新华发行集团率先改制为企业，实现本省的连锁化经营，使我们的发行环节有了较为宽广顺畅的渠道；出版企业集团的组建，又使出版产业链最为关键的上游环节在各地开始有效整合。但是，随着产业链在每个单一环节中的实力的改善，其话语权愈发增强，立足于相互牵制能力基础上的"账期"问题随之突出。出版物从发行之日起按照三个月结账，一直是计划经济时代的出版惯例。但在今日的市场经济条件下，随着各环节对流动资金的需要，作为行业惯例的"三个月账期"不再奏效，一年结账甚至长久赊欠的现象比比皆是。在出版产业上、下游的"账期"博弈中，处于弱势地位的并不是发行方，反而是从事内容制造的出版商。为满足发行商的要求，出版商不得不加大新书的造货量，试图通过增添新货以结算旧账。由此导致出版物急剧增长，而出版物质量则相对下滑，出版产业中每年的销售量与库存量几乎相当。

一旦出版产业链陷于恶性循环，出版下游的发行企业也难以幸免。2007 年，一度拥有 22 家直营店、10 家加盟店、13 万会员的上海明君书店倒闭；中国第一家也曾经是最大的民营全国性连锁书店席殊书屋，一度曾经在全国 30 个省份 400 多个城市拥有 600 多家加盟店，也因为资金链断裂而倒闭。从欠书款、欠债、欠薪到关门，一度把分店开到王府井的北京思考乐书局，同样在 2007 年重复了明君、席殊的命运。

按照市场经济条件下的出版产业竞争法则，完善法规、建立合理的行业公约、严肃法纪，已经成为当前出版产业市场环境治理中的重要问题。

3. 产业结构有待进一步优化

结构也是生产力。良性的产业结构，无论对于一个行业、一项产业还是对于一家企业，都至为重要。2003 年以来的文化体制改革一直将优化产业结构作为重要工作，其目标在于为我国出版产业培育具有国际竞争力的超大型出版传媒集团，同时通过跨地域的联合协作，在全国范围内形成统一有序、良性竞争的出版产业大市场。但发展至今，结构性难题仍然处于破解之中。

一是区域性与全国性的市场空间结构。截至 2009 年，全国共有 580 家出版社，包括中央级出版社 220 家，地方级出版社 360 家。与中央级出版社主要集中于北京相比，各地出版社则主要分布于全国各省省会城市，相对分散。在计划经济时代，这一分布格局意味着中央级出版社具备了强大的实力。但随着各地方出版集团的组建，尤其是各省新华发行集团划拨给出版集团，在出版产业已经走出计划经济、发展到"买方市场"的情况下，各地出版集团因对本省市场的绝对控制力而实力陡增。江苏凤凰出版集团超越位居京沪两地的中国出版集团、中国科学出版集团、上海世纪出版集团而率先成为全国第一个资产、销售"双百亿"集团，与其控制的市场规模有根本关系。当各地纷纷"划地而治"、控制本地市场之时，出版产业中的"市场空间结构"失衡现象由此产生。全国范围内，华东、中南为最具竞争力的出版物发行市场；东北、西北、西南等偏远地区，则不可同日而语；即便北京、上海两地，虽然市场吸收能力强，但也因两地出版企业多、竞争剧烈而难望其项背。地域分割、地域壁垒，是各地出版发行企业集团组建以来遇到的新课题。尽管政策层面上极力推动跨地域连锁经营，但短期时间内这一"省域壁垒"仍难以打破。

二是出版物品种结构。出版产业发展至今，中小学教材教辅依然占据全部出版物收益的极高比例。根据 2007 年新闻出版总署的统计，在当年出版的全部 248283 个图书品种中，中小学教材教辅共 14223 种，占 5.72%；但总印数 29.71 亿册，占全部图书出版物总印数（62.93 亿册）的 47.21%。在 2007 年新华书店系统、出版社自办发行的总销售中，中小学教材教辅共销售往年旧版和新版 79.40 亿册，占当年出版物总销售数量的 49.26%，实现销售金额 466.19 亿元，占全国总销售金额（1366.67 亿元）的 34.11%。中小学教材教辅对我国出版产业的贡献率，对于出版企业争相开发的竞争力，对于当前我国出版产业的超级影响力，由此可见一斑。开卷公司的数据显示，在教材教辅开发方面，全国目前现有的 580 家出版单位，都不同程度地介入了教材教辅的出版。

在开卷公司对中国图书零售市场进行的 8 个一级分类、21 个二级分类、260 个三级细类分类体系中，除教材教辅之外的另外 7 个一级分类如社科、语言、文艺、科技、生活休闲、少儿等，每一分类下几乎都有超过 500 家出版单位介入。如此多出版社的普遍介入，意味着我国出版企业的结构性思维仍然缺乏，出版企业在自身产品的开发方面并没有从差异化角度去寻找独有之路，并没有在整体的市场结构中寻找到适合自身的独特定位。

定位于内容提供商，已经成为当前出版企业的共识。但是很显然，这种定位不过是计划经济影响下的行业定位，还不是市场经济条件下以"竞争"为核心的定位，更不是立足江湖、决胜天下的"独门暗器"。

4. 传播手段亟待创新

信息技术与互联网给出版产业带来了深刻的变革，这种共识在当今出版产业界已经深入人心。2008 年以来的金融危机也证明，新技术和创新性的传播手段能为出版产业带来新的机遇。比如 2008 年的美国出版市场，在出版产业整体和大众版、成人精装本、青少年精装本等传统强势门类同比下降的时候，唯有电子图书的销售上涨了 68.4%，由 2007 年的 6700 万美元上涨到 1.13 亿美元（见表 2-7）。

表 2-7　2008 年美国细分类图书市场销售额（亿美元）

分　类	2008 年	2007 年	涨幅
大众版（trade）	80.79	85.26	−5.2%
成人精装本	24.36	28.00	−13.0%
成人平装本	23.64	22.82	3.6%
青少年精装本	17.94	20.48	−12.4%

（续表）

分　类	2008 年	2007 年	涨幅
青少年平装本	14.85	13.96	6.4%
图书俱乐部和邮购	6.00	6.22	−3.4%
一般平装版	10.86	11.19	−3.0%
听书	1.72	2.18	−21.0%
宗教	7.24	7.83	−7.6%
电子书	1.13	0.67	68.4%
专业	34.57	34.74	−0.5%
中小学教育	60.77	63.56	−4.4%
高等教育	37.77	36.77	2.7%
其他	1.69	1.15	46.7%
总和	242.55	249.59	−2.8%

数据来源：《出版商务周报》2009 年 4 月 5 日。

在我国，信息技术和网络出版也取得了长足发展。网络对于出版产业的影响，不仅在于出版物品种数量的增长，而且为出版产业的内容带来了新的元素。比如当传统文学的题材还限于都市、农村等的时候，网络文学的题材则出现了非常精确的细分，如"后宫""穿越""盗墓""悬疑"等大批类型小说强势出现，引领了这些年的畅销小说潮流。在刷新内容元素之外，网络也全面进入出版产业链的各个环节。在上游环节，网络出版的形态多种多样，如博客、Mook（杂志书），如 CNKI 等专业性大型数据库、"工具书在线"等工具书数据库，如手机小说、手机报等。在下游环节，网络书店的发行能力异军突起。以中华书局为例，2008 年当当网发行中华书局的图书，回款实洋达到 900 万元，相当于该社在江苏和浙江两省的新华书店发行回款之和。

与此同时也必须看到，从整个出版产业对互联网和高新技术的利用，以及全行业的传播手段创新能力来看，数字化目前仍然处于起步阶段。具体表现在，数字化出版的盈利模式仍不充分，目前业界有效的商业模式，主要有：(1)当当、卓越亚马逊、淘宝网的网络销售；(2) CNKI、国家数字图书馆等面向科研机构的数据库打包销售；(3)盛大中文网的下载阅读和版权销售；(4)新浪网站、雅虎网站基于信息搜索的广告销售；(5)知识产权出版社、商务印书馆等刚刚启动的按需印刷；(6)中国移动等电信运营商联合内容提供商开发的手机报等；(7)人民教育出版社、高等教育出版社、北京外语教学与研究出版社、洪恩在线、新东方等开发的网络收费教育；(8)技术运营商开发的日本索尼、美国亚马逊Kindle、荷兰 E-ink、国产汉王、翰林等电子书阅读器，技术运营商正积极与传统出版商进行内容资源的合作。尽管这些探索已经产生了数额不等的现金流量，但相比其巨大的运营成本，资金收益率仍然极低。

综合出版产业的发展趋势，传播手段创新将以技术为核心，以互联网为重要平台，以多种媒体融合为主要形态。这对出版产业从行政管理到竞争法则等都提出了挑战。其一，宣传文化系统一直习惯上分为文化艺术、广播影视和新闻出版三个行业，与之相应，行政管理机构也按行业设置，包括文化、广电和出版三个部门。这种行业分类及机构设置在历史上发挥过很好的作用，但是，随着新技术的迅速发展和广泛运用，文化传播技术和手段日益多样化，文化业态不断更新，行业界限也越来越模糊，行政管理如何应对产业融合的趋势成为突出的问题。其二，我国出版产业界应对媒体融合并不十分积极。事实上，当前探索网络出版、数字化出版最积极的，主要是 IT 厂商，而不是传统出版界。这些年来，虽然出版界也在关注数字化的进程和互联网的发展，大多数出版社也建立了自己的网站或网页，还有些单位开始对内容文本进行全面的数字化工作，也通过联合、合作等方式推出了一些电子阅读器产品，但出版产业界整体上的紧迫感和危机感并不充分，更谈不上全方位地拥抱数字化浪潮、大举开展数字化的内容创新和传播手段创新了。

第三章　出版集团的角色定位及其演变

第一节　国际出版集团的定位与战略扩张

1. 国际出版集团的总体特征

在出版集团的发展过程中，国家体制、宏观经济水平、出版产业制度、国民教育程度等均为重要的影响因素。在欧美等主要西方国家，文化产业所具有的文化事业、意识形态特性并不影响出版产业与其他工业产业一样被纳入到市场经济的运行规则中，出版企业和其他企业一样实行登记制，并按照税收、法律等制度进行管理。因此，在西方国家，出版产业呈现出以下三个基本特征。

一是出版企业的总体数量极其庞大，产业集中度高。就出版企业的总量来说，这些国家远远高出我国。比如美国登记的出版企业数量多达 18000 家，英国多达 5000 多家，俄罗斯有 6000 多家，印度有 16000 家。我国迄今只有图书出版单位 580 家，加上音像、电子出版单位也不过 1000 家左右。与此同时，欧美国家的出版业市场属于完全充分竞争市场，产业集中度高，基本形成了大型出版集团占据本国出版市场主导地位、中小出版社作为有益补充的市场格局。这些大型出版集团出版规模大，出书品种多，市场核心竞争力强，形成了相对完整的产业链和价值链，一般都在全球某个出版领域占据了主导地位。例如，2009 年排名全球第一的培生集团总收入高达 77 亿美元，在全球教育出版领域首屈一指。排名第二的里德·爱思唯尔集团的总收入也高达 73 亿美元，在全球科学、医学、法律等领域的出版能力也是遥遥领先。

二是出版企业的持续生产能力充满弹性。这些出版企业从事出版的动机，有些是满足作者一时的出版需要，图书出版后随即停止；有些追求短暂的经济收益，在经济前景渺茫或遭遇市场波动的时候，则关门大吉；有些则成长为富有特色的专业性出版社，或者作为独立出版商长期运营。比如英国布鲁姆斯伯里出版社并不隶属于世界知名出版集团，但是凭借"哈利·波特"系列图书，在 2008 年的英国占据了 1.9% 的市场份额，仅次于阿歇特、培生、贝塔斯曼等超大型出版传媒集团。但类似布鲁姆斯伯里这样具有强大实力的独立出版社并不多。事实上，一年内出版 5 种图书以上的出版企业，相对于全部出版企业的比例则是在大幅减少。比如 2008 年美国登记在册的、在年内出版图书超过 5 种以上的出版企业不过 3200 多家。英国年出版 5 种图书以上的出版公司 2400 多家，其中出版 50～100 种的出版企业有 340 家，出版品种超过 100 种的仅有 40 多家。出版企业这种随生随灭的现象，既反映出西方出版产业的市场性和自由竞争性，同时也为少数出版企业能够占据更多的市场份额提供了土壤（见表 3-1）。

表 3-1　2008 年世界主要国家出版企业（年出书 5 种以上）数量及图书出版情况

	国家	出版企业（家）	图书品种（种）	图书销量（亿册）	销售额（亿美元）
1	美国	3200	275232	75.60	242.5
2	英国	2400	12 万	23.69	17.73 亿英镑
3	法国		63601		
4	德国	2000	98000	9.8	93 亿欧元
5	俄罗斯	6000	7.4 万	4.62	22
6	阿根廷	300	19414	0.81	6
7	加拿大	330	1.6 万		22
8	印度	16000	8 万		25
9	中国	580	27.41 万	70.62	1456.39 亿元

三是在全球出版产业中，欧美国家占据最高的比重，而其中的大型出版企业集团则占据绝对的市场份额。庞大的出版企业数量，全球化的出版产业资本经营，以及依赖英语作为世界性语言的内容资源经营和丰富的现代出版经验，使全球出版产业向欧美集中。2010 年 6 月，美国《出版商周刊》与法国《图书周刊》(Livres Hebdo)联合完成的 2009 年全球出版业排名前 50 位的出版企业中，公司总部的母国位于美洲和欧洲的有 41 家，位于亚洲的只有 9 家。其中，在中国则只有高等教育出版社一家（见图 3-1）。

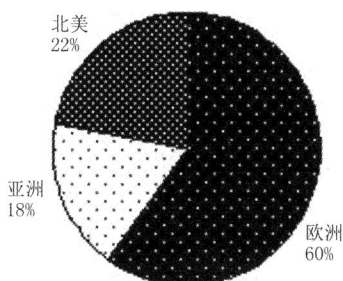

图 3-1 2009 年全球出版企业前 50 强区域分布图

　　欧美各国的出版市场，又主要为大型出版企业集团所占据。这些大型出版企业集团位居全球出版业金字塔的顶端。在英国市场，自 2002 年以来一直保持着国际大型出版集团占据主要市场份额的格局。2003 年，排名前 4 的国际出版集团已占英国整个市场份额的 43％，到 2008 年则已占据半壁江山（见表 3-2）。

表 3-2　各大出版集团在英国所占市场份额（2002 ～ 2008 年）（％）

出版集团	2002	2003	2004	2005	2006	2007	2008
阿歇特集团	5.22	5.3	12.9	12.5	16.4	14.3	15.3
贝塔斯曼	14.4	13	14.4	14	15.4	13.8	15.1
培生	13.7	12.9	12.1	12.6	12.7	11.2	11.8
新闻集团	10.4	8.6	8.2	8.2	8.4	7.9	8.2
霍茨布林克		4.5	4.2	3.3	3.1	3.1	3.4
布鲁姆斯伯里	3.7	4.5	2.1	3.8	1.8	2.5	2.5
牛津大学出版社	1.98	1.9	1.9	1.9	2	2	1.8
其他		49.3	44.2	43.7	40.2	45.2	41.9

数据来源：尼尔森图书全览网，www.nielsenbookscan.co.

在德国，贝塔斯曼、霍茨布林克和施普林格堪称最大的3家出版集团。法国规模最大的出版集团有10家，如阿歇特集团（Hachette）、艾迪帝集团（Editis）、伽俐玛集团（Gallimard）、弗拉马利翁集团（Flammarion）、马蒂尼埃集团（la Martinière）、阿尔班·米歇尔集团（Albin Michel）等。在俄罗斯的6000余家出版商中，排名前20位的出版商所占的市场份额达到60%～70%，其中前5位的市场份额总计49%。荷兰最重要的出版集团则为里德·爱思维尔集团（Reed Elsevier）、威科集团（Wolters Kluwer）以及 PCM 集团（PCM Uitgevers）3家。由于北美自由贸易协议的签署，加拿大最主要的出版业务是由兰登书屋、企鹅、哈珀-柯林斯等国际出版集团在加拿大的分公司开展的，它们占据了加拿大59%的市场份额。

在出版销售收入方面,全球出版企业前50强的实力更为突出。美国《出版商周刊》刊登的2009年全球出版业前50强中，前五名出版企业集团的总收入都在40亿美元以上，堪称业内的"巨无霸"，具有很大的市场规模和很高的市场占有率。

2. 国际出版集团的角色类型

（1）工商业集团中的出版集团

追溯国际出版集团的成长历程可以发现，在不同的历史阶段，出版企业集团表现出不同的成长特征。早在19世纪末期和20世纪初期，一些非出版的工业企业介入出版业，极大地助长了出版企业的成长。其时，现代出版业尚处于发轫期，出版物也主要集中在宗教领域，而西方经济社会的主题则为城市化和工业化。这一时期大展雄风的，是建筑、能源、金融类等企业集团。随着现代教育体系的逐渐建立，一些小规模的出版企业逐渐引起了一些大型工业企业集团的关注。正是这些大型工业企业的介入，带动了第一波出版企业集团的建立。比如英国培生集团在 1844 年创立之初是一家建筑企业。1882 年发展成为世界上最大的承包建筑工程公司之一。20 世纪初期，培生在建筑之外，又开辟了石油行业。1919 年，培生由实业转为金融行业，控股成立了 Whitehall 信托公司。培生在 20 世纪 20 年代收购组建维斯特明斯特出版社，是其转向出版行业的真正开始。今天的培生集团历经近百年的发展，业务结构彻底转型，旗下最大的产业是培生教育集团、金融时报集团、企鹅出版集团三强，其中的培生教育集团已经成长为全球最大的专业性教育出版集团，但追溯其历史，工业企业的资本介入可谓其发展之源。

法国的拉加德尔集团同样如此。今天的拉加德尔集团，在法国拥有 82% 的教科书市场份额，98% 的字典市场，在图书发行业中也拥有 60% 的份额；在世界各地拥有 259 家杂志，其中包括著名的《ELLE》和《巴黎竞赛画报》。但拉加德尔集团享誉世界的还不是出版业务，而是其机械制造、航空航天以及电讯等"军工"品牌。拉加德尔集团旗下成立于 1945 年的马特拉（Matra）公司，曾经制造了时速 800 公里的双引擎飞机，而 1951 年制造的飞机

则创造了打破音速的欧洲纪录，1961 年马特拉公司又获得了制
造阿利亚娜火箭的合同。今天的拉加德尔集团主要收入仍然来自
其工业领域。拉加德尔转向出版的时间为 20 世纪 80 年代，拉加
德尔获得了法国有着近 150 年历史的出版商阿歇特 41% 的股权。
2004 年，在法国最大的传媒集团维旺迪破产重组中，拉加德尔又
购进了维旺迪环球出版集团。2006 年，拉加德尔再以 5.375 亿美
元收购了时代华纳旗下的时代华纳出版集团。这样，拉加德尔已
经由此前的军工集团转变为军工—传媒集团。

　　工商业企业介入出版传媒的情况，在进入 21 世纪以来有愈
演愈烈之势。在法国，2004 年发生的两起购并案都与此有关。在
阿歇特集团并购了法国第一大出版商 Editis 的背后，有拉加德尔
的身影；成立于 1992 年的出版社马蒂尼埃并购法国老牌出版社
瑟伊（Seuil）所需的大部分现金，都来自香水巨头香奈尔的后台
老板维特海默兄弟。在法国人看来，出版社为工商业企业并购、"纯
净"的文化之地越来越多地掌控在大型商业集团手中，是法国文
化的堕落。2004 年，法国从严肃的《世界报》到讽刺杂志《鸭鸣》，
整个媒体界都在辩论出版业的文化精神的丧失。[1]

　　工商业企业购进出版集团的目的，既有顺应时势进行传媒经
营的愿望，但更重要的，恐怕还是将出版传媒作为战略性资产。
拉加德尔集团与法国政界一直保持密切的关系，2002 年收购维旺
迪环球集团的动机之一，在于法国前总统希拉克施加的压力。拉

1　芭芥 . 法国出版业的历史与现状 . 新京报 ,2005-02-09.

加德尔集团老板阿诺 - 拉加德尔与法国现总统萨科齐之间的"兄弟"关系，在法国并不是秘密。拉加德尔集团旗下的阿歇特刚刚收购 Editis，不久又将 Editis 60% 的股权以 6.6 亿美元的价格出售给一家钢铁公司，从中就可以看出，工商业企业下的出版企业集团所扮演的战略角色无非有三个：一是作为工商业企业形象、品牌等无形资产增值的宣传工具；二是作为优良资产获取短期或长远的经济收益；三是在全球化产业布局中作为进入他国市场的突破口，拉加德尔集团收购时代华纳出版集团即是为了加大进入美国出版传媒市场的力度。工商业企业集团的强力介入，对出版企业集团来说是一把双刃剑：既可凭借强大的资金支撑帮助出版企业实现跨越式发展，又有可能让出版企业集团服从资本的力量，使文化追求让位于完全的市场逻辑和商业目的，更有可能因工商业企业集团"利润最大化"的最高原则，被随时出售。

（2）媒体帝国中的出版集团

今天的国际大型传媒集团已经形成了完善的传媒产业链，将电视、电影、报纸、期刊、音像、互联网、图书出版等统一纳入麾下，发挥各自的竞争力，最终通过各领域企业集团密切配合产生超强的协同效应。坦率地说，出版尤其是图书出版在这一产业链中属于相对稳定的一环，但其经济规模和盈利能力在整个媒体帝国中占据的份额并不大。

西蒙 - 舒斯特出版公司是世界畅销书领域中的领跑者，在2001 年有 99 部著作登上美国当年畅销书排行榜，其中有 14 部成为全美最畅销的书籍，还拥有超过 5.5 万种的重版书目录，曾经获得过 60 多次普利策奖。但西蒙-舒斯特的母公司维亚康姆同时下辖以派拉蒙电影公司为主体的电影业务，以哥伦比亚广播公司电视集团、维亚康姆电视集团、派拉蒙电视集团、联合派拉蒙电视集团为主体的广播电视业务，以 MTV 音乐电视网、MTV2 有线网、尼克罗迪恩儿童电视频道、黑人娱乐电视网等为主体的有线电视业务，还拥有无线广播公司和维亚康姆户外广告集团等广告业务，以及派拉蒙主题公园、维亚康姆连锁影院集团等零售业务。即便在出版业务方面，西蒙-舒斯特之外，也还有 MTV. com、CBS.COM、CBSNEWS.com、著名音乐出版公司（Famous Music Publishing）等出版业务。

在维亚康姆媒体帝国的产业链中，西蒙-舒斯特的出版业务与电影、电视等业务分享畅销书的延伸开发。如《阿甘正传》《第一夫人俱乐部》由派拉蒙电影公司拍摄，图书则由西蒙-舒斯特出版。派拉蒙电视集团公司还授予西蒙-舒斯特"特许经营权"，授权其销售电视作品的图书版以及其他延伸版权。比如针对派拉蒙电视集团的《星球大战》，西蒙-舒斯特开发了大批相关书籍，从而使"星球大战"系列图书成为出版史上最畅销的系列书。有人甚至说，"每隔 10 秒，西蒙-舒斯特就在全世界范围内卖出一本有关《星球大战》的书籍"。即便如此，在维亚康姆媒体帝国的总体收入中，西蒙-舒斯特的贡献率一般不超过 5%。1998 年，维亚康姆为筹措资金再次收购其他企业，以 43 亿美元的价格将

西蒙 - 舒斯特的教育出版部、参考书出版部、商业及专业出版部，出售给了英国的培生集团。

类似西蒙 - 舒斯特的出版企业集团还有许多。比如排名世界第一的传媒集团时代华纳，最初的起家是 1898 年创办的《时代周刊》。在 2000 年时代华纳与美国在线完成"世纪并购"成为全球最大的传播娱乐和网络传媒集团之后，旗下仍然拥有包括《时代周刊》《财富》《生活》《人物》等 139 种在全球 167 个国家和地区发行的杂志，还拥有美国在线时代华纳出版集团。该出版集团旗下有三家主要出版社，即华纳图书出版社、小布朗出版社及时代华纳英国图书出版公司。在 2001 年，该出版集团的 39 种图书登上过《纽约时报》畅销书排行榜，其中，《富爸爸穷爸爸》在畅销书排行榜上停留的时间长达 76 周。但是，到 2002 年即美国在线与时代华纳完成"世纪并购"后的第二年，全集团的收入结构中出版只占 9%，有线电视网络则占据最高的比例达到 31%，美国在线位居次席占据 29%，电视网居第三位达到 17%。

如果说西蒙 - 舒斯特和时代出版集团在母集团还只是贡献率的问题，与之相比，哈珀 - 柯林斯从组建到发展都更能看到母集团——新闻集团的力量。哈珀 - 柯林斯出版集团脱胎于 James Harper 和 John Harper 兄弟俩于 1817 年在美国纽约创建的哈珀出版社，该出版社历史上曾经成为马克·吐温、勃朗特姐妹、狄更斯、马丁·路德·金、萨克雷、肯尼迪等人的出版商。1990 年，默多克掌控下的新闻集团为开辟美国市场，将哈珀购入，并与英国的威廉·柯林斯出版社合并，从而形成世界性出版巨头哈珀 - 柯林斯出版集团，业务拓展到美国、加拿大、英国和澳大利亚等世界各地。

在以亚洲和世界主要新兴国家为主体的新一轮全球化、网络化经济浪潮中，此类出版企业集团将持续出现。出版企业集团的发展路线也体现出三个特点：一是在超大型传媒集团面前，出版企业集团的扩张属于被动式，属于被收购和被整合的角色。出版企业集团无论从经济实力还是从战略重要性上看，在传媒帝国中都不占主体地位。二是单从出版企业集团自身来看，由于超大型传媒集团的资金注入和产业链支撑，出版企业集团会取得跨越式、突破式发展，但在传媒集团的整个产业链中，出版企业集团仅被定位为其中的一环，以出版形式为传媒集团的其他产业提供增值服务。三是出版企业集团在整个传媒集团中的收入结构中基本保持稳定，资产比较优良，出版企业集团又可能作为"优质资源"在传媒集团需要融资并购时，随时被出售。

（3）多媒体产业链中的出版集团

此类出版企业集团属于从出版产业自身中生长的出版企业集团。它顺应全球化布局、多媒介融合的文化产业发展浪潮，以出版主业为核心，坚持"内容为王"的核心理念，以打造价值链为思路，以资本运作为手段，从而形成先"出版"后"传媒"的出版传媒集团。这方面的典型代表为贝塔斯曼集团。

贝塔斯曼的历史可追溯到 1835 年。这年的 7 月 1 日，印刷商卡尔·贝塔斯曼在德国小镇居特斯洛创建了图书印刷公司，以小作坊的方式出版圣经和圣歌集。1941年，为希特勒的纳粹党印制宣传品给贝塔斯曼带来了极大的收益，但这一做法也付出了贝塔斯曼公司被英军轰炸机摧毁的代价。1950年，贝塔斯曼创建了书友会俱乐部，成为贝塔斯曼再次复兴的基础。此后的50年时间里，贝塔斯曼始终坚定"出版"核心，各种收购、兼并、业务拓展都以此为核心来进行。今天的贝塔斯曼集团的主要架构，包括古纳亚尔（杂志出版）、兰登书屋（一般图书出版）、施普林格（STM专业出版）等传统出版，包括卢森堡广播电视公司（RTL）、贝塔斯曼音乐娱乐集团（MBG）等音乐出版和电视娱乐，还包括贝塔斯曼直接集团掌控的贝塔斯曼图书俱乐部，以及贝塔斯曼阿多瓦集团为国际媒介提供的印刷和制作等。当今的贝塔斯曼成了由出版扩张到全媒体的出版帝国。2007年贝塔斯曼图书俱乐部从中国"撤出"并不等于放弃中国市场，而是将贝塔斯曼的中国业务从传统出版调整到互联网信息服务。

这类出版企业集团的共同特征在于：一是拥有稳定的以出版为核心的业务，而其通过收购、兼并、重组等手段的产业链完善和延伸，也始终围绕这一核心进行，从而成为出版主业突出的超级出版企业集团；二是大力开展多元化经营，但多元化经营以电视、杂志、广告等多媒介为选择，并不跨出文化产业的边界；三是借助全球化的浪潮在世界各国通过多种形式全面布局，从而有效抵御区域性的经济波动；四是在数字化出版浪潮中积极推进，借助于先进的技术平台，成为世界出版革新的领跑者。

（4）专业性出版集团

如果说贝塔斯曼集团的业务架构中，在图书、杂志、音像制品等常规出版之外，还有电视、娱乐等其他媒体业务，那么，培生集团则基本上属于纯粹的专业性出版集团。培生集团主要集中于三大出版，一是培生教育集团的教育出版与培训，二是金融时报集团的财经杂志及信息服务，三是企鹅出版集团的英语大众图书出版。三家出版集团服从于专业性、全球性、价值链多维延伸的原则。就专业性来说，培生教育集团号称全球最大的教育出版集团，以"帮助所有人发挥其最好的潜质"为宗旨，以"终身教育"为思路，专门针对各种年龄段提供完善的教育服务。迄今为止，培生集团出版的图书达35万多种，在高等教育、中小学教育、专业教育、科技、工具书、流行读物等方面占有主导地位。金融时报集团则以打造最权威、真实的《金融时报》为中心，为商业人士提供全面的商业信息和服务。《金融时报》在财经信息披露和商业分析报道方面的权威性世所公认，金融时报集团也成为世界上领先的商业信息公司。企鹅出版集团集中于大众图书出版，涉及的出版类别包括小说与非小说、获奖文学作品和儿童图书。在大众图书方面，企鹅出版集团旗下的企鹅出版社再次作出专业化细分，比如封面区分为蓝色的传记、绿色的侦探小说、橙色的文艺小说、粉色的旅游图书等。从1935年开始，企鹅出版社将这一风格一直保持至今。今天的企鹅出版集团旗下还有以插图书为特色的 DK 出版公司，但也服从于专业化的出版原则，专门为企鹅的各类图书尤其是儿童图书出版插图版。教育学习、财经、大众，三家集团分别以强大的实力为培生集团打造了三条产品线。以产品线来构建全集团的核心产业，这是培生集团在世界大型出版企业集团中最大的特色之一。

就多维价值链来说，培生集团又堪称将专业化的出版做到了极致。培生教育集团先从读者对象的年龄入手，分别针对幼儿园、小学、中学、大学、博士后教育乃至老年教育开发各种产品集群，他们的口号是：一个人一生的学习，用培生的教材就足够了。培生教育集团又着眼于学习效果，配合各种教育类教材，开展考试测评等种种培训，每年全球接受培训的人群多达 1 亿人。同时针对学习手段，培生还有专门的家庭教育网络公司、培生宽带公司，来提供软件生产、网络服务、电子图书等全方位的与教育相关的数字化业务。近些年来，培生集团为全面进军数字化出版作了充分准备，要求旗下分布在全球各地的所有分公司共同建立"数字仓库"，储存所有的数字化图书，以满足顾客的多媒介需求。正如企鹅出版集团主席兼 CEO 约翰·梅金森（John Makinson）所说，无论顾客"是想要一本纸本书、电子书、有声书还是一个可下载文件……我们都要满足"。[1]

在全球化方面，以专业教育为主的培生集团更有强大的影响力。培生教育集团的教育类图书行销全世界，其英语教学图书和

1　渠竞帆．企鹅出版集团：顺应市场，成就全球出版企业．中国图书商报，2008-7-9.

计算机图书一直占据我国此类引进版图书的最大份额。培生教育旗下的"朗文"是我国英语学习者心目中的优秀品牌，其语言类图书和工具书是国内学习的权威用书。目前，培生集团（中国）在全国 20 多家书店设有"朗文专柜"，在 40 多家高校设有"PH工商管理书架"。培生教育集团的培训业务也广泛开展。2009 年 4 月，培生集团宣布以 1.45 亿美元现金向全球私募投资公司凯雷集团（Carlyle Group）收购凯雷控股的华尔街学院旗下的华尔街英语（中国）。早在 2008 年，培生集团还收购了上海乐宁教育中心和北京的戴尔英语。自 2000 年以来，华尔街英语（中国）在北京、上海、广州和深圳等 7 个城市中成立了 39 家中心，为约 3.5 万包括大学生、自费或公费进修的在职专业人士的学员提供了英语培训，成为中国领先的成人英语培训教育机构。而培生以"朗文"学校命名的培训机构到 2008 年已有 27 家。华尔街英语、戴尔英语、朗文英语一并纳入培生旗下，培生集团势必形成最具规模和权威品牌性的英语培训连锁机构。金融时报集团的《金融时报》在全球 23 个城市拥有超过 140 万名读者，每日发行量 44 万份。企鹅出版集团尽管主要出版大众类图书，但其全球化战略不仅是出口图书、输出版权，还通过在世界各国设立分公司或与当地的出版机构合资、合作实施本土化出版，同时又借助其全球的销售渠道向世界各国销售在某一国出版的畅销图书。2005 年 9 月，企鹅出版集团从我国购得《狼图腾》面向全球发行的英文版权，这曾经创下了我国单本图书版权输出 10

万美元的版税纪录。

以上四类出版企业集团，在当今国际出版产业界处于并存状态。它们对于我国出版企业集团的组建、发展与战略投资，至少有三方面的启示。其一，打破资本的边界壁垒，引入实力超强的业外工商业资本，对出版企业集团跨越式发展所需要的资金和拓展市场所需要的管理运作手段，将非常有利。但业外资本能否进入出版企业，需要政策松绑；而业外资本究竟将出版企业视为怎样的战略角色，更是考验。其二，媒体帝国将出版企业纳入旗下，在挺拔"内容"核心和形成优秀的价值链方面有其益处，这也符合当今世界多媒介融合的文化产业发展趋势。问题的关键在于，谁是媒体帝国的建立者？其实，单独由媒体部分或出版部分来操控都容易出现问题，真正的操控者应该是"内容"。其三，专业性出版集团如培生集团堪称当前国际出版企业集团的标本，也是我国众多出版企业集团正在遵循的方向，但培生所拥有的国际化分支、全球化经营，又是摆在我们前面的一道屏障。

3. 国际出版集团的扩张经验与启示

纵观国际出版企业集团的"发家史"，有四个方面的因素或许起着支配性作用。其一是以自由、规范交易为特色的市场环境；其二是出版企业始终专注于自身的核心竞争力建设；其三是始终保持着明确的战略意图；其四是抓住历史机遇，尤其抓住技术革命所带来的产业机遇。这四个条件是促使国际出版企业集团扩张的内外因结合性因素。

（1）市场环境自由规范是出版集团扩张的重要条件

自由规范的市场环境的形成，在 20 世纪以来有着两次历史性前提。第一个前提当属第二次世界大战。二战调整并形成了东西方的"冷战"格局，在西方阵营，美国作为超级强国的出现、马歇尔计划对欧洲的复兴作用以及共同的意识形态，让美国的民主价值观和自由主义的市场经济成为欧美国家的普适价值观和经济准则。国际出版产业第一次跨国并购、重组浪潮，国际大型出版集团的第一次集中出现，主要发生在此一时期。第二个前提则是 20 世纪 90 年代以来"冷战"结束和以互联网为代表的信息技术的出现，"冷战"结束尤其是互联网让世界变"平"，经济一体化成为世界市场环境中的主潮，全球布局和全球分工促使国际出版集团向全球延伸产业链，超大型国际出版集团大批涌现。经济体范围在两个历史前提下一步步扩大，根本推动经济体的则是自由、规范交易的市场经济规则。在这一规则下，文化传媒出版企业与其他工商业企业一样不再享有"例外原则"，意识形态属性日益淡化，但文化"软实力"与经济"硬实力"的追求逐渐一致。事实上，今天的国际出版企业集团之所以受到各国政府的青睐，正因为它将文化软实力和经济硬实力融合到了一起。

在这一市场准则下，既有的边界开始被打破。第一个打破的是产业之间的边界，工商业企业根据自身的需要自由进入文化产业，以好莱坞电影为代表的文化产业在全世界的超级影响力和盈利能力，对工商业企业也产生了强大的影响力，传媒出版产业自然随之进入工商业企业的购并视野。世界著名军工巨头拉加德尔同时是传媒界的巨无霸，看似无关的产业反倒结合在了一起。第二个打破的是资本的边界。当出版企业被视同为一般性企业之后，出版企业包括品牌、作者、出版物等在内的所有资产都可以被货币化，从而被估值为一定的股份，借助于股市平台的股份出售和收购，任何性质的资本都可以自由进入出版企业。第三个打破的则是国家之间的边界。在同一价值观的欧美及其盟国，资本的流通几无障碍，出版企业集团如培生集团、新闻集团、贝塔斯曼等之所以成长为国际性出版集团，与其资本的全球化流通有着莫大的关系。当然，针对意识形态和体制不同的国家，国际间的收购与兼并也有严格的限制。

总之，自由、规范交易的市场准则，为出版企业集团的发展壮大提供了极为重要的市场环境。在产业边界、资本边界、国家边界被逐渐打破的情况下，针对出版企业的战略投资者越来越多元，出版企业引进战略投资者也非常容易。与此同时，一旦出版企业集团有足够的实力、愿意由单纯的出版商转为其他产业的战略投资者的时候，自由、规范的交易法则让其畅通无阻。

（2）核心竞争力突出是出版集团强势扩张的根本保证

所谓的核心竞争力是一个综合性概念，既指集团公司旗下最优秀的资源、业务、产品，又指为人熟知的品牌、价值观和发展理念。一部大型出版企业集团的发展史，其实就是其核心竞争力的强化和延展史。国际出版企业集团的种种并购和重组，尽管都以做大做强、获取效益为根本目的，但更重要的是始终都以理性的态度坚持丰富和深化核心竞争力，或者以完整的产业链建构来合理分布其核心竞争力，或者扩展其核心竞争力的价值链。比如培生教育的核心竞争力在"教育"，其业务构成涵盖了一个人终身所需的学习和教育。当其向海外扩张时，坚持将"终身教育"的理念与本土化需求结合起来。在我国市场上，培生教育集团旗下著名的"朗文"品牌已众所周知，其《新概念英语》等著名教材和英语学习工具书，在我国读者中占据极大的市场份额。但培生并不愿意停留在出版物的单纯输出上，而是要打造一条"内容为王"的产品链。它将教材与培训相结合的模式移植到我国，重金收购的华尔街英语、戴尔英语等培训连锁学校，与其自办的朗文学校共同形成了一条强大的培训产业链。

与培生一样，迪斯尼是国际上另一家最具专业性的传媒集团。在其近 80 多年来的发展历史中，迪斯尼在对产品、内容的坚持上显得相当"顽固"，视产品的质量为最高的竞争力。迪斯尼总裁艾斯纳曾反复强调，"我们公司的成败最终是由产品质量决定的"。从早年的《白雪公主》《米老鼠》《唐老鸭》《白雪公主和七个小矮人》到近些年来的《狮子王》《花木兰》《怪物公司》，迪斯尼动画一直强调"内容"的创造性、高质量和领先地位。长期以来，"迪斯尼"成了动画业的第一品牌。迪斯尼的全部业务都围绕这一品牌做文章。由此延展，迪斯尼出版集团成为世界上最大的儿童出版集团，专注于儿童图书尤其是儿童漫画的开发；作为实体产业的迪斯尼乐园，与动画、儿童图书紧密结合，每一部最新的动画作品、儿童图书中每一个最具影响力的形象，迪斯尼乐园中都会及时补充。可以说，相对于其他出版传媒集团的"红海"竞争，迪斯尼在儿童心目中的地位无可替代。尤为重要的是，迪斯尼从动画、图书到游乐园，不仅形成了一条完整的产业链，而且还形成了各个环节始终保持"正相关"、共同增值的一条价值链。

如果核心竞争力无从发挥，即便看似最完美的发展举措恐怕也是浪费。美国在线与时代华纳在 2000 年完成"世纪并购"后，新公司的市值高达 2860 亿美元，若加上未执行的期权和认股权证，新公司的价值将达到 3500 亿美元，相当于墨西哥、巴基斯坦整个国家一年的国内生产总值。业界对这次购并之所以看好，主要在于时代华纳公司拥有《时代》、《财富》、CNN、华纳兄弟、华纳唱片、时代生活出版公司等"内容"资源，而美国在线则拥有全球最大的拨号上网服务体系。从理论上来说，这一购并无疑是将最优秀的内容和最广阔的渠道结合在一起，势必产生"1+1>2"的协同效应。但事实上，在此后两年多的时间里，时代华纳的内容没有通过美国在线的网络服务出售给消费者，并建立成功的盈利模式。此外，宽带是实现"网络＋内容"的基石，如果能利用时代华纳的内容资源，通过大容量、高速率的宽带网传输给用户，也将给公司带来巨大的盈利空间。美国在线本来希望通过合并利用时代华纳的有线网（美国第二大有线电视网）提供宽带上网服务，但由于内部协调不力，时代华纳有线网严重贻误了时机。等到 2002 年时代华纳有线网开始为美国在线的宽带提供上网服务时，微软、雅虎等已经占据了极大的市场份额。

核心竞争力发挥的关键作用由此可见一斑。发挥核心竞争力，不断推动着培生集团、迪斯尼的发展；而如果优势竞争力因为无法协同发挥作用，又可能使貌似强大的企业集团外强中干，美国在线与时代华纳的合并就是例子。

（3）战略方向明确是出版集团扩张的基本要求

美国西蒙 - 舒斯特编辑格罗斯的经典著作《编辑人的世界》一书，针对今天发生巨变的编辑职业发表了许多有真知灼见的看法。在他所痛陈的当代出版业各种弊端中，令人印象深刻的一点是当代出版业偏离了编辑职业的优良传统：编辑的时间和精力不再是打磨书稿，为作者、读者出版优秀的著作，而是花费在营销和交易等事务上。[1] 在近些年来国际出版企业集团蓬勃发展的同时，出版业传统中简单的"作者—出版物—读者"流程确实被深刻地颠覆。一些出版企业集团坚持走实体经济的发展道路；另一些出版企业集团几乎转化为金融机构，顶着"文化产业"的帽子，以利润最大化为目标跳跃性地从事投机产业；还有些出版企业集团则向着立体化的传媒帝国发展。在当前互联网和数字出版所带来的出版业转型中，出版企业集团究竟选择怎样的战略方向，正考验着出版人的智慧。

1　格罗斯主编 . 齐若兰译 . 编辑人的世界 . 北京：中国工人出版社 ,2000.

一些专业性的出版集团正向着更为专业的领域进军。如汤姆森集团、培生集团等。2007 年以前，汤姆森集团是全球专业信息服务和教育出版领域中的领先者；旗下有四大业务板块，包括汤姆森法律法规出版公司（汤姆森法律与条例信息集团）、汤姆森金融与专业出版公司（汤姆森金融信息集团）、汤姆森科技教育出版公司（汤姆森科技与医疗卫生信息集团）和汤姆森学习公司（汤姆森学习出版集团）。其中，汤姆森学习出版集团是全球第二大教育出版公司，年销售额达到 22 亿美元，占据汤姆森集团年收入的 1/4，在美国市场占有 20% 左右的市场份额。尽管如此，汤姆森集团还是在 2008 年 4 月作出重大战略调整，为更加集中于专业化的"信息服务"，先是以 77.5 亿美元出售汤姆森学习集团，然后又以 176 亿美元收购了路透社。这桩交易成功之前，在全球 125 亿美元的数据业务市场中，汤姆森集团拥有 11% 的市场份额，全球位居第三；收购路透社后，汤姆森集团的占有率提高到 34%，一举超越市场占有率达 33% 的彭博社。总结这次交易，汤姆森公司总裁兼行政总裁理查德理·哈灵顿可谓深思熟虑，"出售学习出版集团是汤姆森战略转变的重要一步，也是战略转变的自然结果……我们绝大部分的销售额将来自电子产品和服务的盈利"。[1] 汤姆森集团也借此由兼跨教育出版和信息服务的集团，转变为全球最专业、最大的财经信息及数据服务集团。

相比之下，诸多出版企业集团在大肆收购中被卷入了"战略

1 彭致．汤姆森学习出版集团 77.5 亿美元售出．中国新闻出版报,2007-07-13.

不明"的迷雾。有学者指出，在目前的资本主义金融体系下，"公司实际上被看成了金融实体，公司的管理层通过种种运作方式，比如回购股票、兼并收购重组、融资等手段，目的在于增加企业在股市上的身价"。[1] 法国维旺迪集团在 2002 年到 2004 年的短短两年时间中，仅对美国传媒业就进行了 5 次并购，涉及 500 多亿美元。其中包括以 340 亿美元收购加拿大西格拉姆公司，以 22 亿美元收购美国的霍顿·米夫林出版公司，以 3.72 亿美元收购美国在线音乐网站 MP3.com，以 103 亿美元收购美国电视网。在维旺迪集团总裁梅西耶的收购计划中，维旺迪将由一家法国水务公司转变为"无缝衔接的全球性全传媒集团"。但是，实际情况却与梅西耶的愿望相反，正如法国评论家多米尼克·普利翁指出的，"维旺迪环球公司成了金融控股公司，拥有一大堆和工业毫无联系的金融资产，为的是使股东持有的股票升值"。[2] 维旺迪集团从资本市场走向成功，同时又从资本市场走向崩溃。疯狂扩张与各种资产的整合不力、大肆收购导致的负债过高、社会预期过高与信用评级的降低以及财务丑闻，最终导致维旺迪的股票在 2002 年年初到 8 月份的半年多的时间下跌85%，公司市值由 2000 年的 1000 亿美元下降到 100 亿美元。2002 年 8 月 16 日，维旺迪发布新闻，继出售霍顿·米夫林出版公司后，将出售剩余的所有出版业的资产。出版企业试图寄居在"金融企业"中发展，维旺迪

1 唐润华.解密国际传媒集团.广州：南方日报出版社,2003.185.

2 多米尼克·普利翁.新资本主义的危机.参考信息,2002-07-26.

提供了很好的反例。"维旺迪事件"引起更多人们对大企业泡沫的深刻思考，炮制股市概念、热心资本运作而不重视实体经营的出版企业集团最终将自受其害。维旺迪此后不得不改变战略，停止继续扩张的步伐，由攻转守，集中精力发展公司在媒体和娱乐方面的业务。[1]

（4）迎接技术革命是出版集团发展壮大的重要机遇

从铅与火到声光电，每一次技术手段的变更都给出版产业带来过深刻的变化。对于今天的出版产业来说，互联网与数字化技术是面临的又一次技术革命。自 20 世纪 90 年代以来，出版产业在这一技术革命面前经历了"悲喜交加"的双重历程。2000 年左右，出版产业界曾经表现出普遍的"狂热"。时代华纳与美国在线两大集团采取了惊人的"世纪并购"。美国畅销书作家斯蒂芬·金的中篇小说《骑上子弹飞行》，在出版史上也第一次尝试了网络出版，而且效果惊人，两天内收费下载了 50 万册。但到了第三天，《骑上子弹飞行》网络出版的加密技术就被破解，网络上的盗版本几乎将正版彻底覆盖。[2]网络盗版无意中让人养成了"免费阅读"的习惯，2000 年左右网络泡沫的破灭又将时代华纳等众多传媒集团置于崩溃的边缘。这一轮狂热与悲惨给出版产业造成了沉痛教训，也让出版产业界开始理性思考：出版产业怎样才能将互联网、数字化有效地融合进来，或者出版产业如何有效地向数字化出版

1　肖连兵 . 从"维旺迪／环球事件"看大企业泡沫 . 光明日报 ,2002–07–19.

2　斯蒂芬·金恐怖小说出现网络盗版 . 联合早报 ,2000–05–04.

升级换代，仍然是未解的难题。

第二轮悲喜交加则是2008年的金融危机。在金融危机影响下，传统出版在世界范围内普遍下降，但电子图书在各国表现出很好的增长态势。国际出版巨头敏锐地发现这一态势，开始以更坚定的信心调整战略，关闭某些传统出版业务，向新兴产业进军。典型的例子是贝塔斯曼集团。2007年以来，贝塔斯曼集团关闭了旗下的直接集团在北美以及欧洲的读者俱乐部业务；2008年7月，又关闭了在中国已经经营13年的图书俱乐部，分布在全国18个大中城市的36家图书零售连锁店也一并停办。贝塔斯曼在中国的业务重心转向了增长强劲的新媒体业务。可以预见的是，新一轮的数字出版热潮将再次兴起。

十多年来，在互联网、数字出版方面收获明显的主要有两类集团。一类是专业性出版集团。它们借助于在专业领域的资源优势和权威地位，依赖于稳定的受众群体，在数字化转型方面取得了长足进展。如传统的传媒集团道琼斯集团旗下的《华尔街日报》、培生集团旗下的金融时报集团、麦格劳·希尔集团旗下的标准普尔指数公司以及里德·爱思唯尔所属的律商联讯等，已经从单纯的传媒企业变身为金融、财经信息服务企业，数字化信息服务为他们赢得了更多的客户。同样是以传统出版业务起家的爱思唯尔，在2007年转换经营模式，抛售了旗下以广告和会展为基础的传统传媒业务，集中发展增长更快的信息服务业务。汤姆森集团在2007年卖掉汤姆森学习集团、并购路透社后，已从传统出版商蜕变为数字出版商，其大部分收入都来自于电子产品和信息服务，其电子图书范围以法律、税收、财会、金融服务、科学研究以及健康保健等专业领域为主要方向。

另一类是从事出版物网络发行的以亚马逊为代表的企业集团。借助于网络的"海量存储"，亚马逊书店（amazon.com）可以提供 310 万册图书目录，比全球任何一家大型书店的存书要多 15 倍以上。其人均销售额达到 37.5 万美元，比全球最大的拥有 2.7 万名员工的巴诺书店（Barnes & Noble）要高出 3 倍以上，已经成为世界上销售量最大的书店。亚马逊对出版产业的贡献不仅在于超强的销售能力，而且还带给出版产业一种全新的理念。其理念的内涵分为三个方面：

（1）长尾理论。相对于全球出版业追求新书的现象，亚马逊则让人认识到出版物的读者实际上广泛而分散，每一种图书都存在着自己的读者，出版产业的任务是打造一个让合适的图书与合适的读者见面的平台。正是包括新书、旧书在内的海量书目，为亚马逊书店集聚了来自世界各地的读者。

（2）成本控制。控制成本对于传统出版产业来说也属常识，但传统出版产业的成本控制存在无法破解的难题，即传统出版物永远无法脱离纸张材料、印制过程、库存等物质性条件。因此，其成本控制必须建立于最低程度地满足这些物质条件的基础之上。亚马逊陈列电子书目、"看样订货"的功能，使其常备的库存图书只有 200 多种畅销书，数百万种的图书只是在读者订购后再向出版社下订单。亚马逊使用信息化技术所实行的按需印刷、Kingdle 电子阅读器等，则极大地提高了出版产业的成本控制能力。

（3）出版产业的核心既是内容，更是服务。读者是出版业的上帝。尽管我们都知道这一点，但对于我们的读者，我们又能真正了解多少？传统出版企业也经常会做一些问卷调查之类的活动，也大量采取一些营销活动去吸引读者的注意力，但读者在传统出版人那里的认识终究显得模糊。亚马逊网站对读者的吸引力，不仅是其庞大的出版物和各类商品，更重要的是通过网络技术平台清晰地勾勒出了读者的形象及其最准确的需求。亚马逊网站以"和读者互动学习"为服务读者的方针，通过对读者浏览、阅读、留言以及购买行为的记录和分析，了解客户的喜好、性格以及可能需求的图书，从而让客户流连忘返，成为忠实的用户。建立在科学分析之上的精准贴切服务，既抓住了读者，又为自己节省了库存成本。亚马逊销售的包括出版物在内的 3000 万种商品，库存周转天数不足 10 天。亚马逊在用户中的商誉也愈发卓越。2008 年美国《商业周刊》评出的 2008 年度全球商业品牌 100 强中，亚马逊名列第 58 位，品牌价值 64.34 亿美元，同比增长 19%。其销售额在 2008 年达到了 192.7 亿美元，市值也达到 300 多亿美元。这一市值是沃尔玛集团的 1/3，但沃尔玛做到这一步整整用了 40 多年。亚马逊公司从 1995 年创立至今，不过短短十几年。

第二节 我国出版集团的角色演变及战略开展

1. 我国出版业集团化建设的当前情势

相对于国外出版传媒集团一百多年的历史，我国出版传媒产业的集团化建设时间很短。出版传媒业集团化建设的经验、集团化建设中的资本运作、全球化时代下跨国经营的布局，我们都远远不足。但是，我们特有的社会主义市场经济体制、面对全球化竞争的高度危机感、服务于人民文化生活需求的高度责任感，又使得我国出版传媒产业的集团化建设在这十多年的时间里积累了丰富的内涵。

（1）宏观层面的危机感是集团化建设的重要推动力

我国出版传媒产业的集团化建设自 20 世纪 90 年代发轫到现在的全面铺开，党和国家的重大决策一直是最重要的推动力。这一重大战略决策，其实是建立在新的历史环境、历史起点以及严峻的现实危机感之上的。概括说来，主要表现在以下四个方面。

一是在新的历史起点上巩固并强化思想与文化宣传阵地。当今世界已经成了"地球村"，你中有我，我中有你，各国之间的相互依存自有人类历史以来从没有如此紧密。"蝴蝶效应"不仅发生在政治、经济领域，而且在人们的头脑和思想中也有明显的反映。因此，思想与文化阵地这一坚实的堡垒，正面临着极大的挑战。表面上看，国外出版集团在经济上秉持着现代企业的规范和市场竞争的逻辑，但从其文化产品所承载的内容和价值观来看，又绝对是本国意识形态的体现。我国出版业长久以来属于思想与文化宣传阵地，其受众范围主要是国内，主要针对中国人民。这与全球化所形成的新环境已经不相适应。面向全球受众宣传我国优秀文化、正确传达"中国声音"已经到了刻不容缓的地步，也应该成为我们思想与文化宣传的重要方向。这是新的历史环境对我国思想与宣传文化领域提出的历史要求。但要在国际场合中发出我们的声音，作为思想与文化宣传阵地的出版业首先要具备在国际舞台上发出声音的实力，出版企业的经济实力和国际竞争力是重要的基础和保证。党和国家正在全力推动的出版业集团化建设，便是打造有国际竞争力的思想与文化宣传阵地的战略举措之一。

二是文化软实力作为国际竞争新主题对出版业提出了新要求。近些年来，文化软实力作为提升一国综合实力的战略竞争手段，引起了我们的高度重视。二战以后世界总体上的和平环境，文化渗透在结束"冷战"格局中所起的作用，尤其是渗透了西方价值观、以好莱坞娱乐为代表的西方文化产业在全世界的普遍影响和经济获益能力，更让我们坚定了增强文化竞争力的信念。总结西方文化软实力的竞争手段，可以发现其基本上采取了三种途径：第一种是国家设置对外文化输出资金，对文化产品出口进行高额补贴，法国是这方面的典型例子；第二种是政府与民间共同设立基金会，通过向全世界文化机构进行直接资助的方式来宣传自己的价值观，美国民主基金会正是扮演着这样的角色；第三种便是从税收政策方面重点扶植本国的新闻出版传媒企业走出国门，进入其他的经济体或其他国家的市场。尤其是国际出版企业所肩负的价值观和文化传播意图更为隐蔽，而其遵从市场逻辑、貌似公正的"商业"特征更为明显，也更容易为其他国家所接受。借助国际出版企业提升"文化软实力"、传播价值观，已经成为国际间不言自明的事实。因此，我国出版业从国际出版巨头那里所遭受的不仅仅是经济压力和市场竞争压力，更有能否保持文化空间、生存空间的压力。出版业的企业集团化建设，正是要增强自身实力、发挥自身作为"文化软实力"重要组成部分的作用。

三是加入 WTO 以及我国文化市场对国外文化企业的不断加大放开，留给我国文化产业"温室成长"的期限已经越来越短。出版业对外资企业的分销设定、电影业对好莱坞大片的每年 20 部限制等等，无不给我国民族出版业和电影业的发展壮大安排了从"适应"到"学习"到"全面竞争"的合理步骤。但是，国外文化产业大举进军我国文化市场的潮流难以阻挡。2009 年 8 月 14 日，WTO 专家团即裁定我国文化产业的"限定"违反了 WTO 规定，美国人欢呼取得了"巨大的胜利"。出版企业做强做大的紧迫感真到了时不我待的地步。出版企业集团化建设，尽管一直采取"拉郎配"、行政捏合的方式，但这是我国出版产业能够自 20 世纪 90 年代末期以来唯一可用的办法，倘若靠出版企业自身去兼并、组建集团，可以说当时全国没有一家出版单位有足够的经济实力。出版企业集团自"拉郎配"起步有其充分的历史和现实的合理性，更有其前瞻性和战略性。出版企业集团化建设发展到今天，所强调的中心之所以落在"资本纽带""现代企业制度"，也正是因为"拉郎配"已经奠定了基础，为应对 WTO 做出了前瞻性的估计。

四是为了满足人民群众的文化需求，必须以最好的方式激发文化生产力。我国人口众多、市场广阔，世界公认。与此同时，阅读率偏低、人均文化产品消费水平低，文化产品的原创性不高、价值水平低，也是众所周知。造成这一结果的原因比较复杂，但出版单位没有成为真正的企业，人浮于事、"旱涝保收"、积极性不高，是重要原因之一。现实证明，没有市场性就没有创造性，没有竞争力就没有生产力。出版单位转制为企业，出版企业通过市场竞争优胜劣汰，是发展文化生产力的必由之路。出版企业集团化建设，意味着我国出版产业的巨大转型，意味着我国出版业体制的重要转变，也意味着我国文化生产力的极大释放。

（2）微观环境中的缺陷是集团化建设的重要突破点

出版企业集团化建设发展至今，应该说取得了丰硕的成果。除西藏外全国各地都建立了出版集团，地域分布相当广泛；出版集团的类别也多种多样，除了以图书为主体的出版集团，还包括众多的报业集团、期刊集团、电子出版物集团、网络出版物集团；资本类型也相当多样，既有纯粹国有的，也有民营与国有合资的出版集团，还有民营、外资与国有资本并存的发行集团，也有成为上市公司的出版集团。

不可否认的是，出版企业集团化建设，在微观环境中还会遭遇种种阻力，改革推进并非一帆风顺。这些阻力既表现在观念上，也表现在局部利益上，还表现在体制机制上。这些阻力以及产生这些阻力的根源正是集团化建设应该重点解决的难题。

一是我国的出版产业经济主要是内需性经济，国内市场仍有极大的空间。改革开放以来，我国经济持续增长的支柱性产业特征主要有两个方面。一方面是出口型经济特征，作出这方面贡献的有大型国有企业，更有数以万计的民营企业。正是南方各地的民营企业将价格低廉的"中国制造"推向了世界各地。我国雄厚的外汇储备，证明了我国经济这些年鲜明的出口型特征。但出版业在改革开放30年来的发展，出版实物出口无论从品种数量还是外汇收益方面都相当有限。可以说，出版产业这些年的经济增长，出口占据极低的比例，对国外市场的依存度几乎可以忽略不计。另一方面是投资型经济特征。无论是中央和地方财政投入还是外资利用，改革开放以来的投资中，基础设施建设占据相当高的比例。相比之下，出版产业的投资则非常有限。从这方面来说，改革开放30多年来我国经济的上述两大明显特征，在出版产业中体现得并不明显。相反，出版单位多年来主要靠国内市场来获取经济效益，主要依赖中文图书在全国重要城市的销售来盈利。因此，宏观环境的危机感并没有在微观领域中产生强烈的刺激作用。

二是我国出版产业进军国际市场存在语言上的先天障碍。语种、语言以及不同语言间的恰当翻译，是文化产品尤其是出版物能否在国际市场上流通的根本基础，也是其必须考虑的先天条件。某一语言能否在世界上被诸多国家广泛接受，又与该国的经济实力、国际地位和文化传统、国家价值观等密切相关。毋庸置疑，晚清乃至 20 世纪以来的中国仍处于由弱到强的上升阶段，但 20 世纪不能不说是属于"英语系"国家尤其是美国的世纪。"师夷长技以制夷"，20 世纪晚期以来，"英语"已经成为我国国内最为普及的外语；与此同时，在中国"和平崛起"的今天，汉语日渐成为众多国家所重视的国际语言，但距离"国际通用语言"的地位仍有很长的距离。我国出版物产品贸易和版权贸易之所以有持续多年的逆差，这与我国巨大的外汇储备不相称，与中文图书无法直接被国外读者广泛阅读有密切关系。与此同时，中文图书的外语翻译人才不足，现行教育体制中对翻译工作鼓励不够，更加剧了中文图书走向世界的难度。这种情况，再次导致微观领域中出版单位对国际市场的忽视，对宏观环境中的危机感缺乏真切的感受。

三是我国出版产业目前市场成熟度不高、图书出版进入门槛低的现实情况，导致对建立跨区域的大型出版集团缺乏普遍热忱。我国出版业格局一直以来属于区域板块状结构，每一省市自成体系，各个出版门类一应俱全大同小异；每一省市有固定的消费群体，不愁出版物的出路。全国范围内的市场竞争不够成熟，品牌差的出版单位、质量低劣的图书，也都有生存的空间，出版门槛很低。这些都使人误认为，出版业集团化建设缺乏足够的必要性。

四是迄今为止的出版企业集团化建设，行政色彩仍然浓郁，导致人们对出版集团心存质疑。迄今为止的大多数出版集团，大都由原"省局"管辖的出版社合并组成。出版集团虽然按照政、企分开了，肩负着对国有资产保值增值的重任，履行"管理"和"经营"国有资产的双重职能，但在实际运行中，不少出版集团的功能仍然主要体现在"管理"上，仍然体现在"行政"上。不仅出版集团和出版社的领导仍然实行之前的组织"任命"方式，与之前的"省局"功能差别不大，而且还因其第二个"婆婆"的角色一定程度上甚至抑制了出版社的生产积极性。这种与改革初衷相悖的状况，既反映出我们的集团化建设在体制改革方面还没有到位，也反映了出版集团这一代领导层的管理能力有待提高。

2. 我国出版业集团化建设的"三级变轨"

十多年来的出版集团化建设经历了三个阶段，这三个阶段又是螺旋上升、不断纠错也不断进步的"三级变轨"。三权统一、法人治理、资本运作，既分属"三级变轨"的主题，又共同转化为当前出版企业集团的核心支撑。

（1）以三权统一为目标的"法人联合体"出版集团

这是我国出版产业集团化建设的最初阶段，也是改革开放以来我国出版集团的起点。在这一阶段，党和国家将原来隶属于国家有关部门或"省局"的出版资源，以行政划转的方式，从国家有关部门或"省局"剥离出来，无偿划转给新组建的出版集团。

应该说，行政划拨方式充分体现了社会主义市场经济体制的优势，也以资本主义无法比拟的高效率，迅速启动了出版产业集团化建设的历史进程。刚刚组建的出版集团，所获得的授权中不仅包括出版资源这些基础性资源，更包括了"人事任免权、重大事项决策权、资产受益权"这些至为重要的权限，由此在政策和法理上对所属出版单位、重大事项直接管理。

落实并执行"三权统一"成为各个出版集团在这一时期要完成的首要任务之一。应该说，在出版集团组建、运行之初就落实"三权统一"，既无可厚非，也是必由之路。但问题也恰恰发生在这里。在实际运作中，出版集团发现，旗下各单位无论在出版业界还是在读者中间，比起新组建的集团更有影响力，也更具有经营市场的能力。是充分发挥出版单位品牌的优势、放权经营，还是塑造出版集团的品牌、统一经营，成了必须解决的难题。在这个问题上，一些出版集团，采取了不同的选择，作出了不同的尝试。比如上海世纪出版集团采取了取消下属单位法人资格的做法；中国出版集团则不仅保留出版单位的法人资格，而且鼓励成员单位发挥二级法人的作用、积极开展自主经营。两种方式的探索各自有其优势：前者，二级单位的积极性一定程度上被抑制，但全集团的整合程度较高；后者，保持了二级单位的创造活力，但也一定程度上抵消了集团统一经营的效能。

在各个出版集团分别探索内部建设不同形式的同时，在出版产业表面，"集团"的统一性还是相当明显的。最为明显的标志是在三大书展上，以前 500 多家出版社各形各色的面貌被彻底改观，各大出版集团分别携旗下出版单位组成庞大的阵营，以统一的集团标识，组成了我国出版业的各大方阵。统一的外部表象与"化学反应"不够的内部所造成的反差，成为这一时期出版集团的普遍性特征。

总体来说，这一时期的集团化建设显现出两个问题：一是从全国出版业整体来说，我国出版业自建国以来的块状分布依然延续，出版集团仍然按照省域进行分布，每一家集团都是"小而全"，集团与集团之间的差异性很小，从而导致一家集团在本省一家独大、各家集团完全有理由"老死不相往来"，出版产业在全国市场这一大平台上的竞争性不足。二是各家集团内部总体上呈现出"联合体"的特征。出版集团及其旗下的出版单位依然保留着事业单位性质，领导的"行政待遇"仍然存在，"三权统一"主要依靠行政命令，而不是依靠投资人的投资权去落实，以至于出版集团仅仅是个"法人联合体"。

（2）全面转企、以资本为纽带的企业型出版集团

这个阶段，出版集团的主题是"转制"，不仅集团所属成员出版单位由事业单位转变为企业，新成立的出版集团总部也要转变为企业，从而构成母子公司的现代企业。针对转制，国家采取了先试点然后全面铺开，先"省局"式的出版集团然后大学出版社、终至中央各部委出版单位的渐进式做法。新闻出版总署的"转制路线图"表明，到 2010 年年底我国所有出版单位，除了少数

公益性出版单位之外，全部转制为企业。这就意味着，我国已基本形成完全市场化的出版产业大市场，出版产业大市场上的所有竞争者都是现代企业（那些公益性出版单位因其事业性质并不参与市场竞争），出版从业者由以前的"事业人"和"干部"身份转变为聘用制度下的"企业人"和社会人身份。

　　各地纷纷成立的出版集团，是这一阶段"转制"的主力军。在实际操作中，针对转制中最为核心的两个问题，即员工身份转换和现代企业制度建立，不同的出版集团作出了不同的探索。比如，上海世纪出版集团在员工身份转换方面，即取得上海市委的政策支持，将一部分员工保留事业编制、纳入特设的事业性质机构，从事重大、公益性出版事业。辽宁出版集团则采取按照从业年限补偿一定资金的"买断制"，一次性购断员工的事业身份，全员转变为企业员工。在企业制度建立方面，辽宁出版集团公司自成立起，就开始建立董事会制度，所属成员单位成为子公司，子公司的领导成为董事会成员。母公司和子公司的形成，领导层和员工身份的全面转换，基本形成了以资本为纽带的企业型出版集团。

　　这一阶段的出版集团，最大的成果在于完成了内部企业制度的建立。尤其是分布各省的出版集团，将出版社、新华书店、印刷厂并入旗下，执行集团公司的统一规划，从而使出版集团由新生的"空壳化"管理机构一跃成为当地的利税大户、改革标兵和企业重镇。

与此同时，此一阶段的出版集团也遗留下两个问题。一是从全国出版产业来看，各地出版集团因为对本省出版产业链的资本控制和管理控制，从而形成了实力雄厚、生产力发达的区域市场；因为出版集团的权利上收和管理上收，区域市场之间的分割又变得日渐突出。二是出版集团在"转制"中需要解决诸多历史遗留难题，比如人员身份置换所需的各项补贴，为满足统一管理而在包括办公楼、信息化改造等在内的基础设施投入，为扩大发行而需要的物流基地建设等投入，使出版集团大都经历了资金严重不足的困难，一些出版集团甚至采取了杀鸡取卵、放弃出版主业的做法；人才流失更成为出版集团在转制期的普遍现象。尤其是转制资金的阵痛，在一定时期内影响了出版集团的正常运转，同时也促使出版人第一次深切地感受到了资本运作的切实需要。

（3）面向国内外出版产业市场的资本型出版企业集团

随着各项政策的陆续出台，比如肯定民营出版的正面作用，比如鼓励出版集团开展跨地区、跨行业、跨国界经营，鼓励出版集团股份制改造，鼓励出版集团上市融资……出版集团此前遗留的种种政策障碍开始逐步消解。新一轮的出版集团建设正按照现代企业制度的规范和市场竞争的逻辑大踏步前进。

四川文轩连锁股份有限公司在香港上市、辽宁出版集团和安徽出版集团在大陆上市，意味着出版集团的建设开始发生革命性变化。十多年前还"谈商色变"的出版业，今天已经成了资本市场上的弄潮儿。中国出版集团、江苏凤凰出版集团、湖南出版集团、江西出版集团等的上市计划也提上了日程。如果不是 2008 年全球"金融危机"的影响，我国出版产业中的上市集团将会更多。

以资本为纽带的"三跨"型经营运作也喷薄而出。中国出版集团两三年的时间里先后在伦敦、悉尼、巴黎、纽约、首尔、东京等众多国际都市建立了十几家海外出版公司和新华书店分店，初步完成了跨国经营的全球布局。2010 年，中国出版集团公司成功重组并购中国民主法制出版社和华文出版社。与此同时，在国内市场上，江西出版集团与中国和平出版社、吉林出版集团与中华工商联出版社完成国有资本的跨地域联合，江苏凤凰集团与北京共和联动完成国有与民营的资本合作，江苏发行集团与海南新华书店、四川文轩与贵州新华书店、辽宁出版集团与内蒙古新华书店跨省界合作，形成了更为广阔的区域出版发行市场。民营方面，卓越网与美国亚马逊，北京磨铁文化与风险投资商等也展开了深度的资本合作。这些都意味着，"资本"正成为我国出版业的重要元素，甚至将成为我国出版业发展的一支决定性力量。

在资本支持下，我国出版业集团化建设将拥有更为开阔的市场，既有的封闭型"省域市场"将被打破，竞争度也将加剧，既有的块状出版结构也将被冲破，一些弱小的出版社将在市场竞争中被淘汰出局，出版企业集团在全国范围内建立出版机构，某家出版集团"垂直向下"、将触觉延伸到全国各个地域的局面也将出现。开放性的市场、没有政策阻碍的全国布局，这正是出版企业集团能够真正做大做强的两个重要条件。

但是，出版企业集团发展到今天这个阶段仍然不够完美，有些问题还需要时间和实践来克服。第一个仍然是政企分开的问题，出版企业集团的国有性质，使出版集团的出资人仍然处于事实上的缺位状态，集团管理层作为组织任命的干部而非企业家的现状，仍有进一步改革的必要。第二是出版企业集团乃至整个出版产业的产品结构仍需要进一步优化和调整，教材和教辅在我国出版业的总体收入中占据着极高的比例，各家出版集团产品的差异性竞争仍然不足，最为严重的是各家出版集团作为市场竞争主体的内部产品线仍不甚明晰。第三则是随着资本对出版业的注入，一直"小门小户"的出版业有效利用资本，而又不被资本左右的经验相当缺乏。资本有自身的秉性，资本是一把双刃剑。对资本有效利用，可极大地增强出版企业集团的竞争力；利用不当，则有可能造成出版业的"虚高"，甚至有可能成为出版业的掘墓人。国际出版业中大量出版单位的生生死死，已经给我们留下了诸多教训。

3. 我国出版集团的战略定位

改革开放以来的我国出版业的集团化建设虽然只有十多年的历史，但却积累了丰富的历史经验。20世纪前半叶民族出版业的发展经验重新回到人们的记忆，新中国成立之初的临时性尝试被人们重新认识，国际出版企业集团的经验也不断冲击我们的神经……可以说，我国出版业的集团化建设正处于风云际会的重要时刻，一条继往开来、历史起点更高的出版产业集团化建设之路，正在我们脚下展开。

我们面临的一个根本问题是，在风云际会的历史时期，出版集团究竟该有怎样的定位？是坚持文化主轴、内容为王，继续"摸着石头过河"不断摸索？还是以"利益最大化"为目标，完全根据市场的竞争逻辑、随着市场的波动和商机的出现随时调整自己？抑或，能够把这两种选择结合起来？

（1）出版集团的基本战略定位：现代出版传媒企业集团

考察国际出版巨头的成功经验，尤其是根据全球一体化的市场形态和互联网带给人类的深刻变化，出版集团的恰当定位应该在于"出版传媒集团"：一个进行"全媒体"信息生产的企业集团。如此定位的理由主要在于以下两个方面。

一是国际出版巨头近些年来的大幅调整与自身塑造正是以"传媒集团"为目标。前文已经介绍，国际出版集团有四种类型，即工商业企业集团中的出版集团、传媒帝国中的出版企业集团、多媒产业链中的出版企业集团和专业性出版企业集团。前三类出版集团，尽管在全球范围的出版业市场中占据重要地位，但在其母集团中，这些出版集团的收益比重最高也就在 10% 左右。在其母集团中，这些出版集团所承担的使命，与其说是为母集团获取经济效益，不如说是为着完善母集团的产业链和价值链。相比之下，母集团更可以依靠的收入来源，是电影、电视、广播、网络等传媒集团。第四类集团中的典型代表如培生集团，尽管相对严格地定位在出版方面，但是培生的出版已经是"大出版"的概念，产业范围扩展到了报纸、电视节目、培训、网络等诸多方面。在英国，培生集团最著名的并非其出版业务，而是以《金融时报》为代表的报业和金融信息业务。国际出版集团历年的拆分和重组、出售和兼并，其实都是围绕着打造"全媒体"的传媒集团来进行的。

二是我国出版集团现有的出版结构为打造传媒集团奠定了一定的基础。在我国各大出版集团旗下，图书出版物普遍为传统支柱，但同时也都拥有音像制品和电子出版物的出版资质，还拥有报纸和期刊。比如中国出版集团拥有 30 多家各类出版社、49 家期刊和 3 份报纸。其中如《三联生活周刊》已经成为当今中国影响力最大的时事新闻类周刊之一，年广告、销售收入超过 8000多万元，年利润达到 2000 多万元，已然成为图书之外重要的出版支柱。应该说，当今出版集团内部不是缺乏媒体资源，而是长期以来重书轻刊，重纸介质出版轻音像、电子、数字出版，重传统出版轻影视和其他文化形态经营，对媒体资源不够重视，没有发挥媒体资源的优势。

与此同时，传统出版物获利能力低的事实业已表明，出版集团主要依靠原有的图书出版、仅仅定位在"图书出版集团"可以说已经难以发展了。因此，出版集团进军大众媒体，将自身的战略定位在"传媒集团"已经不可逆转。

不可否认，出版集团现有的图书、报纸、期刊等媒体资源，行业垄断性强，竞争优势明显，经营起来驾轻就熟；而在网络出版物和网络媒体的开发上，则还没有很成功的案例，出版集团完全依赖现有的媒体资源转型为传媒集团也不现实。但在今天，上市融资已成为普遍现象，愈加开放的政策正在全力拆除行业的边界，出版集团完全可以依靠政策和资金优势，与各地的电视台、影视制作公司、大众类报刊和产业链接近的网站结盟或兼并收购，从而快速成长为以出版为传统阵地、全媒体集聚的现代出版传媒企业集团。

（2）出版集团的三大战略定位

①战略定位之一：具有完整价值链的出版传媒企业集团

产业链和价值链是这些年出版企业集团化建设中的两个"热词"。其实，在新中国建立以来的出版业中，我们最注重的恰是产业链。从出版到发行的各个环节，我们都曾以计划经济的模式分别建立相应的单位，实行统一的计划性管理。夸张一点说，计划经济时代我们的出版业拥有世界上其他国家不可比拟的产业链。今日的各家出版集团基本上"整建制"地保留了这一链条，下辖单位有出版社、印刷厂、新华书店或自办发行机构。

然而，在全球经济一体化时代，尤其是在今天追求全球布局、专业分工的条件下，产业链的打造不必也不应该由一家出版集团完全承担，不同集团完全可以通过契约的方式组成更为平滑顺畅的产业链。目前，各地出版集团纷纷投入巨资大肆兴建自己的物流配送中心，其出发点自然是完善自身的产业链，但效果至少在目前看来不尽如人意。一方面，面积巨大、设施先进的配送中心，根本"吃不饱"，不仅造成大量浪费，而且更加剧了省域市场的壁垒，阻碍了全国统一大市场的形成；另一方面，大肆"圈地"不仅挤占了发展出版主业所需的资金，增大了出版集团的债务包袱，而且"土地增值"给出版集团带来的资产扩张，又夺走了出版集团的关注重点。不夸张地说，出版业集团化建设的这些年，出版业产值的增加并非来自出版物的销售或出版业的文化贡献，而主要来自土地增值、物流配送中心等基础设施的资金投入。这是一种本末倒置、经济泡沫化的行为。

价值链则是现代出版传媒集团应该着力打造的重点，也是现代出版传媒集团的重要内涵之一。专注于打造价值链，一方面可以更为专心集中地打造"原子型"文化产品的核心价值，增强其原创性和不可替代的特性；另一方面则扩大"原子型"文化产品在不同国家、不同市场、不同语种、不同媒体的传播，以几何级数增加"版权"的衍生价值。一套哈利·波特图书之所以使 J. 罗琳成为亿万富翁，使哈利·波特的相关衍生物市场达到 50 亿美元，其关键点即在于"版权"的价值链作用。

将价值链作为出版传媒集团的重要内涵，对全国整体出版市场的科学形成和健康竞争，也有极大的益处。价值链意味着各家出版集团形成自身的核心竞争力，意味着各家出版集团塑造自身鲜明的特色，意味着全国出版业中参与竞争的是精品型的、差异化的出版集团，而不是目前这种千篇一律、大同小异的相互重复。同时，价值链打造还能促使我国的不同产业真正实现以资本为纽带的联结或打通，能为出版集团引入真正的战略投资者。

②战略定位之二：资本性出版传媒企业集团

资本以及资本运作，对我国出版业来说属于饱受质疑的新概念。文化与"铜臭"无缘，这是传统文化赋予我们的古老观念，也是新中国建立以来出版业一直反对"与民争利"、强调"服务大众"的出版制度使然。将资本植入现代出版业，尤其是使之成为现代出版传媒集团的重要内涵，其实与我们的文化观念其实并不相悖。引入资本观念，强化资本运作，将出版集团定位在资本性的现代出版传媒集团，根本上是为了以更雄厚的实力、更多样化的手段、更优化的出版结构来繁荣出版业，服务我们的读者。

从实际情况来看，强化现代出版传媒集团的资本特征有两个严峻的现实前提，一是传统出版形式的再生产能力日渐萎缩，图书利润日益摊薄已经是不争的事实，单纯依靠出版图书来维持出版单位的再生产，已只能在低水平的层次上来运作。二是相对于传统出版来说，报刊影视以及网络等新媒体已经成为人们今天更为重要的文化消费平台，而且是实力更为雄厚的文化消费平台。旨在打造"全媒体"的现代出版传媒集团欲将这些媒体纳入旗下，甚至仅仅是发掘并壮大自身的媒体资源，所需资金亦非目前的出版集团所能承担。因此，引入资本观念，强化资本运作，是当前出版集团发展壮大的必由之路。

从国际出版集团的成功经验来看，企业间的兼并收购是国际出版集团迅速壮大的常用手段，也是最为有效的手段。今日享誉世界的哈珀 - 柯林斯出版集团，发展历程中最重要的转折在于

1990 年。在 1990 年之前，哈珀与柯林斯是互不相干的两家出版社。1990 年，默多克掌控下的新闻集团将哈珀购入，并与威廉·柯林斯出版社合并。经由这次整合并在新闻集团的资金支持下，哈珀－柯林斯出版集团的业务拓展到了美国、加拿大、英国和澳大利亚等世界各地。类似的成功例子举不胜举。究其根本，资本介入往往是其最为关键的助推剂。

在严峻的现实前提和国际出版巨头成功模式的双重刺激下，上市融资已经成为这几年我国出版集团的主题之一。不仅一些大型出版集团如此，一些小型出版社也将上市作为近期的规划。华中科技大学出版社不过是年销售收入 3000 万码洋的小型出版社，但该社也被整合进华中科技大学的"国有资产"管理部门，并入全校的经营性资产上市板块中，谋求上市。新闻出版总署提出打造"双百亿"超大型出版集团的概念，其潜台词也是鼓励出版集团走向上市之路。

③战略定位之三：跨国出版传媒企业集团

坦率地说，"走出国门"对目前我国的出版业来说，还主要是"政治任务"，尚未成为多数出版企业自身的内在要求。宏观层面的危机感与现实环境中的需求还没有融合在一起。前文已经提及，这里面有我国出版业不属于"出口型"经济、国内需求能够满足生存需求、语言文字的非世界性等众多因素。但对于着眼于长远发展的出版集团来说，其战略定位必须将"跨国性"纳入进来。

在当今全球经济一体化背景下，任何经济行业的"闭关锁国"都不太可能。国力强盛与"文化影响力"相辅相成。我国在WTO协议框架范围下，一直合理合法地对美国文化产品实行有限度地放开政策。但想完全将横扫全球的美国好莱坞大片，以及强势的音像制品和出版物阻挡在国门之外，为我国出版业留下完整的国内市场，根本不现实。事实上，国外出版集团已经进入了我国市场，并以种种出版形式展示出了强大的竞争力。这就逼迫我们的出版集团，必须增强自身的实力，尤其要知己知彼，强化自身的国际性适应能力，与国际出版集团展开竞争。

如果说这种竞争形势使我国出版集团不得不"走出国门"，庞大的国际市场对我们来说也是我们主动出击的理由。"版权增值"被证明是国际性出版集团的重要盈利来源。西方出版集团每年的收益计算方式，并不像我们仅仅按照产品类型来计算，而首先是以区域市场来计量。在其收入中，国际市场每年都给这些出版集团带来丰厚的收益。我们出版集团的收入主要还是国内市场，在国际市场上的收益尽管比重甚少，但往往也带来极大的惊喜。比如《于丹〈论语〉心得》的国际版权预付金就达到10万英镑。长篇小说《狼图腾》除了10万美元的版权预付金之外，其电影改编权也在运作出售。"跨国性"市场的互动，既带来巨大的经济收益，更能扩大出版品牌在国际上的影响力。

跨国性现代出版传媒集团的战略定位，还意味着体制机制的创新。长期以来，我国出版业与国际出版界也有很多交往，但这些交往主要停留在业务交流、实物出口、版权转让、项目合作、联合公司等常规业务上。现代出版传媒集团的"跨国性"定位，则意味着国外分公司的建立、国际化母子集团的权利管控、母集团管理层对外方人员的引入、母子集团双边国家的税收法律等制度性建构。

4. 我国出版集团的战略运营

（1）产品线建设：具有"固本强元"功用的战略支撑点

出版主业是任何一个出版企业集团安身立命的重要基础，也是开展战略运营的强大基石。产品线是大至一家出版集团小至一个出版社成为市场竞争主体的内在肌理，也是其挺拔出版主业的核心抓手。科学设置产品线，对当前出版集团的市场竞争主体塑造工作来说，具有以下重要意义。

第一，有助于出版集团按照特色化的原则明晰核心竞争力。目前的出版集团沿袭固有的"小而全"出版结构，各家面目模糊，不仅市场和读者无法辨析，即便是出版单位自身，对自己的出版结构也常常模棱两可。看看各家集团的网站，在对本集团出版状况的介绍中，无不包容了现有市场上的所有出版门类，而其真正有竞争力的产品线却无法明晰。相比之下，国际大型出版集团尽管"体魄"庞大、业务遍布全球，但每家集团的出版重点、特色个性我们往往耳熟能详，其关键点即在于它们设置了明确的产品线。

第二，有助于出版集团按照专业化的原则调整内部生产机构。

改革开放以来，我国出版业一直处于不断调整阶段，其鲜明标志是以前由政府规定的"专业分工"原则被打破，大多数出版社越来越开始实施综合性出版，教育类出版社在教材教辅之外大量推出社会科学类图书，社科类出版社也大量出版教辅类图书，甚至科技类出版社也不断推出历史、经济类图书，还有些出版社甚至不再有固定的出版方向，只要有畅销的可能，任何图书都愿意出版。市场混乱、无序竞争，与这种分工不清、方向不明的出版选择密切相关。目前的出版集团，旗下也不乏这样的出版社。科学设计产品线并按照产品线原则对集团旗下出版社划定出版方向，可以在"集团一盘棋"的思路之下发挥各家出版单位的合力。更重要的是，产品线完全可以成为集团关停并转或创办、调整某些出版单位的重要参照。比如中国出版集团公司的产品线设计中，将"儿童读物"作为一条产品线，由外国文学出版社改名并实体化运作的天天出版社，即专注于这条产品线的建设。

第三，有助于出版集团按照可持续的原则巩固市场竞争优势。产品线根本上执行的是可持续发展的精品战略，有助于巩固出版集团的优势，大力提高集团的市场占有率。畅销书和精品书是产品线的两大支点。精品书并非一日可以炼成，它基于出版单位的传统优势、读者认知度、作者忠诚度以及包括编辑人才、发行渠道等内在出版资源的长期积累，以精品书为基础的产品线等于是对出版单位进行"固本"。产品线同样要充分考虑畅销书，但产品线内的畅销书意味着"有所为有所不为"，并不是凡畅销即纳入进来，畅销书要与精品书、与整条产品线有深刻的关联，要有明显的市场带动作用，从这个角度来说，纳入产品线的畅销书又等于是对出版单位进行"强元"。中华书局的《于丹〈论语〉心得》与其传统优势中的"古籍整理出版"之间的关系，是最好的例证。在《于丹〈论语〉心得》之前，中华书局的《论语》《孙子兵法》尽管校点权威、出版质量高，但市场销量并不大，而同样沿袭中华文化经典脉络的《于丹〈论语〉心得》作为超级畅销书出现后，则极大地带动了中华书局在市场上的影响力和市场占有率。

此外，在出版集团的多元化经营和资本运营中，产品线依然作为战略发展的基本支点，具有"固本强元"的重要作用。多元化经营如何开展？上市融来的资金如何投入？投入点的选择是什么？这是出版集团在做强做大之路上必须考虑的问题。投入点选择不当，不仅仅是资源浪费的问题，还有可能因盲目投资造成集团整体崩溃的恶果。法国维旺迪集团在 2000 年四面出击，收购无数的公司，期望将维旺迪由一家法国水务公司转变为"无缝衔接的全球性全传媒集团"。这些收购最终因为无法产生"化学反应"、资金链断裂而宣告失败，不得不廉价出售旗下所有的出版资产，就是例子。

在我国一些上市的出版发行集团中，收购行为也已经发生，但其中也存在一些战略不明、产品重叠的缺憾。如辽宁出版集团投资路金波等领衔的"万榕""万邦"等民营公司，试图借助文艺类畅销书拉动集团的市场份额。但是，辽宁出版集团旗下的春风文艺出版社已经是文艺类畅销书市场上的"老品牌",辽宁出版集团对此视而不见,反而将"万榕""万邦"等公司出品的畅销书纳入到辽宁万卷出版公司旗下。同样类型的产品,同在一家集团旗下,万卷品牌与春风文艺出版社品牌如何共处?更何况,"万榕""万邦"的作者又曾是辽宁春风文艺出版社的作者,同一个作者经此一变花落他家,对春风文艺出版社宛如一次重创!相比之下,湖北长江出版集团收购"王迈迈英语"品牌则值得称道。"王迈迈英语"是一条包括图书音像等出版物以及培训在内的完整产业链。收购这条产业链将"补齐"长江出版集团的英语产品线。

总之,致力于建造产品线,以产品线的延伸和价值链的增值开发为选择,应该是出版集团战略运营的重要基础。

（2）引入战略投资者:"做强做大"的现实之路

引入战略投资者,已经成为当前出版业集团化建设中的公共议题。尽管在诸多出版人的观念中,出版业的低门槛、低投入和较高较快的收益回报,完全能够满足出版业的生存需求,但在既有的模式下不可能实现出版企业快速"做强做大"的目标,也被更多人所认知。在出版集团尚缺乏足够的实力成为战略投资者的现实境遇下,引入战略投资者,"借力打力"不失为一条现实之路。

问题在于,出版企业凭借什么能引入战略投资者?又该选择怎样的战略投资者?引入战略投资者,风险如何规避,益处又体现在哪里?

从对战略投资者的吸引力来说,出版集团有其特定的优势。

首先，出版业的政策屏障既是出版业对战略投资者最大的吸引力，又是保证出版集团在经济实力并不占优的情况下能够主动选择战略投资者的前提。出版业属于特种行业，在我国出版产业市场上又属于垄断性行业，这意味着我国广阔的市场以"基本封闭"的形态呈现在其他行业的资本和国外资本的面前，同时又对民族出版资本"完全开放"。极具潜力而又面向庞大的国内国际市场，这是出版集团能够吸引战略投资者的最大诱惑。其次，随着"双百亿"集团概念的提出，政府政策将尽力扶植超大型出版集团的出现，出版市场上的竞争者和参与者将面临着新一轮的优胜劣汰，一些超大型出版集团对全国出版市场的垄断性、影响力将愈发明显。打造"双百亿"集团的计划正处于起步阶段，为战略投资者的进入提供了很好的历史机遇。第三，经过转企改制的出版集团普遍将名称改为"出版传媒集团公司""出版传媒股份有限公司"，其意味在于两个方面，一方面将以出版为基础，融合影视、报纸、期刊、网络成为"全媒体"的出版传媒集团，各种媒体的政策和资本边界将被打通，其市场占有率和经济获利能力将出现跨越式增长；另一方面则表明"股份制"改造本身即为其他资本的介入提供了方便之门。

因此，当今出版业的发展态势表明，引入战略投资者，已经不是出版集团是否具有吸引力的问题，而将是出版集团面临众多资本时如何选择的问题。

从选择战略投资者来说，出版集团既要考虑能够不为资本所左右，坚守住出版业自身的思想与文化宣传阵地，又要考虑出版集团的战略定位和作为核心的价值链打造原则。具体来说，出版集团所要引入的战略投资者可从六个方面来选择。一是出版集团之间的战略互换。这是打破省域壁垒、形成全国统一有序竞争大市场的重要举措，也是以"互补"的方式达到出版资源的最大化利用。广阔的西部市场缺乏优秀的出版资源，而出版资源高度集中的北京、上海等地，就此可以向西部输出出版资源，"资源换市场"将为双方带来共赢。二是国内以银行为代表的金融类机构。对金融类机构而言，出版集团在获得战略投资的同时可以保证自主经营。三是影视报业等传媒机构。这些企业既可以带动出版集团既有的期刊报纸等资源，又可以通过"版权链接"的方式在各自平台上增值出版内容。事实上，图书与影视、动漫等的形式转换，已经出现多年，也大都实现了双赢。这些媒体联姻为进行战略投资提供了很好的基础。四是以中国移动为代表的垄断性国有信息类企业。这些资金雄厚的国有企业，在经营内容上与出版有内在的联系，可以增值开发并分享信息内容资源。五是吸引金融投资机构。如湖南传媒投资控股集团旗下的"中南传媒"即吸引了深圳达晨创投等5家战略投资者4.55亿元的资金，以谋求上市融资。六是国外出版传媒资本。国外出版传媒资本进入中国的心情已经迫不及待，阻挡这些资本进入的壁垒事实上已经摇摇欲坠。这是实力最为强大的资本，也是我国出版集团"走向世界"不得不借用的资本。这些资本所带来的并不仅仅是资金，还有先进的管理模式、全球性的销售网络、畅行欧美各国的国际标准以及西方的读者群体。在引入此类战略投资者时，我们必须有明确的限定，也必须有充分的准备。

当然，在积极引入战略投资者的同时，也要高度重视维护国家文化安全和意识形态安全。当前，国际政治经济形势日趋错综复杂，境外敌对势力并没有放弃其文化渗透和价值观输出策略，我国出版界依旧要保持高度警惕，在合理地利用各种战略投资的同时，切实牢牢地坚守住思想舆论的主阵地，把握好国际话语主动权。

（3）成为战略投资者：国际一流集团的重要起点

成为有能力的战略投资者，是我国出版企业集团的一个重大目标，也是我国出版企业集团成长为国际一流集团的重要起点。

按照产业经济理论，资本运营至少分为五种形式，即实业资本运营、产权资本运营、金融资本运营、无形资本运营和风险资本运营。实业资本运营是资本运营的初级形态，基本上是一种多元化的经营，这在我国出版业中已经存在多年，当前一些上市的出版发行集团所进行的房地产投资、基础设施建设都属于这一范畴。而其他四种资本方面的运营，则是出版集团成长为战略投资者需要重点考虑的资本运营形式。

国际出版集团在资本运营方面已经相当成熟。国际出版企业间大量的兼并重组，借助于股票市场这一平台，以相当简易的方式实现了产权和金融资本的运营。兼并重组也因此成为国际出版集团迅速壮大的惯用手段，比如培生集团就是通过不断地抛售、兼并等，才完成了旗下金融时报集团、培生教育和企鹅集团的三大布局。

相对来说，我国出版集团在战略投资中使用兼并重组手段的条件还不完全具备。一是我国出版集团之间共有的"上市＋股票"平台尚未完全形成；二是我国出版集团的产权改革并没有到位，国有出资人"缺位"的现象依然存在。

尽管如此，在现有条件下我国出版集团的战略投资已经切实开始，其战略投资形式也体现出明显的特色。概括说来，包括如下几种探索。一是母集团直接收购或者控股国有出版实体。比如，2010 年 2 月和 5 月，中国出版集团公司联合重组中国民主法制出版社和华文出版社。二是在保持国有控股的前提下，母集团与多元资本共同组成新的股份有限公司，利用多元化资本的股份公司进行战略投资。吉林出版集团有限公司投资中华工商联出版社即为这一形式。湖南出版投资控股集团旗下的中南出版传媒股份有限公司，在该公司上市之前，则通过私募形式吸引了湖南红马创业投资有限公司等 5 家公司出资 4.55 亿元，购买其非公开定向发行人民币普通股 1.98 亿股，从而以"中南传媒"的形式谋求上市。三是通过参股、换股等手段，既维护国有资产的保值增值，又向其他领域或者企业伸展自身的经营触角。中国出版集团与山东出版集团在 2008 年签署协议，双方约定在未来上市时相互持股 1 亿股。四是设立联合投资基金，不仅投资出版集团内部的优势项目和新的经济增长点，同时以"孵化器"的方式投资出版集团之外的利好项目。

所有的手段都是为目的服务的。出版企业集团要成为真正的战略投资者，最终的检验在于企业是否发展壮大，是否在国内市场上具有强大的影响力，是否具有与国际大型出版集团一争高下的竞争力。对我国出版业来说，至少有两个试金石：一是战略投资者的大规模资本运作，是否有助于建立起全国统一竞争有序的大市场；二是出版企业集团是否能在战略投资的循环过程中，经过"专业化""多元化"而重归专业化。要知道，正是在不断兼并重组、大规模的资本运作中，经过"专业化→多元化→专业化"的循环涤滤，才形成了今日国际一流的培生、贝塔斯曼、维亚康姆等出版传媒集团。

第四章　出版集团战略投资的准备工作及投资方向

第一节　战略投资的前期准备工作

战略投资是一项极具挑战性和风险性的决策行为，需要慎重对待。在决定进行投资以前，应当进行严谨细致的准备工作。最重要的有三项，分别是：确立出版集团的发展战略，对出版市场作出明确的判断，以及在此基础上细化战略投资方案。

1. 确立出版集团发展战略

战略投资的前提，是出版集团有一个科学的发展战略。无论在什么产业，参与竞争的企业一般都有其显性的或隐性的发展战略，以明确未来的发展目标及发展道路。迈克尔·波特（Michael E. Porter）在对美国众多公司进行观察后认为："一个企业的战略制定过程总能产生显著的效益，它保证职能部门至少在政策上（如果不是行动上）与一系列共同的目标相协调，并受这些目标的指导。"[1] 甚至有人将战略管理水平视为卓越管理的必备标准："卓越管理的标准在很大程度上取决于公司战略在多大程度上是经过精心制定的，并且在多大程度上得到了强有力的执行。忽视这些方面的标准，任何所谓的'卓越管理'都可能是毫无意义的。"[2]

出版集团发展战略的确定主要有以下几个步骤。

（1）明确出版集团的战略愿景

所谓愿景，是指由组织内部的成员所制订，借由团队讨论，获得组织一致的共识，形成大家愿意全力以赴的未来方向。一般而言，战略愿景是具有前瞻性或开创性的发展目标，是企业在一段时期内发展的指引方针。西方管理学者认为，许多杰出的企业都非常重视和强调企业愿景的重要性，因为唯有借助愿景，才能有效地培育与鼓舞组织内部所有人，激发个人潜能，激励员工竭尽所能，增加组织生产力，达到顾客满意度的目标。企业的愿景不只专属于企业负责人，企业内部每位成员都应参与沟通共识、构思制订愿景，透过制订愿景的过程，可使得愿景更有价值，企业更有竞争力。[3] 日本松下电器的创始人松下幸之助曾经讲到，中层经理一旦进入松下公司，就会被告知松下未来 20 年的愿景是什么。首先告诉他松下是一个有愿景的企业；其次，给这些人以信心；第三，使他们能够根据整个企业未来的发展，制定自己

1　迈克尔·波特.竞争战略.北京：华夏出版社，2005.1.

2　小阿瑟·A.汤普森、A.J.斯特里克兰三世.战略管理.北京：中国财政经济出版社，2005.4.

3　参见维基百科"企业愿景"条目。

的职场规划，使个人职场规划立足于企业的发展愿景。

明确出版集团的战略愿景，其实主要是回答这样几个问题：我们是谁？我们将向哪里去？我们将如何到达？我们将如何测量我们所取得的绩效？一般而言，战略愿景由三个要素组成[1]：

①提出使命陈述，具体说明企业目前正在开展哪些业务，反映出关于"我们是谁，我们做什么，以及我们现在正处于怎样的位置"的问题的实质。

②把使命陈述作为确定长期发展路径的基础，作出关于"我们将向哪里去"的决策，确定公司的战略路径。

③用清晰的、令人兴奋并且能够激发组织承诺的术语宣传集团的战略愿景。

比如，中国出版集团公司是这样表达其战略愿景的，可作为一个参考：

中国出版集团致力于为读者提供高品质的精神食粮，为分销商提供最丰富的文化产品，为出版单位提供最便捷的进出口服务、市场销售服务和信息咨询服务，为大众提供专业培训服务。

中国出版集团努力成为引领和促进中国出版产业发展的重要力量，成为建设和传播社会主义先进文化的重要阵地，成为开拓海外出版市场、推动中华文化"走出去"的重要渠道，

1 小阿瑟·A.汤普森、A.J.斯特里克兰三世.战略管理.北京：中国财政经济出版社，2005.

成为主业突出、经营多元、人才汇聚、实力雄厚，具有核心竞争力和特色企业文化，具有创新能力和可持续发展能力的现代大型国际出版传媒企业集团。

（2）确立出版集团的发展目标

制定发展战略的第二步，就是明确发展目标。清晰的发展目标有助于出版集团的快速发展。"如果一家公司的管理者在每一个关键的结果领域都建立目标体系，直接以实现这些既定的业绩结果目标为目标来采取适当的行动，领导公司奋力前进，那么，这样的公司就可以比另外一类公司取得更好的业绩——后一种公司的管理者往往仅仅有着良好的愿望，做过艰辛的努力，并希望获得最好的结果。"[1]

一个好的发展目标一般应具有如下特点。

一是可以量化，便于考核。在确定发展目标时，要尽量避免使用"提高市场占有率""提高重印再版率""有效降低成本""大幅增加销售码洋"等模糊表述，而要用具体的数字表示出来。

二是要有明确的实现期限。如果是长期规划，在实施过程中，要分阶段制定出实现的阶段目标。

三是要有适当的延伸力。一般来说，出版集团确定的目标体系应该是一种有"能够拓展公司的能力，使公司充分挖掘其潜力"的作用的工具。也就是说，出版集团在确立目标时，应当具有一

1　小阿瑟·A.汤普森、A.J.斯特里克兰三世.战略管理.北京：中国财政经济出版社，2005.39.

定的高度，具有挑战性，如此才能赋予集团及其战略以活力。通用电气公司的前 CEO 杰克·韦尔奇在这方面颇有心得，他认为具有延伸力的目标看起来似乎不可能实现，但可以给公司提出挑战，激励公司为完成这种目标而努力。在 20 世纪 60 ～ 80 年代，通用电气公司的营业利润率一直在 10% 左右，而平均存货周转率大约为每年 5 次。1991 年，韦尔奇为公司 1995 年制定的延伸拉力型目标为 16% 的营业利润率和 10 次的存货周转率。1995 年，韦尔奇在写给股东的信中说：

> 1995 年又过去了，虽然我们的 22 万名职员作出了巨大的努力，但我们还是没有如期完成下述两个目标——营业利润率达到 14.4% 以及每年 7 次的存货周转率。但在过去的 5 年中，在我们竭尽全力完成这两个"不可能"的目标的过程中，我们学会了如何以更快的速度做事，而不是追随那种"能够做到"的目标。我们现在很有信心为 1998 年确定至少 18% 的营业利润率和高于 10 次的存货周转率目标。[1]

（3）制定出版集团的战略规划

在市场分析的基础上，通过上述两个步骤，出版集团领导层接下来要考虑的，就是制定明确的发展战略规划。在大型集团中，战略一般分为四个层面：整个公司和所有业务的战略（公司战略）；

1　小阿瑟·A. 汤普森、A. J. 斯特里克兰三世. 战略管理. 北京：中国财政经济出版社，2005.44.

公司多元化业务中各个业务领域内的战略（业务战略）；各个业务领域中各个职能单元的战略（职能战略）以及生产企业、销售地区以及职能领域内各个部门的战略（经营运作战略）。一般情况下，出版集团总部负责制定公司战略，并对所属单位进行战略管理。

就出版集团而言，其公司战略一般都是多元化的，涉及整个集团的所有业务范围。但在具体的战略制定过程中，首先，必须判断集团应在各个业务领域分别确立什么样的市场地位，是以一个领域为主，还是多元并重；是以并购的方式，还是以白手起家的方式介入新领域等等，都是制定战略规划必须考虑到的问题。其次，战略规划要提出适当的战略行动，以提升集团在各个业务领域的经营业绩。主要方式有以下几种：一是提供资金支持，提高某业务领域核心公司的生产能力，提高其生产效率；二是对所属公司进行改造，提高其管理水平；三是通过并购某一业务领域的公司，并将其与集团内相关公司重组，提高新公司的竞争能力和竞争优势，等等。再次，出版集团还要通过某种方式，实现有意义的跨业务的战略协同效应，并将其转化为竞争优势。以亚马逊公司为例，当其进入 CD 销售领域和在线拍卖业务的时候，其战略协同效应就开始显现：(1)将公司在在线图书销售方面所拥有的经验和专业知识转移到在线音乐销售领域；(2)利用已有的分销设施和订单完成图书和 CD 的配送服务（分摊了设施的固定投资，降低了成本）；(3)充分发挥亚马逊这一品牌的作用；(4)为亚马逊网站日后拓展其产品线并发展成一个面向在线购买者的"一站式"购物网站奠定基础。[1]最后，出版集团还要确定公司投资的优先序列，对公司的优势资源进行整合，将其导向最有吸引力、最有发展前景的业务单元。在完成公司战略制定工作的同时，出版集团公司还要对所属单位进行战略管理，此处不再赘述。

2. 明确判断出版市场

如前所述，出版集团的战略投资要紧紧围绕集团的战略规划来进行。在集团战略规划出台后，出版集团的战略投资管理人员除了对规划进行认真研读外，还应对出版市场及其他拟进入的市场进行分析，对其发展趋势作出明确判断，以保证战略投资的收益。

在实质上，出版集团的战略规划就是将该集团与其所处的环境建立联系。虽然相关环境范围很大，包含政治、经济、社会等诸多要素，但对具体的出版集团而言，其所关注的企业环境的关键部分不外该集团投入竞争的一个或几个产业，如图书出版、印刷、报纸、分销或旅游、教育等等，一般而言，其中以出版市场最为重要。

经典竞争理论学家一般认为，产业结构强烈地影响着竞争规则的确立，以及潜在的可供公司选择的战略。产业的外部力量主要在相对意义上有显著作用，毕竟这些外部作用力对产业内的所

1　该案例来自小阿瑟·A.汤普森、A.J.斯特里克兰三世.战略管理.北京：中国财政经济出版社，2005.50—51.

有企业有着大致相同的影响。迈克尔·波特认为，一个产业内部的竞争状态取决于五种基本竞争作用力（competitive force），即进入威胁、替代威胁、客户价格谈判能力、供应商价格谈判能力和现有竞争对手的竞争。他认为："一个企业的竞争战略目标在于使公司在产业内部处于最佳定位，保卫自己，抗击五种竞争作用力，或根据自己的意愿来影响这五种竞争作用力。"通过对这五种竞争作用力的深入分析，"可使公司的关键优势与劣势突出地显露出来，使公司生机盎然地在其产业中定位，使战略变革可能产生最大回报的领域清晰化，并且使产业发展趋势中最具有机遇和危险的领域显露出来"[1]，因此，我们可以把迈克尔·波特的行业结构分析模型——以上述五种竞争作用力的分析为主要内容的产业市场分析，视为战略投资的基石。

相对其他市场而言，出版市场的五种竞争作用力具有如下几个特点。

（1）进入与退出壁垒高

进入壁垒指产业内现有企业对于潜在进入者和刚刚进入这个产业的新企业所具有的某种优势的程度。进入壁垒具有保护产业内已有企业的作用，也是潜在进入者成为现实进入者时必须首先克服的困难。芝加哥大学经济学家施蒂格勒（George Joseph Stigler）认为，进入壁垒可以理解为打算进入某一产业的企业而非已进入企业所必须承担的一种额外的生产成本。进入壁垒的高

1 迈克尔·波特. 竞争战略. 北京：华夏出版社，2005.3—4.

低，既反映了市场内已有企业优势的大小，也反映了新进入企业所遇障碍的大小。可以说，进入壁垒的高低是影响该行业市场垄断和竞争关系的一个重要因素，同时也是对市场结构的直接反映。[1]

就我国出版业而言，我国出版单位的数量长期保持较为稳定的水平，出版单位的设立要经过主管部门的审批，民营资本与外资在国内设立新的出版机构困难很大，同时书号、刊号、版号的使用方面也有较多限制，这就造成了出版产业的进入壁垒较高。较高的进入壁垒对既有的出版企业而言就像一堵防火墙，阻止了外部力量参与竞争。但随着出版体制机制改革力度的加大，出版产业的进入壁垒也有逐渐降低的趋势。

退出壁垒指现有企业在市场前景不好、企业业绩不佳时意欲退出该产业（市场）时所必须承担的退出成本。一般而言，最理想的是产业的进入壁垒较高而退出壁垒较低，这种情况下，新进入者将受到抵制，而在本行业经营不成功的企业会离开本行业。最不利的是进入壁垒低而退出壁垒高，这种情况下，当本行业景气时，众多企业纷纷进入、参与竞争，导致利润率降低；当本行业不景气时，过剩的生产能力仍然留在行业内，导致多数企业因竞争不利而陷入困境。

退出壁垒的形成原因是多方面的，如固定成本、埋没成本、解雇费用、政策法规因素等。我国出版产业的退出壁垒主要是由于政策法规因素造成的。由于我国出版产业的条块分割比较严重，

---

[1] 参见维基百科"进入壁垒"条目.

传统的计划经济体制色彩比较浓厚，因而长期以来基本没有建立起以市场规律为基本准绳、以优胜劣汰为基本特征的市场退出机制，政府也没有采取过于刚性的政策调控措施，不少经营不善、亏损较大、只有几个人的报纸或者杂志往往在激烈的市场竞争中也能靠各种巧立名目的出版资源合作方式苟活下去。当然，随着出版体制改革不断深化，这一情况已经有所变化。2010 年，已经有一部分双效很差、亏损严重、资不抵债的报纸、期刊和音像出版单位被新闻出版总署下令停办注销，永久退出出版市场。

（2）替代产品威胁大

从产业层面来讲，几乎所有的出版单位都面临来自替代产品的威胁，都必须与生产替代产品的公司竞争。一般而言，替代产品设定了出版单位可谋取利润的定价上限，从而限制了出版产业的潜在收益。如果没有来自电视、电影、网络、DVD 等媒介的冲击和竞争，出版业的利润规模要远远大于现有规模。目前而言，对出版产业威胁最大的替代品是电子图书、电子报刊及手机类内容产品等等。从现在的发展趋势看，数字出版物比纸质出版物所提供的服务更加迅速便捷，而且也逐渐呈现出性价比上的优势。随着网络阅读和数字阅读成为一种文化消费习惯，数字出版所占据的市场份额越来越大，读者群体也越来越广泛，传统的纸质出版物的单品种销量不仅会大幅下降，整体的市场规模也会受到严重削弱。中国出版科学研究所发布的国民阅读调查结果表明，21 世纪以来，国民纸质阅读率已经连年不断下降，而网络阅读和数字阅读率在逐年大幅攀升。尽管数字出版物目前还是传统出版物的一种补充或者替代，但由于当前数字出版运营商大部分不是传统出版商，数字出版的市场利润也就难以被传统的出版商或出版集团所分享。面对这种威胁，出版集团应当及早启动相应的数字出版战略，通过战略投资开发新的产品和服务。

（3）客户及供应商议价能力强

对于出版业而言，读者的议价能力是很强的，这是因为出版物一般属于人类的精神需求，与物质产品相比，人类对精神产品的需求是富有弹性的，并且读者的客户转换成本很低（这是因为国内相同或相似的出版物大量存在，即重复出版严重）。出版单位的供应商，如造纸企业的议价能力也是很强的，这是因为供货商产品（如纸张）是出版业的主要投入品，并且每一出版集团的纸张采购量在纸张企业的全部产品中所占份额并不很大。客户及供应商较强的议价能力，使得出版企业的利润空间较为有限。

（4）产品竞争日益激烈

就目前的国内出版市场来看，由于垄断型或者寡头型的出版企业还没有出现，市场集中度仍然偏低，产品同质化程度高，这就导致国内大多数出版单位都要在同一个水平线上面临较为强烈的市场竞争。例如，由于教育出版占据了我国出版市场的较大利润，目前全国580家出版社中90%的出版社都进入了教育出版市场，力争从中分获一杯羹；200多家出版社在大众出版市场如社科图书、文艺图书方面展开了激烈的肉搏战和白刃战。较大的竞争强度使得出版集团的战略投资方向及投资策略显得尤为重要。

以上几个方面的特点只是就整体的出版市场而言，对于具体的出版细分市场或出版产业之外的其他市场的分析，需要根据具体情况来进行调研和分析。

3. 细化战略投资方案

在集团的战略规划制定以后，经过对战略规划的认真研读以及对出版市场等相关市场的研究，下一步的重要工作就是细化战略投资方案。

战略投资方案不仅涉及战略投资方向和对象的遴选，涉及战略投资方式的选择和组合，也涉及战略投资的执行保障措施。战略投资方向的确定将在下一节详谈，此处着重说明在细化战略投资方案时需要注意的两个问题。

第一，要注重细节。古人云：天下难事必作于易，天下大事必作于细。由此可见，在很多时候，特别是关键时刻，细节决定成败。战略投资方案虽然是宏观性和全局性极强的决策，但也需要周详地考虑到各种关键细节和重要局部。往往很多时候，就是因为 1% 的努力没有做好，99% 的功夫都白费。

第二，要注重战略投资方案的执行保障措施。战略投资方案是一个美好蓝图，但如果失去了强有力的执行保障措施，它就成为一张白纸。有时候，战略投资方案制定得非常完备周全，非常符合战略决策的实际情况，也经过反复权衡论证，具有很强的科学性和严谨性，但是如果对战略投资的执行保障措施制定得不够细致，仍然会导致在实践中出现比较大的偏差。执行保障措施主要涉及相关人、财、物、责、权、利的合理配置，要让事事有人负责、全程有人跟踪反馈。

第二节　战略投资的主要方向

战略投资的方向建立在对企业战略的深刻领悟与认真研读之上，战略投资要与企业发展战略相吻合，要能够推动、促进企业发展战略的最终实现。就中国的出版集团而言，战略投资的主要方向或曰主要目的有三个，那就是：对原有的管理模式进行改造，以使其融入市场经济，获取竞争优势；根据发展战略，通过战略投资确立企业发展的新模式；推动和促进发展战略的实施。

1. 管理模式的改造

战略投资的方向之一，是对出版集团现有的管理模式进行科学改造，使之符合社会主义市场经济发展规律和出版发展规律，实现出版集团的集约化经营与高效管理。我国国有企业长期以来形成的行政化的管理模式，以及出版集团与其他企业集团相比更加刻板的管理方式，都使得管理模式的改造成为战略投资中需要解决的突出问题。

我国的出版集团大都是行政捏合的产物，因此在管理模式及运行机制上存在着天然的不足，与国际上通过市场竞争形成的企业集团有着明显的区别。我国出版集团的经营决策权的分配和实施目前主要有两种实现方式：一种是设立出版集团管理委员会[1]，统一负责出版集团公司层面的经营决策权，并负责监控各成员企业的经营；另一种方式是由集团公司的经营管理机构代行集团层面的决策和监管权，负责所有集团层面的内部管理事宜。不论采取何种形式，我国出版集团目前的管理模式都普遍存在以下几个方面的问题。

（1）出版集团的自主化经营管理能力有待进一步提高

国家通过相关出版管理机构来实现其所有权职能，政府是出版集团的实际所有者和实际支配者，而出版集团仅仅是国有资产的使用者、经营者，没有独立支配国有资产的权利。虽然目前我国的出版集团已经通过上级文件获取了行使出资人权利的委托，但相关管理部门往往又对出版集团提出许多非经济性的目标；虽然在公司制度上已经明确，应由出版集团法定代表人来行使选择高层经理人员、制定重大决策、收取资本收益等职权，但实际上的人事任免、资本金管理、收益分配、劳动工资等所有者的控制权被分割在不同的党和政府部门，由其分别管理。也就是说，虽然法理上，出版集团公司与其子公司之间的出资人权利关系已基本理顺，但政府部门与出版集团公司之间的出资人关系尚未理顺，

1　集团管理委员会是企业集团实现内部管理的最高议事决策机构，其功能定位主要集中在协商议事和集团决策。至于在我国出版集团的实践中，到底应该给管理委员会赋予多大的职权，在不同的出版集团差别很大。有的集团管委会仅仅起一个协商议事或协调的作用，而决策的职能几乎没有，把集团的决策功能主要交给了集团公司的董事会；而有的集团管委会的职能较多，职权较大。参见张文彬.企业集团化管理问题研究.对外经济贸易大学硕士学位论文.2006.33.

其治理机制主要表现为典型的"外部人控制"模式[1]（见图 4-1）。

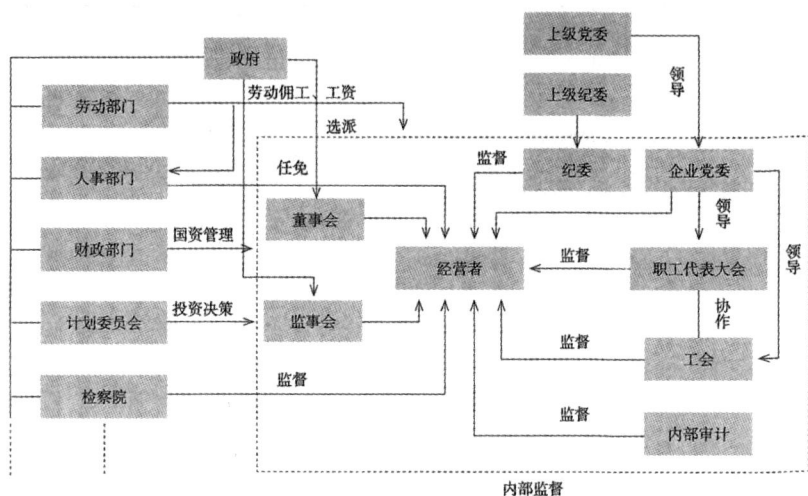

图 4-1　传统的国有企业集团治理模式

（2）出版职业经理人市场有待进一步培育

迄今为止，我国出版集团的管理层仍由上级组织人事部门任免，带有明显的行政管理色彩，尚未形成独立的职业经理人阶层。职业的出版经理人市场因此尚不成熟，国内出版集团管理与经营人才十分缺乏。"对 30 家试点企业的调查表明，虽然《公司法》规定公司总经理的聘任或解聘由公司董事会决定，公司的副总经理的聘任或解聘由公司总经理提名、董事会决定，但在 30 家试点企业中，由董事会起决定作用而产生的总经理占 30%，由政府或主管部门起主导作用产生的总经理占 70 %，公司副总经理的

1　彭正新 . 中国国有企业集团治理机制研究 . 重庆大学博士学位论文 .2003.73.

产生由主管部门起主导作用的占 26.6%。在这些试点企业中，有 57.7% 的公司总经理保留有行政级别。"[1]

（3）出版集团内耗[2]比较严重

由于我国国有企业集团特殊的组建方式，导致母子公司之间在企业文化、管理方式、产权关系、组织架构等诸方面存在很多问题，由此产生大量内耗，严重影响了企业集团生产管理的效率，违背了企业集团组建的初衷。国有企业集团的这一普遍弊病在我国出版集团中同样存在。内耗产生的原因是多方面的，其中有个人素质的因素，又有整体结构的因素，还有外部环境的因素。张维迎等学者指出，我国国有企业内耗的成因主要有四个方面：一是产权安排，企业组织成为政治组织的变形，员工的大部分精力耗费于权力争斗而非生产活动；二是治理结构，领导班子成员都由上级机关任命，互不服气、互不买账；三是权力系统，员工从

---

[1] 彭正新.中国国有企业集团治理机制研究.重庆大学博士学位论文.2003.74.。

[2] 内耗原是一物理学名词。《辞海》对内耗的解释是："内耗亦称'消振'。固体内的振动，即使去除外部摩擦和损耗，其振幅亦随时间而减小，这是因为振动能量转化为热能而消失，这种能量消耗的效应称为'内耗'"。在物理学中，内耗是指机器或其他装置本身所消耗的没有对外做功的能量。从社会学的角度来说，内耗是从物理学借鉴引入的：它是指事物处于某种无序或不协调状态下，其系统内各组成部分之间的作用相互抑制、相互阻碍、相互冲突，从而使各种有效力量相互抵消的现象。换言之，内耗是一种无组织力量，它瓦解事物的内部结构、削弱事物的外部功能，破坏事物的进化发展。由于社会生活中的内耗现象随处可见，所以它可以理解为事物存在和运动的一种普遍性。内耗是企业中普遍存在的一种现象，是指由于企业中个体或各部分之间的作用相互干扰、相互冲突、相互抑制，从而使企业各种资源、力量产生相互削弱和相互抵消，从而降低了企业的整体运行效果，消耗了企业的内部资源的一种现象。参见孙玉麟.国有大型企业集团管理系统内耗分析及治理研究.天津大学博士学位论文.2006.

忠诚组织转变为忠诚个人，企业组织被无形割裂；四是监管体系，互相扯皮、无人负责、人浮于事。[1]

出版集团要实现可持续发展，就必须解决以上问题。通过战略投资，出版集团应尽快建立完善国有资产出资人管理制度，理顺企业内部管理关系，提高企业生产效率。

出资人管理模式的重要组织模式是母子公司体制。母公司是指拥有另一公司一定比例以上的股份或通过协议方式能够对另一公司实行实际控制的公司。子公司是指一定比例以上的股份被另一公司所拥有或通过协议方式受到另一公司实际控制的公司。子公司具有法人资格，可以独立承担民事责任。企业集团出资人作为母公司对子公司取得控股权的方法：一是直接或间接拥有另一个公司 50% 以上的股权；二是通过订立某些特殊契约或协议而使某一公司处于另一公司的支配之下。我国出版集团的母子公司关系的建立，主要是通过行政命令完成的，母公司即出版集团公司对所属企业拥有绝对控股权。

出版集团的出资人管理模式可以大致分为三大类：财务型管理模式、战略型管理模式与操作型管理模式。[2]

(1)财务型管理模式下，出版集团总部不从事具体业务运作，主要追求在特定业务领域内的投资回报最大化，下属各业务单元具有独立法人资格，所从事的产业一般关联度不大，各自开展自

1　孙玉麟. 国有大型企业集团管理系统内耗分析及治理研究. 天津大学博士学位论文.2006.

2　方栋良. 大型企业集团出资人管理模式研究. 中国石油大学硕士学位论文.2006.12—15.

己的业务，并负责实现资本回报率最大化及具体的业务经营。

(2)战略型管理模式下，出版集团按各业务板块的划分设立业务单元，每个业务单元大多是相对独立的法人，业务单元之间在横向和纵向产业链上有一定的关联度，集团大多是这些法人的控股或相对控股股东，对下属的子公司具有较强的控制作用，这些独立法人大多在总部的管控下运营，追求各自业务利润最大化。

(3)操作型管理模式下，出版集团总部一方面是出资人，另一方面又将具体负责公司各业务单元的运作和决策，下属的业务单元大多是独资、合并全资和绝对控股子公司，出资人对它们具有绝对的控制力，业务管理的重心在总部。所属法人以执行总部决策为主。

国内的出版集团在管理模式上大致可以分属上述 3 种类型，但又不单纯采用某一管理模式，毕竟这 3 种模式各有其利弊。出版集团在实践中，还需要不断探索，找到适合自身管理的最佳模式。不论采取何种管理模式，都要致力于解决如下几个问题：一是在战略管理上实现战略协同效应；二是在人事管理上制定系统规范的人事管理制度；三是加强对所属企业的财务管理和监督；四是加强对所属企业的激励和约束；五是建立企业内部高效可靠的信息平台；六是提高所属企业的核心竞争力。

解决上述问题后，作为母公司的出版集团公司应努力在整个出版集团中发挥如下功能、成为 10 个中心。[1]

①战略决策中心

集团公司应负责制定企业集团统一的发展战略和统一的中、长期发展规划，并对其子公司、参股企业有关人事、经营、财务和投资以及产品开发等方面的重大决策提出意见，对其分公司及无法人地位的下属工厂行使经营决策权。

②投资中心

集团公司应该对集团内部的重大投资具有建议、指导、监督、咨询的权利，使之符合企业集团的战略意图和目标。同时，应该增强集团公司的筹资能力，使之具备强大的资金实力，能够有效主导集团内部的重大投资方向。

③产品开发与技术创新中心

集团公司应该自觉地担当起企业集团产品开发与技术创新中心的重任，一方面主动承担一些关系集团未来发展的基础性、长期性研究开发项目，另一方面统一协调、指导、监控其他成员企业的技术产品研发，充分发挥企业集团整体研发能力，达到"1+1>2"的效果。

④财务结算中心

集团公司应该承担企业集团的资金计划、资金筹措、资金调节和资金管理职能。负责制定企业集团的年度财务预算、决算方

1　参考国家经贸委企业研究中心课题组.我国企业集团管理体制的探讨.中国工业经济,1999,（5）；张文彬.企业集团化管理问题研究.对外经济贸易大学硕士学位论文.2006.

案及盈余分配方案，并以剩余收益的大小考核其子公司、参股企业的经营业绩。编制企业集团的合并财务报表，合并财务报表以企业集团为会计主体，综合反映企业集团财务状况和经营成果。

⑤资产或资本经营中心

集团公司应负责调整企业集团的投资结构，重组、优化企业集团的存量资产，提高集团资产整体收益。

⑥经营监控调节中心

集团公司应以资产利润率或资本利润率为中心，建立起企业集团内部的经营监控调节系统。建立相应的企业效益评价指标体系，以确保资产或资本的保值与增值。

⑦服务中心

集团公司应根据企业集团章程的规定，为集团成员提供资金、技术、人才、管理、信息及市场采购与销售等方面的服务。

⑧市场研究与开拓中心

集团公司应负责制定整体统一的市场开拓计划和市场营销策略，便于在主攻市场领域具有核心竞争力；同时又善于结合集团各成员单位实际，在同一细分市场上注意保持战术协同，避免集团内部在同一板块上各自为战、恶性竞争。

⑨管理协调中心

集团公司应该利用其自身的核心地位，充分行使它在集团成员企业之间的宏观协调职能，妥善处置各种人、财、物等资源，协调好各方利益关系，为企业集团的发展营造一个良好的企业内部环境。

⑩法律与公共关系中心

虽然企业集团各成员企业都是独立法人，具备独立的民事法律资格，但是集团公司是集团的核心，对外代表企业集团，必须自觉承担起法律咨询与服务的责任，避免企业集团受到各类法律事务损害。在公共关系方面，集团公司应统一协调、管理企业集团对外公共事务，帮助其他成员企业处理好公共事务，努力在社会公众中树立起本集团良好的企业形象，提高集团的知名度和美誉度。

目前，我国出版集团已注意到出资人管理模式的建立，并积极探索，作出了许多富有启发意义的尝试。如中国出版集团公司在管理实践与战略规划中，就把出资人管理模式的建立当作重要任务之一。集团对下属成员单位进行了比较科学的定位：中国出版集团公司是集团的战略中心、管理中心和资产中心，下属成员单位是产品的研发中心、经营中心和利润中心。三个中心对三个中心的做法，比较符合中国出版集团公司的实际，也有利于按照完善法人治理结构和现代企业制度的要求实施管理。当然，管理科学的要求不是一朝一夕的事情，是一个长期的过程。除此之外，战略投资还应解决企业内部组织结构的改造、企业文化的建设、优势资源的重组等等，在此不再赘述。

2. 发展模式的确立

战略投资的第二个重点方向，是出版集团发展模式的确立。

由于我国出版集团特殊的形成过程，多数出版集团迄今为止尚未形成明确的发展模式，不论是在集团公司层面还是在整个集团内部，都还缺乏科学、明晰的发展模式。加之我国出版业目前面临信息技术与国外资本的双重挑战，发展模式的确立无疑成为战略投资的重点之一。

从当下看，出版集团主要的发展模式有规模经济、范围经济、一体化、多元化、数字化等几大类，下面分而述之。

（1）规模经济与范围经济[1]

规模经济是指由于生产专业化水平的提高等原因，使企业的单位成本下降，从而形成企业的长期平均成本随着产量的增加而递减的经济。范围经济是指由厂商的范围而非规模带来的经济，也即当同时生产两种产品的费用低于分别生产每种产品的费用时所存在的状况。只要把两种或更多的产品合并在一起生产比分开来生产的成本要低，就会存在范围经济。就单品种的出版物而言，出版是遵循规模经济规律的；但从整个出版业来看，范围经济似乎更符合出版产业的特征。钱德勒（Alfred D. Chandler, JR.）在《企业规模经济与范围经济：工业资本主义的原动力》（*Scale And Scope : The Dynamics of Industrial Capitalism*）中，把规模经济、范围经济与组织能力看作是工业发展的三种原动力。"当生产或经销单一产品的单一经营单位所增加的规模减少了生产或经销的单位成本时而导致的经济"叫做规模经济，"利用单一经营

1　仝冠军.试析出版产业的范围经济特征.中国编辑，2008，（3）.

单位内的生产或销售过程来生产或销售多于一种产品而产生的经济"叫做范围经济。[1] 也就是说，规模经济通过单品种（或少品种）的大规模生产或销售来降低成本、获得经济性；范围经济则通过多品种的生产或销售来降低成本、获得经济性。

通过对美、英、德三国出版业的数据分析与深入考察，钱德勒认为出版业仍属于劳动密集型产业。在出版产业领域内，"现代大企业仍然是比较罕见的，尽管设备和工厂在设计上的改进确实带来了规模经济，但这种改进并不广泛。单位成本大幅度的下降并不随着工厂加工材料数量的增加而来。在这些工业里，各种各样的大工厂对较小工厂的成本优势，往往可以观察出来，但并不显著"。[2] 出版业的印刷与制版环节虽然随着技术的进步有了更高的生产率，但受制于编辑人员的生产能力（这种生产能力随着技术进步并没有大幅度的提高），出版规模的扩大只能通过编辑人员数量的增加来实现。如此，无论出版单位规模多大，单位成本都相差不大，规模在这里并不能获取显著的经济性。个中的主要原因在于，出版生产具有鲜明的精神生产属性，这种属性决定它的生产能力虽然随着技术进步而提高，但提高幅度很有限。精神生产的个体化与非批量化，决定了出版产业具有鲜明的范围经济特征。

出版产业的范围经济特征在市场数据上主要表现在市场地位

1　钱德勒 . 企业规模经济与范围经济：工业资本主义的原动力 . 北京：中国社会科学出版社，1999.

2　钱德勒 . 企业规模经济与范围经济：工业资本主义的原动力 . 北京：中国社会科学出版社，1999.

与品种规模的正相关关系，而外部环境及技术发展也将进一步强化出版产业的范围经济特征，这些外部环境主要表现为规模大、日趋分散及多样化的读者需求、数字长尾的出现及需求方规模经济的发展等方面。

①从市场数据看出版产业的范围经济特征

如果出版单位凭借较高的单品种销量来提高市场占有率，则该出版单位走的是规模经济的发展模式；如果出版单位主要凭借图书品种上的优势来提高市场占有率，则该出版单位走的是范围经济的发展模式。通过 2005～2009 年相关市场数据的分析可以发现，我国出版单位的品种规模与市场占有率间存在着密切的正相关关系。排名靠前的出版单位一般品种数量也居于前列，并且随着品种规模的不断扩大，这些出版单位的竞争实力愈来愈强，为后来者设置了较高的市场门槛。

2005～2009 年，持续位居国内图书零售市场前列的 10 家出版集团市场占有率（销售码洋占有率）与动销品种占有率的变动关系如表 4-1 所示。

从表 4-1 可以看出，10 家出版集团图书零售市场占有率百分比与动销品种占有率百分比之间呈明显的正相关关系。在 2005～2009 年的 50 对对比关系中，有 31 对呈现正相关，占总量的 62%；呈负相关关系的仅有 12 对，占总量的 24%（阴影部分）。所以，总体上说，出版集团动销品种越多，越有利于提高其市场占有率，这是典型的范围经济的特征。

　　在表 4-1 中，北京出版集团动销品种占有率连续 3 年有较大幅度增长，其国内市场排名也从 2004 年的第 9 名接连上升至 2005 年的第 4 名、2006 年的第 3 名、2007 年的第 2 名，表明其市场竞争力随着品种规模的不断扩大而迅速提升。上海世纪出版股份有限公司的情况恰好相反。虽然该集团 2007 年的动销品种占有率略有上升，但由于其 2005、2006 连续两年的动销品种占有率都大幅下滑，导致其市场占有率连续 3 年下滑，市场排名也从 2004 ～ 2006 年的第 2 名下滑至 2007 年的第 4 名。其他如浙江出版联合集团、辽宁出版集团等也都因动销品种占有率即相对品种规模的减少而制约了其市场竞争能力的提升。这种现象同样是范围经济的特征。中国出版集团与上海文艺出版总社则不然，其市场占有率的提高对动销品种占有率的依赖性不大，属于规模经济模式。

　　这种现象在 2006 ～ 2009 年国内图书零售市场领先的出版社中一样存在，且更为突出，如表 4-2 所示。

表4-1 2005～2009年中国图书零售市场领先出版集团市场占有率与动销品种占有率的变动关系

出版集团	2005年		2006年		2007年		2008年		2009年	
	A	B	A	B	A	B	A	B	A	B
中国出版集团	+0.43	-0.02	-0.28	-0.52	+0.43	-0.12	+0.40	-0.10	-0.14	+0.04
上海世纪出版股份有限公司	-0.38	-0.22	-0.27	-0.12	-0.25	+0.03	-0.14	-0.34	-0.15	-0.16
吉林出版集团	+0.21	+0.03	+0.01	+0.03	+0.07	-0.03	+0.73	+0.20	+0.47	+0.20
北京出版集团	+0.62	+0.18	+0.67	+0.09	+0.36	+0.12	-0.23	-0.03	-0.50	-0.19
浙江出版联合集团	-0.19	-0.14	-0.24	-0.01	-0.04	-0.06	+0.01	0	/	/
中国国际出版集团	+0.30	+0.12	+0.29	+0.03	-0.10	+0.02	+0.39	+0.06	+0.23	+0.09
科学出版集团	-0.35	+0.04	-0.27	+0.01	-0.22	-0.04	/	/	/	/
凤凰出版传媒集团有限公司	-0.12	-0.05	-0.14	+0.02	+0.09	-0.02	+0.61	+0.06	+0.52	+0.05
辽宁出版集团	-0.16	-0.08	-0.10	-0.06	-0.23	-0.07	/	/	+0.42	+0.04
上海文艺出版总社	+0.22	-0.03	/	-0.07	-0.05	-0.06	-0.15	+0.02	/	/

注：A＝市场占有率同比变化（百分点）。
　　B＝动销品种占有率同比变化（百分点）。
数据来源：开卷公司。

表 4-2　2006～2009 年中国图书零售市场领先出版社
市场占有率与动销品种占有率的变动关系

出版社	2006 年		2007 年		2008 年		2009 年	
	A	B	A	B	A	B	A	B
机械工业出版社	+0.08	-0.03	-0.12	-0.07	-0.15	-0.03	-0.20	-0.14
商务印书馆	-0.13	-0.02	-0.12	-0.07	+0.05	+0.01	-0.11	-0.14
外研社	+0.04	-0.05	+0.17	0.9	-0.04	-0.13	-0.25	-0.36
人民出版社	+1.81	-0.02	-0.95	-0.04	-0.59	-1.84	+0.11	-0.22
人民文学出版社	-0.33	+0.05	+0.19	+0.1	-0.27	-0.16	-0.15	-0.04
清华大学出版社	-0.08	-0.06	+0.01	-0.04	-0.14	-0.06	-0.13	-0.08
高等教育出版社	-0.03	-0.02	-0.12	-0.05	+0.05	+0.07	-0.24	-0.16
电子工业出版社	-0.03	-0.02	-0.01	+0.08	-0.08	-0.05	-0.15	-0.11
人民邮电出版社	+0.01	+0.03	+0.14	+0.02	+0.09	+0.04	-0.10	-0.01
化学工业出版社	-0.07	-0.04	-0.10	-0.02	+0.15	+0.17	+0.16	+0.17

注：A= 市场占有率同比变化（百分点）。
　　B= 动销品种占有率同比变化（百分点）。

数据来源：开卷公司。

从表 4-2 可以看出，连续两年排名靠前的 10 家出版社的 40 组对比关系中，有 33 对呈正相关关系，占总量的 82.5%，仅有 7 对呈负相关关系（阴影部分），占总量的 17.5%。也就是说，范围经济特征在单体出版社的对比中表现得更为突出。其中最为突出的，就是外研社凭借动销品种数量的大幅提升，市场排名从 2005 年的第 3 名拉升至 2009 年的第 2 名，市场占有率也大幅提升 0.17 个百分点。

随着国内"省域"出版格局的逐步打破及市场竞争的日趋激烈，全国出版单位品种规模分布越来越呈现出范围经济的特征，即出版单位越来越向提高品种规模的方向发展，市场竞争能力的提升越来越突出地表现在出版能力，尤其是动销品种数量的竞争上。具体变化情况见表 4-3。

从表 4-3 可以看出，2004 ～ 2009 年，出版品种在 1000 种以上的出版单位由 2004 年的 225 家增加到了 2009 年的 347 家。其中，出版品种达万种以上的由 3 家增至 8 家，5000 ～ 9999 种的由 6 家增至 17 家，3000 ～ 4999、2001 ～ 2999、1000 ～ 2000 范围内的出版单位数量也都在几年内呈现上升趋势。千种以下的出版单位则由 2004 年的 339 家降至 2009 年的 231 家（阴影部分）。由此可以看出，品种规模已经成为维持出版单位在图书零售市场领先地位的一个非常主要的因素。在既有发行能力、生产能力能够满足出版生产发展需要的前提下，出版产业的竞争已经越来越集中于图书品种规模的竞争，即整个产业的范围经济特征愈发突

表 4-3　2004 ~ 2009 年全国图书零售市场出版社品种规模分布变化

年份＼种数	≥10000	5000 ~ 9999	3000 ~ 4999	2001 ~ 2999	1000 ~ 2000	500 ~ 999	100 ~ 499	< 100
2004	3	6	23	39	154	188	124	27
2005	4	6	27	49	165	190	96	27
2006	4	12	32	53	183	170	92	25
2007	5	16	41	52	195	159	82	23
2008	6	19	48	55	203	142	75	29
2009	8	17	50	62	210	132	72	27

数据来源：开卷公司。

出。随着品种规模的不断扩大，排名靠前的出版单位的竞争实力愈来愈强，为后来者设置了较高的市场门槛。

②外部环境及技术发展将强化出版产业的范围经济特征

从我国目前的外部环境及信息技术的发展趋势来看，出版产业的范围经济特征有望进一步得到强化。

党的十七大提出，要促进社会主义文化大发展大繁荣，保障人民群众的文化权益，使社会文化生活更加丰富多彩。而保障人民群众文化权益的重要方面之一，就是满足读者更多样、更丰富、更广泛的阅读需求，这就需要我们生产出品种更多的优秀图书。目前来看，国内图书品种每年虽高达30多万种，但存在着较为严重的重复出版现象，难以满足文化素质不断提高、生活水平不断改善、文化消费需求不断加强的社会需要。外部环境要求国内出版业必须坚定地走范围经济的发展模式，必须依靠品种更多、范围更广、质量更高的图书来满足读者需求。而随着国内知识生产力的不断提高，作者的出版需求也将逐步扩大，这同样会促使出版企业不断增加品种规模，强化出版产业的范围经济特征。

信息技术的发展一方面推动了小众传播时代的来临，另一方面又通过数字长尾满足了小众传播时代的消费需求，同时还大大提高了读者选择的主动性，增强了文化消费的主体性。

美国人克里斯·安德森提出的长尾理论认为，由于成本和效率的因素，当商品储存流通展示的场地和渠道足够宽广，商品生产成本急剧下降以至于个人都可以进行生产，并且商品的销售成本急剧降低时，几乎任何以前看似需求极低的产品，只要有人卖，都会有人买。这些需求和销量不高的产品所占据的共同市场份额，足可以和主流产品的市场份额相比，甚至更大，即众多小市场汇聚成可与主流大市场相匹敌的市场能量。安德森在其 2004 年 10 月发表的经典文章《长尾》中说，长尾真正令人吃惊之处在于它的数量（见图 4-2）。

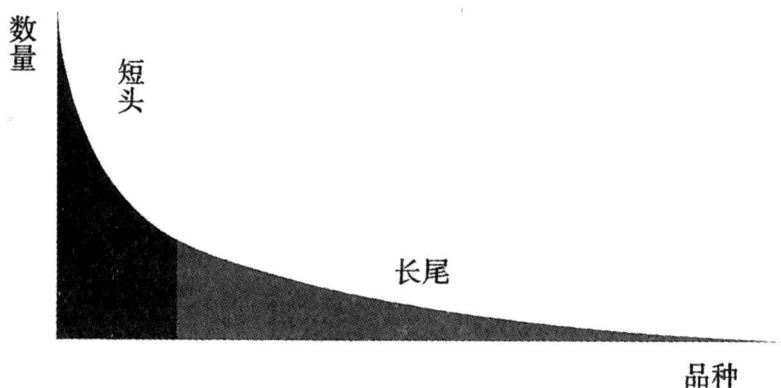

图 4-2　典型的长尾模型

　　以图书为例：美国巴诺书店的平均上架书目为 13 万种。而亚马逊网上书店则有超过一半的销售量都来自于在它的排行榜上位于 13 万名开外的图书。如果以亚马逊的统计数据为依据的话，这就意味着那些在实体书店里一般找不到的图书，要比那些摆在书店书架上的图书形成的市场更大。也就是说，如果我们能够摆脱资源稀缺的限制，潜在的图书市场将至少是目前的两倍大。曾在音乐行业担任过顾问的风险投资家 Kevin Laws 如此总结这一现象："最大的财富孕育自最小的销售。"

传统经济学把稀缺作为先验背景，认为经济总体上的矛盾是供给不能满足需求的矛盾，供不应求是经济的常态，因此传统出版产业主要在生产资料和稀缺资源的整合分配上展开竞争。但随着工业化进程的结束与信息时代的来临，供大于求逐渐成为经济总体的常态。在这个时候，谁能够满足更加多样化、更加个性化的读者需求，谁的产品能够提供更为丰饶的选择，谁才可能成为胜者。

对出版业来说，稀缺经济时代最丰饶的是同质化产品的数量，最稀缺的是读者选择权；丰饶经济时代最丰饶的是读者选择权，最稀缺的是读者选择的有效性。网络技术的出现有望很好地解决丰饶经济时代读者选择有效性的稀缺。网络技术的出现打破了"有限供应"的藩篱，虚拟库存的无限性为读者提供了近乎无限的选择机会——无论是多么冷僻的图书，无论是何种版本的图书，都有可能在网络书店上找到。这在货架有限的物理书店，是根本不能实现的，因为物理书店的物质成本难以支撑小批量、品质好的大量图书品种。虚拟书店在这方面的优势是无与伦比的。在网上放置 10 万种图书与 100 万种图书的成本几乎一样，但读者的有效选择却扩大了 10 倍。而多出的这 90 万种选择机会，带来的利润或许远大于热销的那 10 万种图书。

网络书店的出现大大提高了阅读主体性，促进了文化消费的自觉。网络信息的虚拟性还有助于填平因地域、交通等原因导致的信息沟，有助于改善文化消费不平衡局面。所以，出版产业的范围经济特征不但有助于出版产业自身的可持续发展，还有助于出版业更好地服务社会、服务读者，真正实现社会效益与经济效益的统一。

从目前来看，我国出版业的主流诉求仍是规模经济，畅销书、教材教辅和大中城市、大卖场等，仍是出版业的支撑点与热点。但必须注意到，随着互联网的进一步普及与技术更新，出版业的范围经济趋势已经愈发明朗。网络书店的出现（如亚马逊），按需印刷的推进（如知识产权出版社），出版 DIY 的流行（如印书小铺），二手书市场的繁盛（如韦瑟福德的二手书"集合器"Alibris），非主流市场的出现（如杨勃创立的小众读书网"豆瓣"），都已经出现在眼前。作为最易受到网络技术冲击的文化出版业，已经不能过度沉醉于规模经济的发展模式，而应拿出一定的资金与资源，开始范围经济发展模式的研究与实践。

（2）一体化道路

集团化的重要优势之一，是企业拥有绝对实力以实现产业一体化，从而降低生产和销售成本，获取竞争优势。所谓一体化，是指企业利用社会化生产链中的直接关系来扩大经营范围和经营规模，在供产、产销方面实行纵向或横向联合的战略。就出版集团而言，即通过涉足造纸、印刷等上游产业或零售等下游产业来扩大经营范围与经营规模，降低相关环节的生产成本，增加产品的竞争力。一体化分为横向一体化（水平一体化）和纵向一体化（垂直一体化）。纵向一体化又可分为后向一体化（backward integration）和前向一体化（forward integration）。

①横向一体化。是指为了扩大生产规模、降低成本、巩固企业的市场地位、提高企业竞争优势、增强企业实力而与同行业企业进行联合的一种战略，其实质是资本在同一产业和部门内的集中，目的是实现扩大规模、降低产品成本、巩固市场地位。通过横向一体化，企业可以有效地实现规模经济，快速获得互补性的资源和能力。此外，通过收购或合作的方式，企业可以有效地建立与客户之间的固定关系，遏制竞争对手的扩张意图，维持自身的竞争地位和竞争优势。不过，横向一体化战略也存在一定的风险，如过度扩张所产生的巨大生产能力对市场需求规模和企业销售能力都提出了较高的要求；同时，在某些横向一体化战略如合作战略中，还存在技术扩散的风险；此外，组织上的障碍也是横向一体化战略所面临的风险之一，如"大企业病"、并购中存在的文化不融合现象等。[1]

②纵向一体化。是指在某一企业范围内把技术上不同的生产、分销和／或其他经济过程结合起来，它体现了企业决定用内部的或行政管理上的交易来代替市场交易去实现其经济目的。迈克尔·波特（Michael E. Porter）在《竞争战略》（*Competitive Strategy*）一书中写道："理论上，我们现在所期望一个公司应具有的所有职能都可以由一个独立经济实体组成的国际财团执行，

---

[1] 参见维基百科"横向一体化"条目。

每一个经济实体与核心协调者签约，而核心协调者自己仅需有一个经理或一张办公桌即可。事实上，图书出版业与音像录制产业几乎就是这种形式。许多出版商为企业承包编辑服务、排版、制图、打印、发行和销售，而企业所需做的仅仅是决定出哪一本书、市场营销及财务管理。同样地，一些音像公司也与一些独立的艺术家、制作人、音像录制中心、唱片出版机构和发行与营销组织签约，以便创作、生产和销售每一种音像产品。"[1] 实际上，我国的图书出版业的纵向一体化远未达到此种程度，"核心协调者"与"经济实体"的划分还未出现。

纵向一体化有以下几个方面的优势。

(1)带来经济性。采取这种战略后，企业将外部市场活动内部化，会形成：内部控制和协调的经济性；信息的经济性；节约交易成本的经济性；稳定关系的经济性。

(2)有助于开拓技术。在某些情况下，纵向一体化提供了进一步熟悉上游或下游经营相关技术的机会。这种技术信息对基础经营技术的开拓与发展非常重要。如许多领域内的零部件制造企业发展前向一体化体系，就可以了解零部件是如何进行装配的技术信息。

(3)确保供给和需求。纵向一体化能够确保企业在产品供应紧缺时得到充足的供应，或在总需求很低时能有一个畅通的产品输出渠道。也就是说，纵向一体化能减少上下游企业随意中止交易的不确定性。当然，在交易的过程中，内部转让价格必须与市场接轨。

(4)削弱供应商或顾客的价格谈判能力。如果一个企业在与它的供应商或顾客做生意时，供应商和顾客有较强的价格谈判能力，而该企业在一体化方面的投资收益超过了资本的机会成本（机会成本：为了得到某种东西所必须放弃的东西），那么，即使一体化不会给该企业带来其他的益处，企业也值得去做。因为一体化削弱了对手的价格谈判能力，这不仅会降低采购成本（后向一体化），或者提高价格（前向一体化），还可以通过减少谈判的投入而提高效益。

(5)提高差异化能力。纵向一体化可以通过在管理层控制的范围内提供一系列额外价值，来改进本企业区别于其他企业的差异化能力（核心能力的保持）。例如云南玉溪烟厂为了保证生产出高质量的香烟，对周围各县的烟农进行扶持，使他们专为该烟厂提供高质量的烟草。葡萄酒厂拥有自己的葡萄产地也是一种一体化的例证。同样，有些企业在销售自己技术复杂的产品（如汽车）时，也需要拥有自己的销售网点，以便提供标准的售后服务。

(6)提高进入壁垒。企业实行一体化战略，特别是纵向一体化战略，可以使关键的投入资源和销售渠道控制在自己的手中，从而使行业的新进入者望而却步，防止竞争对手进入本企业的经营领域。企业通过实施一体化战略，不仅保护了自己原有的经营范围，而且扩大了经营业务，同时还限制了所在行业的竞争程度，使企业的定价有了更大的自主权，从而获得较大的利润。例如 IBM 公司即是采用纵向一体化的典型。该公司生产微机的微处理器和记忆芯片，设计和组装微机，生产微机所需要的软件，并直接销售最终产品给用户。IBM 采用纵向一体化的理由是，该公司生产的许多微机零部件和软件都有专利，只有在公司内部生产，竞争对手才不能获得这些专利，从而形成进入障碍。

(7)进入高回报产业。企业现在利用的供应商或经销商有较高的利润，这意味着他们经营的领域属于十分值得进入的产业。在这种情况下，企业通过纵向一体化，可以提高其总资产回报率，并可以制定更有竞争力的价格。

(8)防止被封阻。如果竞争者们是纵向一体化企业，一体化就具有防御的意义。因为竞争者的广泛一体化能够占有许多供应资源或者拥有许多称心的顾客或零售机会。因此，为了防御的目的，企业应该实施纵向一体化战略，否则面临着被排斥的处境。[1]

然而，纵向一体化战略也有以下的局限性。

(1)带来风险。纵向一体化会提高企业在行业中的投资，提高退出壁垒，从而增加商业风险（行业低迷时该怎么办），有时甚至还会使企业难以将其资源调往更有价值的地方。在所投资的设施耗尽以前，放弃这些投资成本很大，所以，纵向一体化的企业对新技术的采用通常比非一体化企业要慢一些。

(2)代价昂贵。纵向一体化迫使企业依赖自己的场内活动而不

1　迈克尔·波特.竞争战略.北京：华夏出版社，2005.

是外部的供应源，而这样做所付出的代价可能随时间的推移而变得比外部寻源还昂贵。产生这种情况的原因有很多。例如，纵向一体化可能切断来自供应商及客户的技术流动。如果企业不实施一体化，供应商经常愿意在研究、工程等方面积极支持企业。再如，纵向一体化意味着通过固定关系来进行购买和销售，上游单位的经营激励可能会因为是在内部销售而使竞争有所减弱。反过来，在从一体化企业内部某个单位购买产品时，企业不会像与外部供应商做生意时那样激烈地讨价还价。因此，内部交易会减弱员工降低成本、改进技术的积极性。

(3)不利于平衡。纵向一体化有一个在价值链的各个阶段平衡生产能力的问题。价值链上各个活动最有效的生产运作规模可能不大一样，这就使得完全一体化很不容易达到。对于某项活动来说，如果它的内部能力不足以供应下一个阶段的话，差值部分就需要从外部购买。如果内部能力过剩，就必须为过剩部分寻找顾客。如果生产了副产品，就必须进行处理。

(4)需要不同的技能和管理能力。尽管存在一个纵向关系，但是在供应链的不同环节可能需要不同的成功关键因素，企业可能在结构、技术和管理上各有不同。熟悉如何管理这样一个具有不同特点的企业是纵向一体化的主要成本。例如，很多制造企业会发现，投入大量的时间和资本来开发专有技能和特许经营技能以便前向一体化进入零售或批发领域，并不是总如他们想象的那样能够给他们的核心业务增值，而且拥有和运作批发、零售网络会带来很多棘手的问题。

(5)延长了时间。后向一体化进入零配件的生产可能会降低企业的生产灵活性，延长对设计和模型进行变化的时间，延长企业将新产品推向市场的时间。如果一家企业必须经常改变产品的设计和模具以适应购买者的偏好，他们通常发现后向一体化，即进入零配件的生产领域是一种负担，因为这样做必须经常改模和重新改进设计，必须花费时间来实施和协调由此所带来的变化。从外部购买零配件通常比自己制造便宜一些，简单一些，使企业能够更加灵活，快捷地调节自己的产品以满足购买者的需求偏好。世界上绝大部分汽车制造商虽然拥有自动化的技术和生产线，但他们还是认为，从质量、成本和设计灵活性的角度来讲，从专业制造商那里购买零配件而不是自己生产会获得更多的利益。[1]

③一体化对出版企业集团的实践意义。对我国出版集团而言，在确定战略投资发展模式这一方向时，应着重考虑对发行渠道的建设和对造纸行业的涉足。钱德勒在 *Scale And Scope ：The Dynamics of Industrial Capitalism* 一书中多次指出"组织能力"对企业未来发展的重要性，并将其认定为工业资本主义的原动力之一。对于大型的出版集团来说，组织能力的体现之一，就是企业的渠道建设及管理能力。历史上，潮水石油公司曾经是世界最大的石油精炼公司之一，拥有雄厚的资金优势与生产能力。由于在渠道建设上投入不够，该公司产品总量的 50%～75% 依赖于其

---

[1] 参见迈克尔·波特.竞争战略.北京：华夏出版社，2005.

竞争对手标准石油公司的营销渠道进入市场。于是，毫不出人意料地，潮水石油公司不久就落入标准石油公司的财务控制之中。另一个竞争对手弦线公司也以同样的方式在不知不觉间被标准石油公司吞并。不论是在工业资本主义时代还是在新经济时代，渠道都是企业的生命线，缺乏足够渠道能力的企业常常无法掌控自己的命运。对于社会主义市场经济条件下的中国出版产业来说同样如此。因此，渠道建设必将成为出版产业新一轮市场竞争中的新焦点。

由于历史原因，我国出版产业的布局带有明显的地域特点，具体表现就是产业布局与行政划分的高度一致性，以及产业贸易中严重的地方保护主义。即使在产业改革不断推进、出版集团先后成立的情况下，这一格局也未发生根本性的改变。但随着一批发行集团的成立、上市及其对内容生产领域的推进，这一格局很有可能被逐步打破。具备资金优势、渠道优势的发行集团能够轻易涉足出版内容的生产，并利用其渠道优势帮助其内容产业突破地域壁垒。相比较而言，限于特定地域之中难以突围的出版集团向发行领域的推进则要困难得多。渠道之争，很可能在出版集团与发行集团之间首先打响。

在我国出版发行领域，一些发行集团已经率先开始了一体化进程，这必将对出版集团的发展构成威胁。2007 年 11 月 20 日，我国首家集出版物生产、销售及多元化文化产业发展于一体的企业集团——深圳出版发行集团公司正式挂牌，该集团由原深圳发

行集团和海天出版社整合组建。该公司总经理陈锦涛在接受记者
采访时说：“在中国，出版业从来就是上游主宰下游，而在美国
却不尽然。美国的巴诺、鲍德斯等大发行商和几十家出版社签订
有关合同，是下游主宰上游。深圳发行集团和海天出版社的整合
也是对中国出版业上游主宰下游的突破。”他还表示，深圳出版
发行集团公司“将通过发行带动出版，使两者联动并进，积极整
合和拓展上下游资源，优化升级业态，形成‘前店后厂’的态势，
从内容产业直接延伸至流通产业，使二者相得益彰”。[1] 值得注意
的是，海天出版社的产品结构完全以大众图书为主，几乎没有教
辅图书，这样的出版结构恰恰要借助于原深圳发行集团强有力的
渠道系统，才能获得有效的市场竞争力。

　　而教材的公益性趋势也势必引发产业结构的剧烈调整，并进
一步引发出版产业的渠道之争。继决定向中西部农村免费提供国
家规定课程的教科书后，国务院又决定从 2007 年秋季学期开始，
向全国农村义务教育阶段所有学生免费提供教科书，所需资金全
部由中央财政承担；从 2008 年春季学期开始，提高中央财政免
费教科书补助标准，并建立部分教科书的循环使用制度。如此一
来，以教材为主的出版单位势必受到极大冲击，摆在它们面前的
最大问题，一是出版结构的调整，二是发行渠道的建设。而出版
结构调整的成败在很大程度上取决于渠道建设的力度与效果。

　　就目前而言，不少出版集团对于“后教材时代”的困难忧虑

1　文东.打造上下游一体化新型集团.中国图书商报,2007–11–20.

有余、认识有余而谋划不足、行动不足。"临渊羡鱼不如退而结网",对于出版集团来说,目前最紧要的,就是积极投入渠道建设,为未来的产业结构调整做好充足准备。在渠道建设中,除传统的固定卖场建设外,还应积极利用新技术,努力开发数字交易平台与客户数据库,扬长避短,在渠道建设的竞争中取法乎上。在固定卖场建设方面,发行集团比出版单位具有较大优势,而在数字交易平台及客户数据库建设方面,双方则势均力敌。因此,出版单位在渠道建设竞争中的突破点与着力点,应是新技术的应用。2007 年 11 月 16 日,广东九州阳光传媒股份有限公司正式登陆中小板,其所筹资金的一部分已用于连锁经营网点的建设与技术改造。这对出版集团来说很有启发意义。我国的不少出版集团都拥有自己的发行公司和销售网点,下一步行动的关键是通过资源集约、内部整合、资金筹措与技术吸纳,将发行业务做大做强,将渠道建设置于企业发展战略的重要地位,从而在市场竞争中赢得先机。

渠道建设属于出版集团的前向一体化建设,对造纸行业的涉足则属于后向一体化进程。2008 年以来纸价普遍上扬的趋势对出版业形成明显压力。不少出版社为防范风险拿出大量现金囤积纸张,导致流动资金紧张,日常业务运行不畅;一些出版集团因纸价上涨而增加的成本达到了几千万元;一些出版单位因纸张短缺导致出书量及出版周期受到明显影响。而据业内人士估测,随着绿色 GDP 观念的深入人心、环保评测的日趋严格及今后总体 CPI

高位盘旋的发展态势，纸价在未来几年内将保持只高不低的发展趋势。进退失据的出版业能否解决以及如何解决这一问题显得愈发引人瞩目。表面上看，纸价上涨的原因是 CPI 居高不下和即将到来的环保风暴，其内部原因却是出版业对产业上游的供货商缺乏必要的控制力。较低的议价能力、模糊的发展战略以及淡薄的风险意识等产业痼疾在这一困局来临时显露无遗。

制造业在激烈的市场竞争中也遇到过类似的问题，它们的解决办法之一就是实施后向一体化战略，这一点对出版业具有积极的参考价值。后向一体化战略即企业把原来属于外购的原材料或零部件改为自行生产的战略，即通过获得供应商的所有权或增强对供应商的控制来求得发展的战略。在供货成本太高或供货方不可靠或不能保证及时有效的供应时，企业经常采用这种战略来保证生产、规避风险。制造业中的一些大型企业还通过增加供货方数量的方式来提高自己的议价能力，稳定供货来源，同时加强对供应商产品质量、企业服务等方面的要求，加强对它们的控制。对出版企业而言，后向一体化战略即通过参与纸张生产与印刷能力建设，来加强对供应商的控制，从而提高议价能力稳定供货来源。

通用汽车公司和福特汽车公司在议价时经常使用"自己生产"这一筹码。它们实际采取所谓的"有限一体化"（tapered integration），即对于某种零部件，自己生产一部分以满足部分需要，其余的则从外部供应商那里采购。此种情况下，它们对供应商不仅具有进一步进行一体化的现实威胁，而且还会因为自己生产而具备详尽的成本知识，对于价格谈判极其有利。20 世纪上半叶的商务印书馆和中华书局，也都曾积极实施后向一体化战略，以降低成本，增强市场竞争力。1915 年左右，中华书局开始投入印刷业务，"购地建屋，添设分局，扩充印刷，推广营业，过去两年之内，所费不下八十万元"（陆费逵语），除增添设备外，还派人到国外学习最新的印刷技术，培养了一批印刷人才，如黄凤来、蒋仁寿、郑梅清等。开明书店创办人章锡琛评论说："'商务''中华''世界'所以能成为出版界的翘楚，唯一的基本条件是印数最多的教科书，'商务''中华'更依靠印刷业的扩展。'世界'因为这两方面都不及两家，就一直靠借债度日。"在抗战期间，为缓解纸张供应压力，商务印书馆还一度筹备建立温州纸厂。后向一体化战略在保证低成本、抵御市场风险的同时，还对竞争者形成了强大的竞争压力。

目前，国内的纸张供应商与出版产业自身具有如下特点：一是供应商不断提高纸张价格，不能很好地保证纸张供应；二是出版业将迎来大发展大繁荣，出版规模逐年扩大，对上游资料需求将不断加强；三是纸张供应数量少而需求方竞争者数量多，企业需要尽快地获得所需资源；四是不少出版单位已经具备自己生产原材料所需要的资金。这些特点正是出版业后向一体化战略的适用准则。

后向一体化的模式主要有收购、参股和战略合作三种。收购的目的是控制成本和形成原材料垄断优势，从我国出版业目前形势来看，收购模式不具普遍意义。相比较而言，参股（或者逐步控股）和战略合作更为可行，且成本和风险都比较低。出版企业可以通过参股或战略合作，提高自身的议价能力，在获得更为优惠的价格的同时减少投资风险，降低生产成本，从而有效提升市场竞争力。

出版业在后向一体化进程中必须明确战略目标，即后向一体化是为了确保企业关键原材料的充足供应，是为了完善企业的风险控制，而不仅仅是取得直接的经济效益。一般情况下不提倡完全一体化，企业的部分用纸可由企业自行解决，更多的时候，出版企业要以自有的造纸能力为筹码增强议价能力，内容主业仍应作为企业的主要经营对象。在后向一体化进程中要坚持成本控制原则，要对自行生产的纸张与对外采购的纸张进行成本比较，如果在成本方面没有明显优势，就更应从战略高度来看待和实施后向一体化进程。

（3）多元化发展模式

多元化战略（Strategy of Diversification）又叫做多角化增长战略（Diversification Growth Strategies）、多角化经营战略、多样化战略或多产品战略，是企业发展多品种或多种经营的长期谋划。最早研究多角化主题的是美国学者安索夫（H. I. Ansoff），他于1957年在《哈佛商业评论》上发表的《多角化战略》一文中强调多角化是"用新的产品去开发新的市场"。彭罗斯（E. T. Penrose）

在其出版的《企业成长理论》中定义多元化是企业在基本保留原有产品生产线的情况下，扩展其生产活动，开展若干新产品（包括中间产品）的生产。鲁梅尔特（R. P. Rumelt）则指出，多元化战略是通过结合有限的多角化的实力、技能或目标，与原来活动相关联的新的活动方式表现出来的战略。多元化的实质是拓展进入新的领域，强调培植新的竞争优势和现有领域的壮大。企业多元化经营的形式多种多样，但主要可归纳为以下四种类型。

①同心多元化经营战略（Concentric diversification）。指企业利用原有的生产技术条件，制造与原产品用途不同的新产品。如汽车制造厂生产汽车，同时也生产拖拉机、柴油机等。同心多元化经营的特点是，原产品与新产品的基本用途不同，但它们之间有较强的技术关联性。

②水平多元化经营战略（Horizontal diversification），也称为横向多元化经营战略。指企业生产新产品销售给原市场的顾客，以满足他们新的需求。如某食品机器公司，原生产食品机器卖给食品加工厂，后生产收割机卖给农民，以后再生产农用化学品，仍然卖给农民。水平多元化经营的特点是，原产品与新产品的基本用途不同，但它们之间有密切的销售关联性。

③垂直多元化经营战略（Vertical diversification），也称为纵向多元化经营战略。垂直多元化经营的特点是，原产品与新产品的基本用途不同，但它们之间有密切的产品加工阶段关联性或生产与流通关联性。

④整体多元化经营战略，也称混合式多元化经营战略。指企业向与原产品、技术、市场无关的经营范围扩展。如美国国际电话电报公司的主要业务是电讯，后来扩展经营旅馆业。整体多元化经营需要充足的资金和其他资源，故通常为实力雄厚的大公司所采用。[1]

从国外出版集团的发展来看，培生、贝塔斯曼、维亚康姆等知名出版传媒集团大都经历了"专业化→多元化→专业化"的发展过程。从资本运营方面讲，多元化经营的目的是为了降低出版集团的成本和风险，以实现更稳定和更大的利润。因此，发生在 20 世纪 70 ～ 80 年代的兼并浪潮中，一些大型出版企业为了迅速扩张，大多实施了多元化发展战略，通过兼并把经营范围扩展到了工业、商业、银行、房地产等领域。"出版集团的多元化经营结构具体由三个部分组成：传统出版业务，主要指传统的图书、杂志的出版；传媒领域的非出版业务，主要指广播影视以及网络方面的业务；非传媒领域的业务，即一些完全通过资本运作而扩展的业务，它们大多是在与出版业务本身关系甚小的领域，如金融、房产、旅游等。"[2]

以贝塔斯曼为例，其主要业务已经从创业之初的图书出版，扩展至报刊、广播电视等多个业务领域，业务范围也从德国扩展至世界各地（见表4-4）。

---

1 参见维基百科"多角化经营战略"条目。

2 李苓.外国出版集团发展透视.编辑之友，2007,（3）.

表 4-4　贝塔斯曼成长路径[1]

	1835~二战	1950's	1960's	1970's	1980's	1990~2002	2002至今
目标战略		建立股份制，确定主业，通过营销创新打造新环境	扩大在本国市场的占有率，取得主导地位	国际化扩展战略	以美国为重点的国际化战略，多元化经营战略	多媒体战略；全面国际化战略；电子商务战略	回归主业及以利润为导向的企业重构战略
业务范围	宗教类图书出版、印刷、发行	一般图书出版、印刷、发行，图书俱乐部零售，纵向一体化；相关多元化	扩大到音乐、杂志领域；海外扩张，横向一体化，相关多元化	加强图书出版主业；相关多元化扩展	继续加强主业，投资广播电视业；向媒体娱乐业的相关多元化	扩展电子商务；突出主业；纵向一体化、横向一体化，多元化	突出传统主业；修正过度多元化
地域扩展	德国小镇居斯洛	本国	本国；欧洲其他国家；地域多元化	地域多元化，本国、欧洲、美国	地域多元化；经营重点逐渐转向美国	地域多元化；向亚洲地区扩展	地域多元化

1　杨永龙.我国出版集团多元经营的思路与对策.北京印刷学院硕士学位论文.2006.16.

贝塔斯曼 2009 年的财务数据显示，该集团来自图书出版业务的收入为 17 亿欧元，仅占全集团收入总额的 11.1%（见表 4-5）。

表 4-5　贝塔斯曼 2009 财政年度各业务部门收入一览表[1]

部门	业务	收入（亿欧元）	占集团总收入比重
RTL 集团	电视	54	35.1%
兰登书屋	图书出版	17	11.1%
古纳亚尔	报刊出版	25	16.2%
欧唯特集团	传媒服务	48	31.2%
其他	音乐服务等	10	6.4%

国内对出版多元化有不同看法，如上海世纪出版股份有限公司的陈昕先生就认为，当面向市场比较狭窄时，企业往往走多元化道路，市场容量有限和追求业务成长的矛盾，迫使企业选择业务多元；而当企业面向一个开放的大市场，就应当走专业化道路。中国出版科学研究所的张晓斌博士认为，企业投资不外乎集中主业和多元扩张，随着宏观经济环境、企业性质和发展阶段的变化在二者间摆动、轮回。不过，无论是集中主业还是多元扩张，关键是企业应有明确、科学的发展定位和精心制定的发展战略，投资应该始终围绕这两者展开，如果能恪守这一点，那么无论是多元投资还是固守主业，都只是策略问题。[2]

1　杨永龙.我国出版集团多元化经营的思路与对策.北京印刷学院硕士学位论文.2006.12.

2　任殿顺.战略投资萌动书业.中国图书商报,2007-10-12.

3. 发展战略的实施

战略投资的第三个主要方向，是确保企业发展战略的有力执行。迈克尔·波特将企业的竞争战略分为 3 大类，分别是总成本领先战略（overall cost leadership）、差异化战略（differentiation）和目标集聚战略（focus）。

（1）总成本领先战略

总成本领先战略侧重于成本控制系统的建立和新设施的前期投资等方面。这一战略要求出版集团积极地建立起达到有效规模的生产设施，以及最大限度地减少研究开发、服务、推销、广告等各类开支。在出版集团的管理方面，要建立一套完善的管理控制体系，对成本控制给予高度重视。赢得总成本最低的地位，通常需要出版集团具备较高的市场份额或者其他优势，如良好的纸张供应、通畅的发行渠道、突出的产品品质、广泛的客户分布等等。"实施低成本战略就可能要有很高的购买先进设备的前期投资、激进的定价和承受初始亏损，以攫取市场份额。高市场份额又可进而引起采购经济性而使成本进一步降低。一旦赢得成本领先地位，所获得的较高的利润又可对新设备、现代化设施进行再投资以维护成本上的领先地位。这种再投资往往是保持低成本地位的先决条件。"[1] 以按需印刷业务为例，虽然从长远来看，按需印刷有可能取代批量印刷或成为批量印刷的有益补充，但目前来看，要建立起一套行之有效的盈利模式还需要大量的投资，其中不仅

---

[1] 迈克尔·波特. 竞争战略. 北京：华夏出版社，2005.

包括价格昂贵的设备投资，还包括费用庞大的数字化工作，此外还需花费巨大成本去进行市场培育和渠道建设。美国 Lightning Source 公司是较早开展按需印刷业务的公司，1997 年创建时仅有 3 名员工，但经过十几年的发展，该公司员工已达 500 多人，每周数字扫描的书籍有 2000 多种，印刷图书 120 多万册，取得这个成绩，前期投资不在小数。[1] 但是，一旦确立了在该领域的优势，公司的成本就会摊薄，而后来者就会面临前期投入过大等市场壁垒，在竞争中处于不利地位。先前进入者的战略投资也就在此时开始完全发挥效应了。

（2）差异化战略

差异化战略投资的主要方向就是广泛而深入的研究工作、产品的设计开发、完善的客户服务体系的建设等等。这一战略要求出版集团能够提供差异化的产品或服务，形成一些在全产业范围内具有独特性的东西。实施差异化战略往往从设计、品牌形象、技术特点、外观特点、客户服务、经销网络等几个方面着手。最理想的情况，当然是出版集团在各个方面都具有鲜明特色，对客户产生巨大的吸引力。迈克尔·波特举了卡特皮勒推土机的例子，该公司不仅以优良的经销网络和优良的零配件供应服务著称，而且还以极为优质耐用的产品享有盛誉，但这些也使得该公司的成本有所上升。所以，"差异化战略并不意味着公司可以忽略成本，但此时成本不是公司的首要战略目标。""差异化战略利用客户对

1　POD 技术渐领潮流.中华读书报,2008-2-27.

品牌的忠诚以及由此产生对价格的敏感性下降使公司得以避开竞争，它也可使利润增加却不必追求低成本。客户的忠诚以及某一竞争对手要战胜这种'独特性'需付出的努力就构成了进入壁垒。产品差异化带来较高的收益，可以用来对付供应商压力，同时可以缓解客户压力，当客户缺乏选择余地时其价格敏感性也就不高。最后，采取差异化战略而赢得顾客忠诚度的公司，在面对替代产品威胁时，其所处地位比其他竞争对手也更为有利。"[1] 对出版集团而言，其投资重点不外乎销售网络的便捷、产品品质的与众不同、读者服务的优质等方面。这就不难理解顾客在选择古籍类图书时，会倾向于中华书局的产品而对价格不太敏感；选择工具书时倾向于商务印书馆的产品等等。

（3）目标集聚战略

目标集聚战略要求出版集团将产品定位于某一特定的顾客群，将产品限定在某一细分类，将销售区域限定在特定地域等等。这一战略的前提是：公司能够以更高的效率、更好的效果为某一狭窄的战略对象服务，从而超过在更广阔范围内的竞争对手。结果是，公司或者通过较好满足特定对象的需要实现了差异化，或者在为这一对象服务时实现了低成本，或者二者兼得。盛田昭夫创立的圆圈理论指出：无数的大圆圈与小圆圈之间，必然存在空隙，即还有一部分尚未被占领的市场。这些空隙部分，就是可以实施目标集聚战略的地方。实施目标集聚战略要求具备几个条件：

1　迈克尔·波特.竞争战略.北京.华夏出版社，2005.

第一，积极适应环境变化。企业要以环境为基点制定竞争战略，必须充分考虑环境的变化，这样才能生存与发展。第二，把握竞争对手情况。要以竞争对手忽视或者无法提供服务的购买者群体的需求作为切入点。如果竞争对手在满足某领域需求时的策略，与消费者最高满意度之间存在差异，消费者需求没有得到很好满足，这正是可取而代之的机会。第三，明确竞争定位。要根据企业自身的资源状况客观地确定自己优势的竞争地位。

出版集团如果采用这一战略，则其战略投资就将主要投向特定市场、特定产品分类或特定区域的渠道建设等。通常而言，目标集聚战略是不具备充足资源和竞争实力的出版企业的首选。以我国出版企业"走出去"为例，一方面绝大多数中国出版企业尚不具备与国际出版巨头抗衡的实力，另一方面跨国出版巨头无暇顾及产业内一些狭小而偏好多样的消费群体。因此，"见缝插针"地选择目标集聚战略可以获得较大的成功。此外，目标集聚战略也是有实力的出版集团实施扩张的必要战略。对于它们而言，在选择进入新的、不熟悉的行业和产业的时候，同样要像小的出版企业那样寻找目标集聚点，并通过多个目标集聚战略组合实现扩张，从而获取丰厚利润。这样所获得的竞争优势会远远高于总成本领先战略。

第五章　出版集团战略投资的基本模式

　　根据分类标准的不同，出版集团战略投资的基本模式也有所不同。通常而言，根据合作方国别的不同，出版集团战略投资的模式可以分为国内合作和国外合作等两种类型；根据合作方关系的不同，出版集团战略投资的模式可以分为松散型的战略投资模式、半紧密型的战略投资模式和紧密型的战略投资模式三种类型。这两种分类方式比较通俗易懂，但不好做量化分析。因此，在实际运作过程中，通常是根据合作对象的不同来界定其基本模式，这样做更具有现实针对性和可操作性。

　　根据合作对象的不同，出版集团战略投资的模式可以分为基于项目的战略投资模式、基于自然人的战略投资模式、基于法人实体的战略投资模式、基于资本运营的战略投资模式等四种类型。一般而言，基于项目的战略投资模式操作起来比较简单，不会牵涉太多人力、物力和财力，资源消耗相对较小，预期收益比较稳定，风险容易控制。基于自然人的战略投资模式主要涉及与自然人之

间的缔约问题，预期收益相对稳定，风险比较好控制。基于法人
实体的战略投资模式操作起来会相对复杂些，涉及"剩余控制权"
和"剩余索取权"之间的合理配置，涉及股权的分配模式以及企
业文化冲击问题，消耗的各种资源比较多，风险系数比较大，但
预期收益也相对较大。基于资本运营的战略投资立意高远，涉及
现代企业复杂的资本运作手段和股票、债券市场运作，预期收益
巨大，同时风险系数更大。

第一节　基于项目的战略投资模式

　　基于项目合作的方式在出版业非常普遍，这是一种松散型的
短期投资模式。它可以分为内容资源合作、渠道资源合作、版权
贸易合作等三种模式。

　　1. 内容资源合作

　　出版业作为内容产业，"内容为王"的市场法则屡试不爽。
一般而言，具有优质内容资源的出版企业，往往具有雄厚的内容
供给能力和强大的市场号召力。受计划经济体制下条块分割的资
源配置模式影响，我国出版资源的分配和供给也存在一定的不平
衡。因此，内容资源的合作是目前出版企业之间最普遍也最为成
熟的合作模式。说其普遍是因为这种合作的可能性很大，一般出
版企业在实际的出版实践中都会遇到；说其成熟是因为这种合作
一般是比较松散型的资源合作，责权利比较明确，容易形成互利

共赢的合作模式。这种合作一般是一套大型丛书的选题策划、作者队伍和编辑资源上的合作。这样的合作具有以下几种功能。

（1）有利于组织实施大型出版工程

任何出版企业的资源都是有限的，一个卷帙浩繁、规模宏大的出版工程往往难以凭借一社之力而单独完成。大型出版工程不仅涉及庞大的经费支出和人力成本，也涉及知识产权的横向对接与市场网络的协同渗透。因此，通过国内出版企业之间的横向合作方式，往往能够顺利地推动重大出版工程的组织实施。

中国出版集团公司从 2004 年推出的我国出版界的标志性出版工程《中国文库》，就是一个大型出版项目的内容资源合作的典型案例。《中国文库》计划遴选 20 世纪以来我国人文社会科学领域的 1000 种经典著作结集出版。截至 2010 年底，《中国文库》已经推出了前四辑共 410 种图书，使许多被尘封在历史记忆中的中国原创学术文化经典复活，在出版界和学术界产生了深远影响。由于这一工程规模浩大，格局宏伟，涉及面广，在运作模式上，它不仅面向中国出版集团内的包括人民文学出版社、中华书局、商务印书馆、三联书店等知名品牌机构遴选优质稿件，而且也面向全国兄弟出版机构选稿。出于传承中国优秀文化的历史责任感，以及工程开放成熟的运作模式的吸引，国内许多出版社纷纷拿出自己的"镇社之宝"加入《中国文库》。截至 2009 年 7 月，《中国文库·第四辑》（《中国文库·新中国 60 年特辑》）出版时，全国已经有人民出版社、中国人民大学出版社、中央文献出版社、中国青年出版社、复旦大学出版社、河南文艺出版社等 70 多家知名出版社加盟，获得了社会效益和经济效益的双丰收，使得它成为功在当代、利在千秋的标志性出版工程。

（2）有利于实现资源优势互补

由于客观的经济社会原因和出版业条块分割体制，我国的出版资源分配很不均衡。在北京、上海这两个经济文化高度发达的地区，出版社的数量不仅占据了全国 580 家出版社的半壁江山，而且还拥有一批历史悠久、积淀深厚、品牌响亮的大社名社。而在地方尤其是西部边远地区，出版力量比较薄弱，出版资源比较稀少。近年来，随着出版发行体制改革的持续推进，一些中央级的大社尽管在大众出版领域依旧拥有比较高的市场占有率，而在专业出版领域尤其是教育出版领域的实力逐渐下滑。而一些地方出版社尤其是地方教育出版社在教育出版领域的实力不断增强，有些地方教育社甚至占据地方 50% 以上的市场份额。

自 2001 年教育部启动新一轮基础教育课程改革以来，在教育出版领域，许多教育出版社共同开发教材和配套的教学辅助资源，以构建具有强大市场优势的市场共同体和产业出版联盟。江苏教育出版社和华东师范大学出版社共同参加全国中小学教材的改革和招标，共同分享政策资源、教育资源和出版资源，不仅有效地阻击了一些潜在的竞争对手，也提高了市场竞争力和市场占有率。

2. 渠道资源合作

出版业既是一个"内容为王"的行业,也是一个"渠道为王"的行业。再好的金点子策划,再好的出版项目,如果没有畅通快捷的市场渠道予以铺货销售,一切则归于镜中花、水中月。在地域垄断、市场壁垒比较严重的情况下,市场渠道是否畅通无阻往往是优秀的出版项目能否脱颖而出并创造辉煌的关键。渠道合作通常也是一种很好的项目合作方式。

2009 年 6 月 26 日,天津出版总社、内蒙古新华发行集团股份有限公司分别与北方联合出版传媒(集团)股份有限公司在北京签署《战略合作框架协议》,三方在国内出版业率先达成合作共识,联手跨地区打造大型出版传媒产业集团和战略投资者。作为中国出版业国有独资、国有控股出版发行企业与出版上市公司之间的首次跨地区合作,三方将重点打造出版、发行资源互利互补的一体化产业链,加强在出版、发行各项主营业务领域的质量效益型发展,并着力在细分领域建立良好的竞争优势,以高科技手段实现管理创新,实现高水准的出版、发行业务的数字化、网络化运营。三方达成共识,将充分尊重各方积累和创造的资源、品牌、特色以及经营管理经验、人才团队、领军人物等,充分着眼长远发展,通过强化主业创新战略、体制机制创新战略、科技创新战略、人才发展战略,建构新的产权结构、资本结构和治理结构,实施规模化、集约化、专业化、效益化发展,共同创造主营业务的可持续发展和良好收益。让合作成果惠及自身产业的快速发展，惠及双方所在地文化产业发展，惠及广大职工群众。[1]

3. 版权贸易合作

版权贸易合作指国内的出版企业与国外、境外的出版机构共同从事一些重点图书的版权合作和全球策划、宣传、销售等活动。这样的合作是目前中国出版企业与海外的出版机构包括世界出版巨头合作的一种最为普遍的项目模式，也是一种产品"走出去"的方式。

对于中国出版企业而言，开展版权贸易合作具有诸多优势：第一，有利于及时了解和掌握国际出版业的最新动态和图书市场的最新资讯，引进国外先进的科技、知识和文化。第二，有利于学习和吸取国外出版业的先进出版理念和管理经验，提升中国出版业的现代化水平。第三，有利于借用国外的图书销售网络，弘扬我国传统文化精华，实施"走出去"战略，扩大中华文化的国际传播力。当然，基于项目的版权合作对国外的出版业也是十分有利的，不仅可以帮助海外出版企业尽快融入中国市场，得到中国读者的广泛关注，也会给对方带来现实的经济利益增量。

这种合作的优秀案例很多。例如，辽宁出版集团的《中国读本》以英、德、俄、蒙古、藏、维吾尔、哈萨克、朝鲜、中文繁体等10种文字面世，而且与美国、法国、意大利、日本、韩国、马来西亚等国家的版权代理公司或出版商达成出版协议；长江文艺出

1　许红洲.天津出版总社、内蒙古新华发行集团、辽宁北方联合出版传媒共同签署《战略合作框架协议》.经济日报，2009-6-26.

版社的《狼图腾》以 10 万美金的预付款和 10% 的版税被企鹅出版集团买断全球英文版权；中华书局的《于丹〈论语〉心得》被英国麦克米伦公司以 10 万英镑买下全球英文版权，创下中文单本版权输出版税收入的最高纪录，而且还以 22 个语种的文字全球出版发行。此外的例子还有，清华大学与施普林格公司开展的多种英文版图书合作，商务印书馆与哈佛商学院出版公司开展的哈佛经管丛书的翻译与推广等。

由于多种原因，长期以来，我国出版业的版权输出比例与版权引进比例一直是处于不平衡状态，呈现出版权贸易的逆差，早期甚至出现高达 1:14 的版权贸易逆差。可喜的是，近年来，随着有关行政管理部门的高度重视，随着"中国图书对外推广计划"等一系列扶持政策的实施，版权贸易的逆差不断缩小，目前这一比例已经逐渐下降到 1:3 左右。而且，版权输出地也不再限于东南亚等国家和地区，也开始大量地输出到欧美发达国家的市场。

第二节　基于自然人的战略投资模式

1. 自然人战略投资的定义

"公民是指具有一国国籍，并根据该国宪法和法律规定享有权利和承担义务的人。自然人是指人生活在天地之间的一种平等状态，既包括本国公民，也包括外国人和无国籍人。根据我国宪法和有关法律规定，凡是具有中华人民共和国国籍的自然人，都是我国的公民。在法律上，公民终身享有民事权利能力。"[1] 由此可见，自然人是指在自然平等状态之下作为独立民事主体的人。从法律上看，他和公民一样参加民事活动，享有权利并承担义务。自然人作为民事主体资格具有两个法律特征：第一，自然人主体资格具有广泛性。即任何人都要参加民事法律关系，不论其是否愿意，都要受到民事法律关系的调整。第二，自然人主体资格的平等性。民法上的平等是机会平等，而不是实质平等。所有的人都享有平等的民事权利，履行平等的民事义务。

基于自然人的战略投资，是指出版单位与一个或者多个自然人签署协议，赋予自然人一定的权利与义务，或者与自然人共同出资新设独立的经营实体的投资方式。

2. 出版业自然人战略投资的实践

近几年，国内出版界出现了一种崭新的自然人投资模式，那就是一些出版单位与拥有丰富出版资源、渠道资源或核心价值资源的自然人签约成立股份制公司，共同从事一些具有良好的市场前景的图书的编辑、出版和发行。这些自然人并不在与其合作的出版机构内部中担任职务，也不受其日常管理，有着自由的身份和独立的裁量权。自然人与出版社之间建立的是一种半紧密的合伙经营关系，彼此之间的身份定位更像是合伙人或者参股董事。此前，与自然人进行战略合作的方式并不多见，即便有，一般也是出版单位与著作权所有人签署出版协议书，而这基本上可归结

---

1 余能斌、马俊驹 . 现代民法学 . 武汉：武汉大学出版社，1995.

为前面提到的基于项目的战略投资范畴。

基于自然人的战略投资方式有两种，一种是出版机构与自然人共同出资注册成立新公司，各自根据出资比例持有公司的相应股权。另一种是出版机构出资金，自然人以出版资源或者独立品牌资源作价入股，根据双方之间签署的契约持有一定股权。

2008 年，辽宁出版传媒集团的子公司万卷出版有限责任公司（下称万卷公司）与"国内颇有成就的知名出版策划人"路金波、李克合资，分别经营辽宁万榕书业发展有限责任公司和智品书业（北京）有限公司。万榕书业的经营范围包括图书选题策划、图书发行、版权贸易、影视制作、互联网发行等多项业务。路金波即知名网络写手"李寻欢"，曾参与创办网站"榕树下"，并出任该网站的副总经理和总编。2000 年以来，他开始与王朔、韩寒、安妮宝贝等作者签约，成功运作了《一座城池》《莲花》等多本畅销图书。而李克擅长中华传统文化、国学经典类图书选题策划、营销，以及文史类细分图书市场开发，策划过《家藏四库》《世界通史可以这样读》《中国历史可以这样读》等畅销图书。万榕书业和智品书业的注册资本分别为 2000 万元、2040 万元，万卷公司均以 51% 控股，两位自然人则各占 49% 股权。两位自然人均以"资源出资"的方式入股，并未直接对合资公司现金出资。不过，两位合资者也有相应承诺。他们承诺完成合同规定的三年内营业收入额和利润额，如果未能完成规定的年度经营指标，同意从其按股份取得的收益中等额扣除，作为对万卷公司的补偿。

2009 年 4 月 21 日，湖北长江出版集团旗下湖北教育出版社与自然人、知名英语学习品牌的著作权人王迈迈在武汉共同出资组建湖北尚文出版传媒股份有限公司。同年 4 月 25 日，新组建的中南出版传媒集团旗下的岳麓书社，与自然人、北京师范大学教育学院肖川教授共同出资组建长沙潇岳文化传播有限责任公司，共同从事教育类图书的研发与推广。

出版机构与自然人的合作，主要基于自然人拥有出版机构所不具备的核心智力资源、市场资源和策划能力。在一定意义上说，这种合作方式既彰显了在变革年代中"不拘一格用人才"的激励机制，也深刻地表明知识经济时代的"知本家"真正地开始在出版业落地生根，开花结果。它有利于增强出版业的创造活力和发展动力，有利于推动体制转换和机制创新体制，有利于激发更多的青年才俊和一流的出版人才脱颖而出，从而为中国的出版业培养一支专业化、高素质的职业经理人队伍。

第三节　基于法人实体的战略投资模式

基于法人实体的战略投资一般是指出版单位与合资方共用注资成立一家新的公司，从事出版、发行以及相关业务活动。它也分为国内合作与国外合作两种方式。对于前者而言，主要是国内的出版机构与国内法人实体（企业、社会团体等）缔结合约，成立独立的经营实体，共同致力于国内的市场业务；对于后者而言，则是国内的出版机构与国外的法人实体（企业、社会团体等）缔结合约，成立独立的经营实体，共同致力于国外的市场业务。这种合作模式是一种半紧密型的战略投资方式。

1. 国内法人实体间合作

国内合作是指合作双方都是国内的企业或者相关单位，都处于统一政策法规框架和文化背景之下，通过合作以实现资源共享、品牌互动、效益均沾。从合作方的业务属性来看，国内实体合作可分为行业内的法人实体合作、行业内与行业外之间的法人实体合作两种类型。从合作方的资本构成属性看，国内实体合作又可分为国有资本实体与国有资本实体之间的合作、公有资本实体与非公资本实体（主要是民营资本实体）之间的合作两种类型。

（1）行业内的法人实体合作

它是指同为出版单位的合作方以资本为纽带在国内设立新的企业。这种合作一般限于具有相同或者相邻业务范围的出版单位，为的是共享优质出版资源。例如，中国青年出版社向 21 世纪出版社融资，协议出资组建了东方幼狮文化传播有限公司，致力于青少年读物和少儿读物的出版发行。

（2）行业内与行业外之间的法人实体合作

它是指出版单位与非出版领域的法人实体以资本为纽带在国内设立新的企业。这种合作大多是源自合作方各自的优质资源具有差异性互补的特征，能够通过资源整合实现强强联合、优势互补。例如上海世纪出版集团公司携手中国最大的零售商业集团百联集团有限公司，共同投资 3000 万元，成立了上海百联世纪图书连锁有限公司。对于上海世纪出版集团而言，这次合作让他们获得了一个新的图书零售渠道，便于及时了解图书终端销售市场的动态变化，可以扩大图书零售市场的占有率。对于百联而言，可以通过多元化的增值服务吸引更多的消费者在商场观光驻足，积聚更多人气和财气。

（3）国有资本实体与国有资本实体之间的合作

事实上，在没有启动出版单位转企改制之前，出版业就存在着出版单位与行业内外的国有单位之间的多种形式的合作。例如在 20 世纪 80 年代，许多中央出版单位与地方的政府部门、国有企事业单位合作设立分支机构或经营实体，共同从事编辑出版经营活动。相对来说，这种合作的操作难度不大，基本受到了有关政策的默许，在此不必赘述。

（4）公有资本实体与非公资本实体之间的合作

这种合作可以说经历了一个漫长而艰难的"破冰之旅"的制度变迁过程。它一般是指国有资本与民营资本、国有资本与外资之间的合作。在当下的宏观出版政策环境下，它主要体现为国有资本实体与民营资本实体之间的合作。

在历史上，民营资本对中国的近现代出版业作出了巨大贡献。近代最大的两个出版机构商务印书馆和中华书局都是民营书业。新中国成立之初，基于我国特定的社会主义政治、经济、文化制度的规定，所有建国前成立的民营出版机构在"公私合营"的政策下转变了历史角色，正式确立了国有事业单位的制度身份，所有的出版机构全部都是国有资本独资经营。

至 20 世纪 80 年代，恰逢中国出版业的一个黄金时代，在出版业存在着总供给不足、总需求过剩的巨大矛盾的历史背景下，民营书业悄无声息地从现实中复活。起初的民营书业主要从事出版业的下游链条即发行业务，通过开办大量的民营书店逐渐建立了具有庞大市场吞吐量的独特发行渠道——即通常所说的独立于国有新华书店系统之外的"二渠道"。

进入 20 世纪 90 年代中期以后，随着民营书业的经济实力不断增强，以及一批知识精英投身到民营书业，民营书业的经营范围逐渐扩大，普遍实施"两手抓"的政策，一手继续抓好与国有发行渠道的整合，一手开始抓与国有出版社的内容合作，从事策划和编辑出版业务。但是，由于有关出版管理法规的制度性约束，民营书业与国有出版单位之间的内容合作有点"犹抱琵琶半遮面"的感觉，一直处于"地下"或者"半地下"状态。

进入 21 世纪以来，随着我国出版物总发行权和二级批发业务向非国有资本开放，民营书业进入出版物总发行和二级批发的数量大幅度增加。2004 年，在国内规模巨大的民营教育书业公司山东世纪天鸿书业有限公司首家获得"出版物国内总发行权"和"全国性连锁经营权许可证"，此后，陆续有 13 家民营与股份制书业企业获得国内总发行权。我国出版业一个重要的新特点是：

民营资本和业外资本日渐成为中国出版业重要组成部分。[1] 最近几年，民营书业日趋活跃，与国有出版单位合作成立独立法人实体成为一大亮点。如上海英特颂公司联手国有江苏新华发行集团，成立"上海万卷新华图书有限公司"，江苏鸿国文化产业有限公司与新华书店总店合资成立江苏新华鸿国书城管理有限公司等。在 2009 年 3 月新闻出版总署《关于进一步推进新闻出版体制改革的指导意见》颁发后，更是掀起了一场前所未有的国有资本与民营书业合作的热潮，一批大型出版集团与一些资源禀赋好的民营出版机构纷纷签署战略合作协议，建立密切的战略伙伴关系。

改革开放 30 多年来，我国法律和有关政策中，对民营书业性质、地位的认识，及其与国有出版单位合作的态度，经历了很大变化。

1980 年 12 月，国家出版局发出《建议有计划有步骤地发展集体所有制和个体所有制的书店、书亭、书摊和书贩》的通知，这是改革开放以来关于民营书业的第一份文件。

1982 年，文化部出版管理局在《关于图书发行体制改革问题的报告》中，提出了"一主三多一少"，即以新华书店为主，多种经济成分、多种购销形式、多条流通渠道，少流通环节。此阶段的改革，积极提倡发展集体书店，适当发展个体书店，促使出版发行业开始摆脱计划经济的束缚，转型转轨。

1988 年，中宣部、新闻出版署联合印发《关于当前图书发行

1　中国出版科学研究所 .2004–2005 中国出版业发展报告 . 北京：中国书籍出版社，2006.

体制改革的若干意见》，提出了"三放一联"的改革思路。此阶段的改革立足于改革企业内部管理机制，面向市场增强企业活力，并为集体、个体书店的发展提供了有利契机。

1996年，新闻出版署发出《关于培育和规范图书市场的若干意见》，提出建立全国统一开放、竞争有序的出版物大市场，打破地方保护，提倡集约化经营。此阶段的改革，重在宏观调控，加强管理。

2003年，修改后的《出版物市场管理规定》出台，第一次取消了设立出版物总发行单位及批发单位的所有制限制，同时降低了设立出版物零售单位的准入门槛，解决了长期困扰民营企业发展的市场准入问题，帮助民营书业摆脱了"二渠道"的帽子。

2003年12月，《国务院办公厅关于印发文化体制改革试点中支持文化产业发展和经营性文化事业单位转制为企业的两个规定的通知》（国办发〔2003〕105号文件）颁发，规定："国有发行集团、转制为企业的科技类报刊和出版单位，在原国有投资主体控股的前提下，允许吸收国内其他社会资本投资。"它打破了出版业国有资本的垄断地位，改变了出版业的所有制结构和资产结构，标志着民营书业也能以资产所有者的身份进入出版业。

2004年宪法修正案明确指出："国家保护个体经济、私营经济等非公有制经济的合法的权利和利益。"这为包括民营书业在内的民营经济确立了最高的法律保障。

2005年年初，国务院通过《关于鼓励支持和引导个体私营等非公有制经济发展的若干意见》（简称"非公 36 条"），这是我国第一部以促进非公有制经济发展为主题的中央政府文件，是坚持和完善我国基本经济制度、促进非公有制经济发展的一项重大举措，为民营经济包括民营书业的发展提供了更广阔的发展空间。

2008 年 10 月，《国务院办公厅关于印发文化体制改革中经营性文化事业单位转制为企业和支持文化企业发展两个规定的通知》（国办发〔2008〕114 号文件）规定："经批准设立国有或国有绝对控股的文化产业投资基金，作为文化领域的战略投资者，对重点领域的文化企业进行股权投资，推动文化企业跨地区跨行业改制重组和并购，切实维护国家文化安全。"

2009 年 3 月，新闻出版总署《关于进一步推进新闻出版体制改革的指导意见》（新出产业〔2009〕298 号文件）规定："引导非公有出版工作室健康发展，发展新兴出版生产力。""积极探索非公有出版工作室参与出版的通道问题，开展国有民营联合运作的试点工作，逐步做到在特定的出版资源配置平台上，为非公有出版工作室在图书策划、组稿、编辑等方面提供服务。鼓励国有出版企业在确保导向正确和国有资本主导地位的前提下，与非公有出版工作室进行资本、项目等多种方式的合作，为非公有出版工作室搭建发展平台。"这个文件首次赋予民营书业与国有出版单位开展编辑出版业务合作的合法性地位，确立了民营书业作为一种重要文化生产力的历史性地位，具有重要而深远的历史意义。

由上可见，伴随着文化体制改革的进一步扩大和深入，伴随着我国政治经济文化社会形势的不断变化，伴随着思想不断解放和出版业自身发展，我国出版业对民营书业的认识经历了一个逐渐深化的思想过程，有关政策的制定也经历了一个逐渐成熟的制度变迁过程，公有资本实体与非公资本实体之间的合作必然也会经历逐步深化的过程。

2. 与国外法人实体合作

基于企业的国外合作是指国内的出版单位与境外的出版企业合作成立新的出版发行机构。

随着我国加入了世界贸易组织，我国的出版物市场对外开放的范围日益增大，开放力度逐渐增加。在境外的国际资本大规模进入中国出版发行市场的情况下，国内的出版单位通过与国外的出版企业开展机构合作，既有利于深入地掌握符合国际惯例的出版经营策略，主动地与国际标准接轨；又可以借用国外出版方的渠道优势和品牌优势，帮助中国出版企业"走出去"，不断提高中国出版业在世界出版业格局中的地位，提高中华文化在全球文化体系中的地位。

（1）与国外实体合作的类型

①"引进来"模式

即引入外资注入在我国从事生产经营活动的出版企业。这种模式主要存在于20世纪80年代至90年代。例如，1988年，我国成立第一家中外合资的万国学术出版社。又如1993年，商务印书馆与香港商务印书馆、新加坡商务印书馆、马来西亚商务印书馆等在北京成立商务印书馆国际有限公司。目前商务国际公司利用商务印书馆的百年品牌优势和深厚积淀，经过自身不懈努力，在工具书市场取得了骄人业绩，成为全国图书零售市场中排名第二的工具书出版社。

②"走出去"模式

即中资企业成功注入在海外从事生产经营活动的出版企业。进入 21 世纪后，随着我国政府大力推动实施"走出去"战略，采取这种模式在境外设立经营性合资实体的中国出版机构日益增多。中国出版集团公司自 2006 年以来，先后在悉尼、伦敦、巴黎、纽约、首尔、东京等地设立 8 家合资的海外出版公司，聘用了 50 多名外籍员工，出版了数百种弘扬中国传统文化的图书，取得了较好的社会效益和经济效益。2008 年以来，中国出版集团公司又先后在美国纽约、英国伦敦开办了 5 家合资的海外新华书店，揭开了新华书店在国外发展的历史新篇章。2008 年 7 月，人民卫生出版社在加拿大全资并购了业界知名的 BC 戴克出版公司，成为国内第一家通过并购方式"走出去"的出版企业。2009 年 4 月，湖北长江出版传媒集团有限公司与英国出版商合资成立了天一出版有限公司。然而，总体上说，我们在与国外实体进行合作、实现出版实体"走出去"方面，做得还很不够。

（2）与国外实体合作的领域

①印刷领域

印刷行业是外资最早进入我国出版业的主要领域。加入

WTO 之后，其进入速度大大加快。2002 年，我国共批准外商投资印刷企业 102 家，投资总额 5.68 亿美元，注册资本总额 3.02 亿美元。2003 年，共批准外商投资印刷企业 84 家，投资总额 4.69 亿美元，注册资本总额 2.49 亿美元。2004 年外商投资印刷企业 55 家，投资总额 1.33 亿美元。到 2006 年，除规定出版物印刷企业必须由中方控股以外，其他印刷行业已全部开放，已批准中外合资、外商独资的印刷企业有 2000 多家。

②分销领域

2003 年，由新闻出版总署和对外贸易经济合作部联合颁布的《外商投资图书、报纸、期刊分销企业管理办法》规定：从当年 5 月 1 日起，中国允许外国投资者在国内市场从事图书、报纸和期刊的零售业务。这个规定只是放开了中国版图书的零售业务，没有放开图书批发及连锁经营业务。

2003 年 12 月，经国家新闻出版总署和商务部批准，全球拥有 2800 万会员、国内会员 150 万之多的贝塔斯曼集团宣布，已经正式注资北京二十一世纪锦绣图书连锁有限公司，拥有其公司 40% 的股份，二十一世纪锦绣图书则成为国内首家中外合资的全国性图书连锁机构。

2004 年 8 月 19 日，亚马逊公司收购卓越网 100% 的股权，这是目前为止最大的一起出版业的外资并购。

2004 年 12 月 1 日起，新闻出版总署允许外商投资图书、报纸、期刊批发企业，取消对外资从事书报刊分销服务企业在地域、数量、股权及企业设立形式方面的限制，但加入 5 年内超过 30 家分店的书报刊连锁企业不允许外资控股。当年，新闻出版总署批准了 12 家外商投资图书、报纸、期刊分销企业。除一家合资企业未做统计外，当年的注册外资总额达 5.47 亿元人民币，外资在我国分销领域的投资日益增大。

2006 年，新闻出版总署已经批准外资投资的分销服务企业 38 家，其中 14 家有批发权。

2008 年，贝塔斯曼宣布，关闭在中国 18 个城市的 36 家实体零售门店，贝塔斯曼"书友会"停止接受所有订单，解散上海贝塔斯曼文化实业公司。

③出版领域

在期刊出版领域，20 世纪 80 年代，国内就已出现一些中外合作期刊。加入 WTO 后，外资加快进入中国期刊市场的步伐。不过，在 2006 年，出于多种因素的考虑，我国宣布暂停科技类以外的外国杂志进入国内市场，但国内出版社和外国合作者还可以开展版权合作。目前，外资参与的刊物如《时尚》《世界时装之苑》《健康之友》《新娘》《追求》等，已在国内同类刊物中处于领先地位。据初步估算，中国广告收入排名前 10 位的期刊中，几乎半数是与外资出版集团合作的中文版。

在图书出版领域，中外出版企业之间的实体化合作的案例非常多，几乎所有的中外合资出版企业都以出版图书为主营业务，我国的畅销书排行榜上不少书是外国引进版图书。此外，虽然目前我国政策规定不允许外资进入出版编辑环节，但是开放了单本书的项目合作，中外版权贸易也十分红火，我国的版权贸易逆差也在逐渐缩小。

值得注意的是，无论是采取哪一种对外合作方式，或在哪一个出版领域开展中外合作，都要坚持平等、互利、双赢的基本原则。在选择合作对象时，要注意选择实力强劲、专业性强的境外出版机构进行长期合作；在合资的法人实体化运作期间，要符合我国和当地的政策法规，确保正确的出版导向，加强宏观政策的引导与跨界文化的整合，确保中资占绝对控股地位，妥善处理彼此之间的分歧，善于寻找并凝聚共识。在出版业的中外合作历史上，曾经闹出了一场很有名的"华章风波"。华章公司是机械工业出版社与美国万国数据集团共同注资成立的一家出版发行公司，主要出版经管图书和计算机图书，并在这两个领域具有比较大的市场影响力。但在后来的合作中，由于双方在长期利益的分配和一些经营操作方式上出现比较大的争议，对不同文化背景下的办事程序和规则有着比较大的差异，结果出现了严重的纠纷和矛盾，给其日常经营业务带来了严重的负面影响。

此外，对于我国出版企业在海外合资成立的分支机构或者法人实体，一定要自觉地与国际出版惯例接轨，注意适应当地的法律法规，注意掌握当地的社会、历史、文化、宗教特点，学会尽快地融入本土文化环境，从而获得当地有关管理部门和普通消费者的认可。

第四节　基于资本运营的战略投资模式

基于资本运营的战略投资是指，出版企业以资本为核心纽带，将本企业的各类资本与其他企业、部门的资本进行流动与重组，实现生产要素的优化配置和产业结构的动态重组，从而达到利润最大化、股东权益最大化、企业价值最大化的最终目的。传统企业的资本运营方式大致有三种类型：第一种是通过企业间的托管、收购、兼并以及风险投资行为扩大资本结构，这是一种常见的扩张型资本运营形式；第二种是企业内部资产重组，即对企业的资产予以剥离、置换、转让、出售，这是一种收缩型资本运营形式；第三种是发行股票和债券，并通过增发新股、转让股权、转增股本、股份置换、股权回购、派送红股等方式来获得新的资本积累，这是一种比较现代的扩张型资本运营形式。

1. 出版企业资本运营的历史背景

一般而言，企业资本的来源渠道有两个：一是通过银行、信托等金融中介机构，以股权投资或贷款的形式获得资金，即间接融资；一是通过在资本市场直接发行债券、股票、国债等有价证券获得资金，即直接融资。在我国，从建国初直到整个改革开放启动的 20 世纪 80 年代，企业的融资渠道基本上以间接融资为主。从 1994 年起，我国的投资体制和金融管理体制发生重大变化，投融资主体、投融资方向、资金来源逐渐多元化，例如国有经济投资所占比重从 1980 年的 82% 下降为 2003 年的 39%，而个体和其他经济所占比重从 1980 年的 13% 上升为 2003 年的 47%。[1] 政府从依靠行政命令直接控制企业投资，开始转变为通过各项经济政策引导市场，从而间接影响企业投资；从依靠国家计划指标和项目审批等手段直接控制投资总规模和投资结构，转变为通过经济、技术政策以及政策工具进行投资管理。2004 年 7 月，《国务院关于投资体制改革的决定》出台，进一步提出建立自主决策、行为规范、责权利统一的多元投资主体体系。

出版企业的资本运作是一个比较新颖的课题。因为长期以来，我国出版业作为具有强烈意识形态色彩的行业，主要承担着政治责任和文化责任，产业整体规模相对较小，市场效益诉求不够明确，投融资需求不够强烈，资本运作渠道比较单一。在加入 WTO 后，随着国际出版业的外部竞争压力加大，以及行业内部市场化改革纵深推进，我国出版业在妥善解决转企改制的历史包袱、实现整体做大做强等方面，都需要巨大的资本投入和金融支持，开始表现出前所未有的资金渴求。而在传统的银行无息或贴息贷款等融资渠道被业已出台的各种刚性的政策法规和制度切断后，开展资本运营也就成为出版企业应时而动的必要的经营手段。

1982 年诺贝尔经济学奖获得者、著名经济学家施蒂格勒说："世界上著名的大企业大集团，几乎没有哪一家不是在某种程度上以某种方式，通过资本兼并收购等资本运营手段发展起来的，

1　李晓西.宏观经济学（中国版）.北京：中国人民大学出版社，2005.

也几乎没有哪一家是完全通过内部积累发展起来的"。随着我国社会主义市场经济体制的建立和完善，出版企业单纯依靠内部积累取得发展，已经越来越不适应新的出版市场竞争环境，已经越来越不利于企业自身竞争优势的建立和维持。在 1950 年至 1980 年，美国出版界爆发了一股异常迅猛的企业上市热潮。一大批知名出版企业通过上市募集了巨额资金，不断做大做强，初步奠定了美国出版业的新格局。进入 21 世纪以来，美国出版传媒业更是频频通过资本并购与重组，大力实施数字化发展战略。从 2000 年到 2008 年，美国的出版传媒业开展了 1026 次资本并购，年均 114 次；交易金额达 774 亿美元，年均 86 亿美元。即使在遭遇国际金融危机的 2008 年，美国的出版传媒业也进行了 109 次资本并购交易，并购金额达 20 亿美元。可以说，出版业在经历"内容为王""渠道为王"的时代之后，已经进入了一个"内容为王""渠道为王"与"资本为王"并重的时代。

《国务院办公厅关于印发文化体制改革试点中支持文化产业发展和经营性文化事业单位转制为企业的两个规定的通知》（国办发〔2003〕105 号文件）规定："通过股份制改造实现投资主体多元化的文化企业，符合条件的可申请上市"。

《国务院办公厅关于印发文化体制改革中经营性文化事业单位转制为企业和支持文化企业发展两个规定的通知》（国办发〔2008〕114 号文件）规定："通过公司制改建实现投资主体多元化的文化企业，符合条件的可申请上市。鼓励已上市企业通过公开增发、定向增发等再融资方式进行并购和重组。鼓励文化企业进入创业板融资。"

新闻出版总署《关于进一步推进新闻出版体制改革的指导意见》明确指出，新闻出版体制改革的目标任务之一，是"推动跨媒体、跨地区、跨行业、跨所有制的战略重组，开拓融资渠道，培育一批大型骨干出版传媒企业，打造新型市场主体和战略投资者"；同时还指出，"积极支持条件成熟的出版传媒企业，特别是跨地区的出版传媒企业上市融资。在三到五年内，培育出六七家资产超过百亿、销售超过百亿的国内一流、国际知名的大型出版传媒企业"。

这些政策规定不仅从政策层面和制度层面上为出版企业上市融资、做强做大提供了合法性依据，而且决定了新一轮的出版产业竞争的主旋律就是战略重组和改制上市。对于转企改制的出版企业而言，谁能够抢抓历史机遇，通过包括资本扩张、战略重组和改制上市等在内的现代资本运营方式，不断壮大整体实力，谁就能够在未来的出版经济地理格局中获得主动权和制胜权。

2. 资本运营对于出版企业发展的作用

（1）资本运营是整合优质出版资源的法宝

企业整合资源一般有两个层次：一个是初级层次的，就是把已有的资源利用好，提高集约化经营管理水平；另一个是高层次的，在企业发展的不同阶段有效地获取自身需要的不同外部资源。在出版业，内容资源、作者资源、渠道资源、人力资源、资本资源等都是重要的生产要素，需要企业统筹规划和整体经营。通过资本运作整合资源已经是众多国际一流企业的发展战略。例如，美国的思科公司就是通过不断的资本收购来整合各种优质技术资源，从而保证了它长时间在计算机网络系统领域的世界领先地位。联想集团收购 IBM 的 PC 业务也是如此。

（2）资本运营是实现出版企业市场价值最大化的利器

资本市场具有将企业未来的潜力转变为现实的能力。如著名搜索引擎企业百度公司 2005 年成功上市后，就募集到几十亿的发展资金，既有效地实现了企业市场价值的最大化，又为继续在行业中"深挖洞、广积粮、终称王"打下了雄厚的基础。在一定意义上，投资资本市场就是投资未来。一旦把真金白银投向资本市场，就有可能瞬间积累巨额财富。处于转型变革期的社会常常会给人带来意想不到的机遇，资本运作对于促进出版企业的市场价值的最大化提升，对于扩大出版产业的整体经济规模和产业规模，都具有重要的意义。

（3）资本运营是实现出版企业做强做大的捷径

对于希望通过跨越式发展做强做大的企业，并购和上市不失为一条终南捷径。通过并购和战略重组，企业能够在比较短的时间内扩大资本规模和生产规模，获得规模经济和范围经济，大幅提升市场核心竞争力和整体经济实力。近几年来，一些出版传媒企业在攫获市场的"第一桶金"后，就开始通过资本扩张、上市融资等方式驶入加速发展的快车道，逐渐成长为行业中的佼佼者。

（4）资本运营是提高出版产业集中度的重要途径

由于历史原因和制度原因，我国的出版发行体制长期处于条块分割、区域封锁的状态，导致出版资源、市场资源、品牌资源严重分散，不仅无法催生出资本实力雄厚的大型跨国出版企业集团，而且也限制了产业集中度的提高，难以打造产业集群和品牌集群。目前，我国文化产业集中度明显偏低，市场分散，成本过大，效率偏低。出版业的有关资料显示，我国 CR10（前 10 名出版企业的图书零售市场占有率）约为 30%，而美国的 CR10 则高达 64%。因此，我国文化产业应在"政府主导、市场运作"的原则下，加快推进结构调整和资产重组，通过跨媒体、跨地区、跨行业、跨所有制的战略重组，促使优质资源聚合，尽快提高产业集中度。

（5）资本运营是提高出版创新水平和文化传播力的助推器

出版产业改革的最终目标不是为了获得最大化的经济效益，而是为了提高国内和国际文化传播力，不断增强国家文化软实力。通过现代资本运营手段，出版企业可以加快产业转型和内容创新，大力发展数字出版和全媒体出版，实现传播载体和传播形式的创新，更好地服务于广大读者；同时，通过吸纳更多的境内外资本来增强自身的产业实力，大力实施文化"走出去"的战略，提高中华文化的国际传播力。

不过，任何事物都有其两面性，资本运营也是一把双刃剑。做得好，会让企业发展壮大，做得不好，则会前功尽弃。资本运营本身具有很大的市场风险和经营风险，需要强烈的市场前瞻性和成熟的风险控制机制，需要出版企业家具备比较成熟的资本运作能力。如果盲目追求规模效应，并购大量不良资产，不断拉长战线，冒失进入陌生领域，孤注一掷地投机炒作，则极可能导致企业严重的内部管理危机和财务危机，最终走向全面崩溃，像"三株事件""德隆事件"等就是资本运营的惨痛案例。

3. 出版企业资本运营的基本方式

资本运营的基本方式，主要包括资本扩张、资本收缩、股票上市、债券发行等四种方式。其中，资本扩张和资本收缩属于比较传统、易于操作的资本运营方式，股票上市和债券上市属于比较现代、操作程序相对复杂的资本运营方式。本小节主要介绍资本扩张和资本收缩的基本特点，股票上市、债券发行则分别在本章第五节、第六节专门介绍。

（1）资本扩张

资本扩张，通常指在既定的资本结构和资本存量下，通过内部积累、追加投资、兼并、收购、托管等，扩大企业资本规模和生产经营规模的资本运作方法。根据产权流动的不同渠道，可将资本扩张分为横向资本扩张和纵向资本扩张两种类型。

①横向资本扩张

横向资本扩张是指交易双方属于同一产业或部门，产品相同或相似，为了实现规模经营而进行的产权交易。它有利于减少竞争者的数量，解决市场有限性与行业整体生产能力不断扩大的矛盾，打破资源和领域限制，实行跨媒体、跨领域经营。

2009 年 3 月，新闻出版总署《关于进一步推进新闻出版体制改革的指导意见》明确规定："鼓励和支持业务相近、资源相通的新闻出版单位，按照优势互补、自愿结合的原则，跨地区、跨部门组建出版传媒集团公司。"这条规定实质是鼓励在出版企业开展资本横向扩张。

2006 年 12 月，江西出版集团与中国宋庆龄基金会签署合作协议，对中国和平出版社进行改制重组。2007 年 12 月，改制重组方案得到新闻出版总署正式批准，江西出版集团出资 80% 控股。2008 年 3 月 24 日，由江西出版集团控股并与中国宋庆龄基金会联合重组的中国和平出版社有限责任公司在北京揭牌，这不仅在打破地域和部门界限方面具有重要意义，而且在建立规范的现代企业制度上具有示范意义。

2008 年 5 月 9 日，经新闻出版总署和江苏、海南两省主管部门批准，由江苏、海南两省新华书店集团合资组建的海南凤凰新华发行有限责任公司（以下简称"海南凤凰新华公司"），在海南省海口市挂牌，这是我国出版业首个跨地区战略重组的大型发行企业。两省新华书店重组的成功，标志着国有大型发行企业整合文化资源，打破地域限制，实现跨地区战略重组的首次尝试和有益探索，标志着文化体制改革取得了新的突破性进展，具有重要的意义。根据双方签订的《合资约定书》，在整合优化海南全省发行资源、组建海南省新华书店集团有限公司、实现整体转企改

制的基础上，江苏省新华书店集团有限公司以现金投入，占 51%
股权，海南省新华书店集团公司以全部净资产出资，占 49% 股权，
两家合资组建股份制公司，并按照《公司法》《投资协议》和《章程》
规定，设立股东会、董事会、监事会，健全法人治理结构。双方
的共同目标是，通过江苏、海南两省以资产为纽带的跨地区全面
重组，将努力实现 "五个突破"：即管理体制突破、经营机制突破、
发展战略突破、市场资源突破、深化改革突破。通过重组，推动
海南省新华书店集团化、企业化和股份制改造，使海南省新华书
店在不到两年的时间内，由事业单位转变为企业集团，成为真正
意义上的市场主体。[1]

2009 年 1 月 1 日，中国出版集团公司旗下的中国图书进出
口（集团）总公司和中国出版对外贸易总公司正式完成战略重组，
对外统一使用 "中国图书进出口（集团）总公司" 的名称开展业
务。按照重组方案，中国出版对外贸易总公司的全部资产、业务
以及人员整建制并入中国图书进出口（集团）总公司；保留中国
出版对外贸易总公司作为中国图书进出口（集团）总公司下的独
立法人实体，进行国际、国内贸易活动。中国图书进出口（集团）
总公司由此形成以出版物进口、出版物出口、国内外书展、海外
出版业务、国内出版业务和海外网点为基础的六大核心业务；中
国出版对外贸易总公司将主营以印刷机械进出口、纸张装帧材料
进出口、IBM 进口等项目为核心的三大产业服务项目。重组后的

1　章红雨 . 江苏、海南两省新华书店集团合资组建公司挂牌 . 北京：中国新闻出版报 ,2008-5-13.

新公司将实现专业化与多元化经营相结合，迅速扩大经营规模、增强发展后劲、提高竞争实力。此外，还将整合两公司原有的 20 多家海外机构，逐步形成中国出版物进出口、海外书店网点、海外出版、海外展览的合理布局，加快中国出版"走出去"步伐。重组后的新公司总资产超过 30 亿元人民币，年销售收入超过 22 亿元人民币，占有国内 60% 的出版物进口市场份额和 30% 的出版物出口市场份额，是中国规模最大、实力最强的文化产品进出口企业，其业务资源因此更具系统性、完整性、互补性，在书刊进出口、海外网点、展览业务、版权贸易、对外出版等方面处于行业领先地位。重组后的公司，也是我国出版界第一家跨地区、跨国经营的具有较强国际竞争力的公司，是中国最大的出版物进出口平台，将能为中国出版集团公司全面落实中国出版"走出去"战略奠定坚实的基础，也为今后集团股份制改造和兼并发展创造有利条件。

四川新华文轩股份有限公司根据全国 300 多家中小出版社、数十万个经销商之间缺乏连接中盘的现实，产生了一个很好的全国图书连锁销售概念，成立了分销事业部，在全国 25 个省级城市成立了分销公司，努力打造全国性的大中盘，打破发行市场的区域封锁和地方垄断。

当前，对于有实力的上市的出版集团或者出版企业，要做好横向资本扩张的准备，"一旦时机成熟就该买的买，该卖的卖，该守的守，该放的放，该跨的跨，该缩的缩，按照市场发展的规律来重组资源，形成全国统一的大市场"[1]。

②纵向资本扩张

它是指交易双方都处于生产经营不同阶段的企业或者不同行业部门之间，或者有直接投入产出关系的企业之间，为了实现规模经营或者整合产业链条而进行的产权交易。它有利于打造完整统一的市场链条和产业链条，节省交易成本和生产成本。

2009 年 3 月，新闻出版总署《关于进一步推进新闻出版体制改革的指导意见》明确规定："鼓励和支持中央部门和单位的新闻出版单位在财经、教育、科技、文化、卫生等领域牵头组建专业性出版传媒集团公司。"这条规定实质上是鼓励进行纵向的资本扩张。

一般而言，出版物的内容可以通过创新传播方式、传播载体、传播形态等手段向电影、电视、在线阅读、网络视频、手机、阅读器等其他媒体延伸，努力建构"全媒体出版"格局。作家出版集团依据作家出版社的相关资源成立了巨帆影视公司，并将作家出版社出版的小说《国家干部》拍成了电视连续剧，在全国引起轰动。这可以说是专业出版集团延伸出版产业链的成功典范。上海新华传媒集团通过向《解放日报》定向发行股票，使其业务由图书发行为主转向报刊经营、报刊发行、广告代理、媒体衍生产品开发等多种业务，逐渐由一个出版发行集团向一个现代传媒集团转型，这则从更广阔的产业链层面实践着出版集团通过资本市

1　孔庄.出版集团上市究竟该干什么.出版参考,2008,（10）.

场转型为传媒集团的美好愿景。

再如，动漫产业是一个新兴的朝阳产业，其产业链包括动漫报刊、动漫图书、网络动漫、网络游戏、手机动漫、手机游戏、动漫电子出版物、动漫音像制品、动漫影视、动漫衍生产品等十几个环节。其中网络游戏、手机动漫、动漫影视、动漫衍生产品等具有很好的市场前景，有眼光、有实力的出版集团或者出版企业完全可以用参股、合作、购并等方式向这些领域延伸，甚至还可以充分发挥其内容资源的优势，逐渐向专业动漫出版集团转型，形成一个类似于迪斯尼的动漫王国。日本的角川书店就是一个既做出版，也做动漫影视的上市公司。中国出版集团公司旗下的现代出版社，经过多年的努力，出版了蔡志忠、朱德庸、几米等名家的一大批成人绘本动漫作品，正在向一个大型动漫作品出版基地转型。

（2）资本收缩

资本收缩，是指企业为了提高运行效率、实现企业价值最大化，把所属的部分资产、子公司、某部门或分支机构转移到公司之外或者予以取缔，从而缩小公司整体规模的资本运作方式。它是扩张型资本运营的逆向操作方式，采取的是"做减法"的资本运营方式。它主要有资产剥离、公司分立、破产等三种实现形式。

①资产剥离

指企业把所属的部分不适应企业发展战略的资产出售给第三方的交易行为。资产剥离一般应用于如下情形：企业存在不良资产且加速恶化企业的财务状况，或者某项资产明显干扰了其他业务的运行和发展，或由于行业间竞争激烈，企业需要通过收缩产业战线来确保企业的正常运营。通过资产剥离，保留了优质的资产和资源，提高生产效率和管理水平，有利于增强骨干企业的核心竞争力及其上市融资和国际化经营。

我国寿险业的"龙头老大"中国人寿在上市之前，就进行了大量的资产剥离。2003 年 8 月，原中国人寿保险公司一分为三：中国人寿保险（集团）公司、中国人寿保险股份有限公司和中国人寿资产管理公司。1999 年以前的旧保单全部被划拨给母公司——中国人寿保险（集团）公司，1999 年以后签订的保单，则以注资的形式纳入新成立的股份公司。通过资产剥离，母公司——中国人寿保险（集团）公司承担了 1700 多亿元的利差损失，但这为中国人寿保险股份有限公司于 2003 年 12 月在美国和香港两地同时上市铺平了道路，奠定了坚实的基础。对于出版传媒业而言，较早上市的北青传媒和辽宁出版集团在上市之前也同样将相关辅业予以资产剥离，保留优质资源和资产以进入资本市场。

②公司分立

指母公司将其拥有的子公司的全部股份，按照一定的比例分配给母公司的股东，使子公司的经营业务从母公司的经营业务中分离出去，从而形成一个与母公司有着相同股东和股权结构的新公司的方法。

一般而言，通过公司分立，可以合理地界定母子公司之间的管理职能，优化母子公司的管理模式和管理结构，激发母子公司双方的积极性，提升整体经济效益和实力。

目前，在出版集团或者大的出版企业内部，基于专业化的分工或者出于资源集约利用的需要，通常将选题策划、编辑加工、校对、设计、印刷、发行、物流、仓储、版权贸易等业务环节逐步分离出去，成立专门的业务公司或者工作室，并通过内部业务整合和外部合作的方式使其走向规模化的业务单元。例如，北京出版集团将其后勤行政系统进行系统改造，重组了具备企业法人资格的京文物业管理中心，同时还成立了北京京版物流有限责任公司，由其负责全部物流。

③破产

优胜劣汰不仅是自然界的生存法则，也是市场经济中企业竞争需遵循的法则。在社会主义市场经济条件下，激烈的竞争必然促使一些企业插上腾飞的翅膀，不断做强做大，也必然促使一些企业沦落为竞争的失败者。对于那些失败的企业而言，破产则是其退出市场的主要机制。

根据我国《破产法》规定，企业因经营管理不善而造成严重亏损，不能够清偿到期的债务时就要宣告破产。破产作为一种竞争机制，有利于淘汰落后企业和落后产能，也有利于集约资源，节省资本。

在国外出版业，出版社破产倒闭是司空见惯的事情，无数出版社只是历史的匆匆过客，能够像牛津大学出版社那样几百年巍然屹立的出版社是凤毛麟角。然而，由于体制机制的原因，长期以来，我国的新闻出版业还没有引入破产机制，客观上造成了一些长期经营不善而又无法获得核心市场竞争力的图书或报刊出版单位苟延残喘，甚至依靠出卖书号和刊号维持基本的生存，这种状况完全不符合市场经济的基本运行机制。

我国的出版企业应该逐渐引入市场退出机制和破产机制，对那些已经丧失了市场竞争能力、长期资不抵债的出版社、报刊社、书店，取缔其办社、办刊、办店资格，宣告破产，处理债权债务关系。这样，一方面可以在行业内建立警示机制，促使出版企业不断增强市场竞争力；另一方面也可以优化整体的资产结构和资本结构，彻底清除不良资产和对外债务，为出版企业上市融资扫除障碍，保障企业资金流的良性运转。

事实上，随着出版发行体制改革的不断深化，我国出版业也开始逐渐引入市场退出机制。2010年，新闻出版总署停办了一批双效甚差、亏损严重、资不抵债的报刊和音像出版单位，并予以注销，正式启动了出版单位市场退出机制。

对于出版企业而言，无论是采取资产剥离、公司分立还是破产等资本收缩的运作方式，都有利于挺拔主业、主辅分离，优先发展优势业务和拳头产品，提高资源的利用效率。一旦其优势业务成长壮大起来，出版企业还可再回过头来扶持、改造劣势业务，使其逐渐成为主营业务的有益补充。

第五节　股票上市

1. 股票上市的定义和基本作用

（1）定义

股票是股份公司为筹集资金而发行给股东作为持股凭证，并借以取得股息和红利的一种有价证券。

股票上市是指已经公开发行的股票经证券交易所批准后，在交易所公开挂牌交易的法律行为，是连接股票发行和股票交易的"桥梁"。公开发行股票并上市交易的公司也称为上市公司。

（2）基本作用

股票上市有利于迅速积聚充足的发展资金，提升企业品牌的知名度和美誉度，建立健全完善的法人治理结构和现代企业管理制度，增强企业的市场核心竞争力和抗风险能力，从而大大增强企业的整体经济实力。

当然，股票上市可能会暴露出版企业的商业秘密，使企业面临着较大的持续盈利压力和资本运作风险。如果公司高管、管理层以及相关群体违反了上市过程中的信息披露制度和股票交易规则，将受到严厉的法律处罚。

2. 股票上市的基本原则和法定条件

（1）基本原则

为了有效保护投资者的利益，不损害公共利益，股票在发行上市过程中一般要遵循以下几个基本原则。

①公开性原则。它要求股票必须公开发行，上市公司需连续地、及时地向社会公众公开公司的财务报表、经营状况及其他相关的资料与信息，使投资者能够获得足够的信息进行分析、判断、选择，从而确保投资者的信息知情权，维护自身合法利益。

②公正性原则。即参与股票交易活动的每一个人、每一个机构或部门，都要以公正、客观的立场反映具体情况，不得有任何隐瞒、欺诈或弄虚作假等行为。

③公平性原则。即股票上市交易中的各方，包括券商、经纪人和投资者在买卖交易活动中的条件和机会应该是均等的。

④自愿性原则。即在各种形式的股票交易中，必须以自愿交易为前提，不能强行交易或者阻挠交易，也不能提出任何附加条件。

（2）法定条件

根据《首次公开发行股票并上市管理办法》（中国证券监督管理委员会令第 32 号），公司通过公开发行股票并在 A 股市场主板上市交易，需要满足以下主要条件：

自股份有限公司成立后，持续经营时间应当在 3 年以上；

最近 3 年内主营业务和董事、高级管理人员没有发生重大变化，实际控制人没有发生变更；

最近 3 个会计年度净利润均为正数且累计超过人民币 3000 万元；

最近 3 个会计年度经营活动产生的现金流量净额累计超过人民币 5000 万元，或者最近 3 个会计年度营业收入累计超过人民币 3 亿元；

发行前股本总额不少于人民币 3000 万元。

另外，公司需聘请具有保荐资格的证券公司作为公司股票上市的保荐机构，按照中国证监会的有关规定制作申请文件并向中国证监会申报。在获得中国证监会核准后，公司可向社会公众公开发行股票并在交易所上市交易。

3. 股票上市的基本程序

企业发行上市要经过一定的程序。按照《股票发行与交易管理暂行条例》与《公司法》的规定，股票上市包括以下基本程序。[1]

（1）辅导

企业在决定进行股票筹资后，要进行一年辅导，企业的董事、监事、高级管理人员要参加相关法律、法规、规章和规范性文件的学习和考试，考试合格后才可公开发行股票。这样做的目的是保证建立规范的法人治理机构和完善的运行机制，提高上市公司的质量。

（2）推荐与申请

发行上市目前实行证券公司保荐制度。企业上市必须由具备保荐资格的证券公司保荐，保荐机构同时就是企业发行股票的主承销商。保荐机构和保荐代表人在向中国证监会推荐企业发行上市前，要对发行人进行辅导和尽职调查；要向中国证监会证明所

1　姚刚.公司发行上市的条件和程序.参见中共中央宣传部文化体制改革和发展办公室编.《文化领域投融资知识讲座》.沈阳：辽宁人民出版社，2005.

提交的相关文件的真实性，并作出必要的承诺。

企业准备募股文件，提出发行申请。募股文件主要包括：招股说明书、招股说明书概要、资产评估报告、审计报告、盈利预测的审核报告、法律意见书和律师工作报告以及辅导报告等。

（3）证监会职能部门审核

证监会职能部门将依据法律法规的有关规定和证监会的要求进行严格的审核，可以通过见面会、反馈意见会要求企业解释相关问题，最终形成初审意见，提交发审委审核。

（4）发审委审核

发审委委员有25人，专职13人，主要是律师事务所和会计师事务所的资深合伙人。发审委通过无记名投票的方式进行审核。发审委审核包括合规性审核和对企业的综合判断。发审委审核未通过的，中国证监会不予核准。

（5）核准

发审委审核通过后，中国证监会核准企业发行。股份有限公司被批准股票上市后，即成为上市公司。在上市公司股票上市前，还要与证券交易所订立上市契约，确定上市的具体日期，并向证券交易所缴纳上市费。

（6）发行

公司获准发行后，需首先向机构投资者询价，根据询价结果确定股票价格，刊登招股文件，公开发行。根据《公司法》的规定，股票上市交易申请经批准后，被批准的上市公司必须公告其股票上市报告，并将其申请文件存放在指定地点供公众查阅。

上市公司的上市公告一般要刊登在证监会指定的全国性的证券报刊上。

上市公告的内容，除了应当包括招股说明书的主要内容外，还应当包括下列事项：

股票获准在证券交易所交易的日期和批准文号；

股票发行情况，股权结构和最大的 10 名股东的名单及持股数；

公司创立大会或股东大会同意公司股票在证券交易所交易的决议；

董事、监事、高级管理人员简历及持有本公司证券的情况；

公司近 3 年或者开业以来的经营业绩和财务状况以及下一年盈利的预测文件；

证券交易所要求载明的其他情况。

（7）持续督导

股票发行上市后，保荐机构要对上市公司履行持续督导的责任。保荐机构要对上市公司履行规范运作、信守承诺、信息披露等义务的情况进行持续跟踪，及时揭示风险，督促并纠正错误，给予规范性指导。

4. 股票上市的基本方式

股票上市的方式，主要有直接上市、买壳上市、借壳上市、造壳上市和存托凭证上市 5 种。

（1）直接上市

即首次公开发行股票并上市，简称 IPO（Initial Public Offering），是直接以股份公司的名义向证券监督管理部门申请发行股票，并向证券交易所申请股票挂牌上市交易。它的优点是形象好，认同度高，较为充分地体现了公司价值，融资量大。不足是进入资本市场的速度比较慢。

（2）买壳上市

所谓"壳"就是指上市公司的上市资格。买壳上市又称"后门上市"或"反向收购"，是指非上市公司通过收购一些资产质量较差、盈利能力不强的上市公司，在控制该上市公司后，剥离其原有资产，并注入自己的优质资产，从而实现自身优质资产间接上市的目的。

进入 21 世纪以来，国内许多民营企业或者高科技企业选择收购美国一些壳公司，在纳斯达克或纽约证券交易所上市。买壳上市一般包括以下操作步骤。

①买壳。即收购或受让一个上市公司的股权，从而实现对该上市公司的控制。收购上市公司股权有两种方式，即协议收购和二级市场收购。协议收购是指企业通过与上市公司股东（通常是第一大股东）协商，以一定的对价收购其持有的上市公司股份，从而实现企业对上市公司的控制。二级市场收购是指企业通过在二级市场上直接购买上市公司的股票，从而实现对上市公司的控制。值得指出的是，按照相关法律法规要求，企业通过二级市场收购上市公司股份达到一定比例时，需要以一定价格向上市公司

全体股东提出股份收购要约，因此这种收购方式又被称为"要约收购"。一般而言，协议收购的成本较低，易于操作，但需要获得上市公司股份持有人的同意，如该部分股份为国有股或国有法人股，收购行为还需获得有权管辖的国有资产管理部门的同意。收购买壳的方式不大适合我国国情，在西方比较流行，适合那些流通股占总股本比例较高的公司或者"三无公司"。

②换壳。即资产置换或者股权置换。将壳公司原有的不良资产剥离出来，卖给关联公司，再将优质资产注入到壳公司，提高壳公司的市场业绩，从而实现"壳"的清理和重组合并，达到配股资格，实现融资目的。

③价款支付。资产重组有多种价款支付方式，目前资本市场上常见的有现金支付、资产置换支付、债权支付、混合支付、零成本收购、股权支付等六种价款支付方式，其中前三种是主要支付方式。通常来说，一个成功的收购案例会根据具体情况，综合运用上述支付方式。由于现金支付容易带来巨大的资金压力，目前倾向于采用资产置换支付和债权支付方式或者加上少量现金的混合支付方式。

一些上市公司由于转企改制不彻底，经营管理不善，市场业绩每况愈下，其上市资格反而成为异常珍贵的"壳资源"。在买壳上市中，需要慎重遴选收购目标即"壳资源"。壳公司通常所处行业不大景气，发展前景黯淡，股本规模较小，股权相对集中的上市公司容易成为被收购的目标——协议转让。这些给"壳公司"

转让上市公司资格创造了便利条件。但同时，要约收购方要结合自身的经营情况、资产情况、融资能力及发展计划，选择规模适宜，具备一定盈利能力和重组的可塑性，且不具有太多的债务和不良债权的"壳公司"。此外，尤其是要注意"壳公司"是否还继续持有配股资格。根据证监会规定，上市公司只有连续三年平均净资产收益率在 10% 以上（最低为 6%）时，才有配股资格。如果所选择的"壳公司"已经失去配股资格，"壳资源"就没有多大的上市价值。

买壳上市的优点是：进入资本市场的速度较快。缺点是：壳资源本身的资产处置和人员安排可能将耗费大量精力和付出大量成本；壳资源不干净，可能存在或有负债和潜在讼诉；买壳上市后，再融资需满足一定的业绩指标，且将通过证监会的严格审核。[1]

（3）借壳上市

借壳上市是指上市公司的母公司（集团公司）通过将主要资产注入到上市的子公司中，来实现母公司的上市。

借壳上市的一般做法是：首先，集团公司先剥离一块优质资产上市；其次，通过上市公司大比例的配股筹集资金，将集团公司的重点项目注入到上市公司中；最后，通过配股将集团公司的非重点项目注入进上市公司，从而实现借壳上市。

美国自 1934 年已开始实行借壳上市，由于其成本较低及成

1　陈杭. 文化企业上市涉及的重点和难点问题分析. 参见：中共中央宣传部文化体制改革和发展办公室编.《文化领域投融资知识讲座》. 沈阳，辽宁人民出版社，2005.

功率甚高，所以越来越受欢迎。在经济衰退时期，不少上市公司的收入减少，市值大幅下跌，其集团公司或者母公司就能够很好地利用这个"壳"去上市融资。

强生集团由上海出租汽车公司改制而成，拥有较大的优质资产和较多的投资项目。强生集团充分利用控股的上市子公司——浦东强生的"壳"资源，通过三次配股集资，先后将集团下属的第二分公司和第五分公司注入到浦东强生中，从而完成了集团借壳上市的目的。1999年4月，"小巨人"李泽楷在新加坡交易所的上市公司盈科拓展，把旗下资产包括数码港发展权注入上市公司得信佳，得到大约60%的股权。在利好消息的刺激下，得信佳的股价由不足0.1港元上升了数十倍，使得资产价值巨幅飙升。其后得信佳改名为盈科数码动力，借壳上市成功。

借壳上市和买壳上市都是一种对上市公司壳资源进行重新配置的间接上市活动，不过，买壳上市的企业首先需要获得对一家上市公司的控制权，而借壳上市的企业则已经拥有对上市公司的控制权。

（4）造壳上市

即我国企业在海外证券交易所所在地或允许的国家与地区，独自或合资重新注册一家中资公司的控股公司，我国企业进而以该控股公司的名义申请上市。在海外造壳上市的基本做法是：国内企业独自或与他人合作在百慕大群岛、英属维尔京群岛、开曼群岛、荷属安德烈群岛等注册一家控股公司，然后让控股公司购买国内企业的控股权，并选择某一地证券交易所上市。[1]新浪、搜狐、网易都是走的这条道路。

根据境内企业与境外公司关联方式的不同，造壳上市可分成以下四种形式。[2]

①控股上市。一般指国内企业在境外注册一家公司，然后由该公司控股国内企业，再以该境外控股公司的名义在境外申请上市，最后达到国内企业在境外间接挂牌上市的目的。例如广西玉柴实业股份有限公司在纽约上市。

②附属上市。指准备上市的国内企业在境外注册一家附属机构，使国内企业与之形成母子关系，然后将境内资产、业务或分支机构注入境外附属机构，再由该附属公司申请境外挂牌上市。它与控股上市的区别仅在于国内公司与境外注册公司的附属关系不同。国内曾经辉煌一时的民营高科技企业四通集团即采用这种方式在香港联交所间接挂牌上市。

③合资上市。一般是由中外合资的外方在境外的控股公司申请上市，适用于国内的中外合资企业。易初中国摩托车有限公司（简称易初中国）在美国上市时就采用这种模式。易初中国是香港卜蜂集团1987年在百慕大注册的一家子公司，在国内分别有上海摩托车有限公司、洛阳摩托车有限公司、上海燃机有限公司和湛江尼德汽化器有限公司等四家合资企业。1993年7月，易初

1 刘国高.中国传媒产业上市的 N 种选择.网络传播 2008,（1）.

2 邱永红.我国企业境外借壳上市的实证分析与法律规范.学术交流,1999,（3）.

中国在美国挂牌上市，其在美国上市的是合资企业的外方股权，但上市所筹资金9200万美元全部投入了合资企业，从而达到了境外间接上市的目的。

④分拆上市。指从现有的公司中分拆出一子公司，然后注入资产分拆上市，再利用原母公司的声誉和实力，从而成功上市发行。它适用于国内企业已是跨国公司或在境外已设有分支机构的情形。富益工程有限公司是由国内大型跨国集团粤海集团控股的境外股份公司。粤海集团首先从其子公司粤海投资公司中分拆出粤海实业股份有限公司，由其持有富益工程90％的股权，然后由粤海集团控制粤海实业在澳大利亚证交所上市。最后，粤海实业在澳大利亚成功融资3900万澳元。

与买壳上市相比，造壳上市的风险和成本相对要低，可以获得较为广泛的股东基础，有利于提高壳公司的知名度。而且国内企业在境外注册的控股公司属国外有关法规管辖，能够在国内目前会计、审计和法律制度尚未与国际社会完全接轨的情况下，获得海外证券市场的法律认可，从而实现引进外资的目的。但是造壳上市也存在一些缺陷，一是需要一笔庞大的注册资金；二是从海外设立控股公司到最终发行股票上市要经历比较长的时间。因为，境外证券管理部门往往要求申请上市的公司具有一定的经营时间和经营业绩。

（5）存托凭证上市

存托凭证又称存券收据或存股证，指在一国证券市场流通的代表外国公司有价证券的可转让凭证。这里的有价证券既可以是股票，也可以是债券。不过，存托凭证作为境外公司存托股票的替代证券，本质上还是股票。

5. 我国出版传媒企业股票上市的基本情况

对于国外出版业而言，通过股票上市进行资本运营已经有着非常悠久的历史和丰富的经验，全球许多知名的出版集团都是通过上市获得自身的跨越式发展，如哈珀 - 柯林斯出版公司、朗文出版公司等。在美国，麦克米伦公司于 1951 年正式发行股票。截至 2001 年，美国已经有 22 家独立上市的出版公司。而且，许多国际性出版集团还在不同的国家分立上市，如汤姆逊集团分别在美国的纽约、加拿大的多伦多、英国的伦敦上市，里德·爱思唯尔集团分别在英国伦敦、美国纽约上市。

对于中国的出版业而言，股票上市还是一个在社会主义市场经济体系的母腹中躁动不安的婴儿。在我国的出版企业上市之前，国内先后有 10 多家传媒企业登陆香港联交所、美国纳斯达克、日本 Mothers 等资本市场，在国内 A 股市场借壳上市的有 6 家，包括赛迪传媒、华闻传媒、新华传媒、广电网络、博瑞传播、粤传媒；在国内 A 股市场直接上市融资的有 4 家，包括歌华有线、电广传媒、中视传媒、东方明珠。现将我国出版传媒企业上市的基本历程扼要归纳如下。

1997 年 7 月，博瑞传播以《成都日报》为投资主体，借壳"四川电器"上市，号称"中国传媒第一股"。

2004 年 12 月，北青传媒在香港成功上市，号称"报业海外第一股"。

2006 年 10 月，上海新华传媒成功借壳上市，成为我国出版发行企业中第一家 A 股上市公司，拉开了中国出版业的"上市"之幕。

2007 年 12 月，四川新华文轩连锁股份有限公司在香港联合交易所挂牌上市，成为国内第一家在境外上市的出版企业。

2007 年 12 月，辽宁出版传媒集团在上海证券交易所挂牌上市，成为第一家编辑经营业务整体上市的出版企业。上市当日，股票飙升 329.53％，报收于 19.93 元，相应的市盈率达到 128.77 倍，号称"出版传媒第一股"。

2008 年 11 月，时代出版传媒股份有限公司借壳"科大创新"成功上市，成为我国新闻出版主业借壳整体上市的第一家。"科大创新"更名为"时代出版"后发布定向增发公告，连续四个交易日无量涨停，投资者热情高涨。

2009 年 9 月 29 日，凤凰出版传媒集团和中国耀华玻璃集团公司就秦皇岛耀华玻璃股份有限公司（股票代码 600716）重大资产重组方案，正式获得中国证监会批准。2010 年 1 月 27 日，原"秦皇岛耀华玻璃股份有限公司"正式更名为"江苏凤凰置业投资股份有限公司"（股票代码 600716）。凤凰出版传媒集团借壳上市成功。

2010 年 1 月 18 日，安徽新华传媒股份有限公司首次公开发行股票，并在上海证券交易所挂牌交易，成为全国发行业主板首发上市第一股。

2010 年 7 月 16 日，中国证监会发审委召开的 2010 年第 106 次工作会议，审核通过中南出版传媒集团股份有限公司的首发申请，中南出版传媒集团上市进程迈出了关键性一步。

2009 年 3 月下旬，中原出版传媒股份有限公司在以 1687.77 万元的价格，获得河南焦作 S*ST 鑫安（000719）28.88％的股权，将通过以资产认购新增股份方式增持上市公司股份，实现中原出版主业资产上市。

2009 年 7 月，中国出版业的"国家队"中国出版集团公司正式确立了组建中国出版传媒股份有限公司整体上市，以及旗下荣宝斋分立上市的目标。

截至 2010 年 8 月，国内 41 家图书、报业、互联网出版等传媒企业上市成功，总市值达到 2900 亿元人民币，是国内股市上最好的一个板块。

6. 我国出版传媒企业上市中值得关注的几个问题

（1）如何界定上市过程中重组改制的基本原则

出版传媒业不仅具有一般行业的商业属性，同时还具有许多行业不具备的意识形态性和社会文化属性，因此，中国特色社会主义制度框架下的出版传媒业，要以社会效益为首要目标，实现社会效益和经济效益的有机结合和统一。几十年来，我国的出版发行机构是一直实行"事业性质、企业化管理"的事业单位。21

世纪以来，随着中国市场化改革进入全面完善的历史新阶段，中国出版业也一改新中国成立以来作为传统事业单位的经营管理体制，开始了声势浩大的以转企改制为标志的市场化取向的制度改革和变迁。计划经济时代以"条条"和"块块"为基础的分而治之的资源分配模式正没落式微，以市场为基础、以价格为杠杆的资源配置机制和统一开放、公平有序的市场竞争体系正趋于确立。出版改革的战略设计，不仅涉及出版业的市场主体地位的确立、市场环境的改善、市场运行机制的转变，也涉及行业的商业模式、管理机制、分配机制、资产形态、产权关系乃至整个产业构成模块、宏观调控方式的调整。

在这样一个历史背景下，绝大多数出版机构或者发行机构，首要的任务是转企改制，完成身份转换，由传统的事业单位转变为自我经营、自我发展、自我约束、自负盈亏的现代企业。按照有关规定，出版传媒机构在上市前必须是依照《公司法》成立的股份有限公司。因此，出版单位在由事业单位改制重组为有限责任公司，并进而改制重组为股份有限公司后，才能获得上市资格。

在出版企业重组改制的过程中，应该注意以下基本原则：一是要确保党对文化的领导，确保马克思主义在意识形态领域的指导地位，确保社会主义先进文化的前进方向。二是要符合国家对文化企业改革的总体思路。出版业涉及国家意识形态安全和文化安全，且对外资进入有严格的限制政策，重组改制要符合国家新闻出版的有关管理政策。三是要符合中国证监会对首次公开上市

（IPO）的要求。四是要符合本出版集团或本出版企业发展的战略目标。五是要坚持国有资本绝对控股，保证国有资本的主导地位，确保舆论导向正确。六是要建立规范的法人治理结构、激励约束机制以及运行管理模式。七是要确保国有资产保值增值。八是要符合安定团结的原则，不能引发过多的内部矛盾，影响企业的正常经营。九是要符合可操作性原则，在重组改制的过程中，既要对公司现有的架构进行调整，又要兼顾对于目前架构的震动幅度。[1]这九条原则比较中肯地道出了出版业的基本实际，对拟上市的出版传媒企业做好企业整体改制重组具有重要的参考价值。

（2）是整体上市还是分立上市

通常而言，整体上市是一家企业将其全部经营业务、资产和企业改制为股份公司进行上市的做法，分立上市是指一家公司将其部分资产、业务或某个子公司改制为股份公司进行上市的做法。

实现整体上市的模式主要有：第一，通过整体改制后首次公开发行上市的方式，例如中国石化、中国石油整体改制后境外整体上市。第二，借助其控股的上市公司，以吸收合并或资产重组的方式实现经营性资产的整体上市，例如 TCL 集团的吸收合并方式，武钢集团、宝钢集团的增发收购方式。

至于分立上市的方式则比较常见，通常是剥离不良资产业务，将其核心业务和核心公司进行股份制改造后上市。

1　陈杭.文化企业上市涉及的重点和难点问题分析.参见：中共中央宣传部文化体制改革和发展办公室编.《文化领域投融资知识讲座》.沈阳，辽宁人民出版社,2005.

整体上市和分立上市的方式在出版传媒业都存在着。2008 年11 月，时代出版传媒股份有限公司借壳"科大创新"成功上市，成为我国新闻出版主业借壳整体上市的第一家。中国出版集团公司在 2008 年曾经考虑采取分立上市的方式，将其旗下的商务印书馆、人民音乐出版社、荣宝斋分别改制组建成立股份有限公司上市。经过深入的调研论证后，中国出版集团公司在 2009 年 7月最终确定组建中国出版传媒股份有限公司，实现整体上市；同时将旗下的荣宝斋分立上市。

对于出版企业而言，是整体上市还是分立上市主要取决于自身企业的经营管理实际与资本市场之间的对接状况，同时取决于宏观政策变化、上市成功的可能性以及一些外部因素的影响。但无论是采取哪一种方式，主要立足点还是以我为主、为我所用，既要符合出版企业的现实情况，又要有利于更好地拓展自己未来的发展道路。

（3）如何减少和规范关联交易

所谓关联交易，是指上市公司及其控股子公司与关联人之间发生的转移资源或义务的事项。它有多种类型，包括公平的关联交易和不公平的关联交易，一般性关联交易和重大关联交易，公司与大股东之间的关联交易，公司与其董事、监事和高管人员之间的关联交易等。

对于已经转企改制、准备上市的股份公司而言，必须具有独立的经营能力和盈利能力。出版企业是否具有独立性的首要一点就是能否减少和规范关联交易。然而，从我国目前上市公司的实际情况来看，关联交易普遍存在，尤其是在一些独立性差的公司里，上市公司与大股东之间的关联交易比较严重。为了减少和规范关联交易，有关管理部门作出了如下一些规定。

财政部颁布的《企业会计准则－关联方关系及其交易的披露》规定，关联方交易是指在关联方之间发生转移资源或义务的事项，而不论是否收取价款。

中国证监会颁布的《公开发行证券的公司信息披露内容与格式准则第 1 号——招股说明书》中，发行人应披露的关联交易主要包括：(1)购销商品；(2)买卖有形或无形资产；(3)兼并或合并法人；(4)出让与受让股权；(5)提供或接受劳务；(6)代理；(7)租赁；(8)各种采取合同或非合同形式进行的委托经营等；(9)提供资金或资源；(10)协议或非协议许可；(11)担保；(12)合作研究与开发或技术项目的转移；(13)向关联方人士支付报酬；(14)合作投资设立企业；(15)合作开发项目；(16)其他对发行人有影响的重大交易。同时，中国证监会还作出了"三个30%"的限制性规定，即公司申请发行上市时，最近一年和最后一年，与控股股东的交易额，占发行人主营业务收入的比例，不得超过 30%；委托控股股东销售或者采购的金额，占发行人主营业务收入或外购原材料金额的比例，不得超过 30%；以承包、委托经营、租赁或其他类似方式，依赖控股股东的资产进行生产经营所产生的收入，均不超过其主营业务收入的 30%。

中国证券业协会颁布的《股份转让公司信息披露实施细则》中，关联交易是指公司及其控股子公司与关联人之间发生的转移资源或义务的事项，包括但不限于下列事项：(1)购买或销售商品；(2)购买或销售除商品以外的其他资产；(3)提供或接受劳务；(4)代理；(5)租赁；(6)提供资金（包括以现金或实物形式）；(7)担保；(8)管理方面的合同；(9)研究与开发项目的转移；(10)许可协议；(11)赠与；(12)债务重组；(13)非货币性交易；(14)关联双方共同投资。

中国证监会发行监管部（2001）第 1 号令中，关联交易主要包括：(1)购销商品；(2)买卖有形或无形资产，收购兼并；(3)提供或接受劳务，代理，租赁，管理方面的合同（如委托经营等）等；(4)提供资金，许可协议；(5)担保抵押；(6)研究与开发项目的转移；(7)关键管理人员报酬；(8)合作投资建立企业、开发项目等。

出版传媒企业为了合理规避行业政策的限制，可选择从核心资产中剥离部分适合的经营性资产，加以部分改制重组，实现上市目标。但是，出版业本身具有的相对垄断性，以及编辑出版业务的天然相似性，使得这一部分经营性资产又必须依赖原剥离主体（多为控股股东）的剩余核心资产进行运作，从而导致了准备上市的主体与股东方之间产生大量关联交易。例如北青传媒发展股份有限公司，由于大股东只投入广告、印刷、激光照排等业务，采编业务和发行业务都没有进入股份公司，导致股份公司与大股东的关联交易比例高达 95% 左右。成都博瑞传播也只有广告、印刷、发行业务，其与大股东之间的关联交易也达到了 60% 左右。

同时，关联交易中的定价问题（如何定价？定价的标准是什么？）也不大好解决，投资者也不好判断关联价格的公允性。一般来说，广告收入是传媒企业的主营业务收入，而传媒企业的关联交易也主要是股份公司与大股东之间的广告收入分成。北青传媒每年 16.5% 的广告收入归属于大股东，成都博瑞传播每年广告收入的 60% 归属于成都商报，湖南广电传媒每年有至少 60% 的广告收入归属于湖南电视台。这几家公司的广告收入分成比例不一，完全由股份公司和大股东商议确定。但是，尽管有通过市场价格比较、聘请评估机构进行评估、独立董事对关联交易进行分析和发表意见等判断，但其关联交易的公允性还是会受到影响。大额、持续的关联交易，影响了出版上市公司的独立性。

总之，上市公司应该尽量减少与大股东或者实际控制人之间的关联交易。对于正常生产经营必要的关联交易，交易双方应遵循商业经营规则加以规范，保证交易价格的公允性，不偏离市场竞争价格或公司与非关联第三方的交易价格。在重大关联交易决策中，股份公司应履行股东大会和董事会的批准程序，实行关联股东和关联董事的回避制度，切实维护股份公司及非关联股东的利益。[1]

（4）如何较好地避免同业竞争

同业竞争是指上市公司所从事的业务与其控股股东、实际控制人及其所控制的企业从事的业务相同或近似，双方构成或可能

1　姚刚.公司发行上市的条件和程序.参见：中共中央宣传部文化体制改革和发展办公室编.《文化领域投融资知识讲座》.沈阳，辽宁人民出版社,2005.

构成直接或间接的利益冲突关系。

同业竞争一般是上市公司转企改制重组不彻底的结果，是公司独立性差的又一大表现。在拟上市公司与大股东及其全资或者控股企业存在同业竞争的情况下，大股东一般会基于自身利益，利用其控股地位，侵害拟上市公司和非关联股东的利益。所以，在股份公司申请股票发行时，与大股东或其全资或者控股企业之间，不可以存在持续的、实质性同业竞争。

出版业是一个比较特殊的文化产业。由于行业政策的限制和上市需要之间的矛盾，两块具有相同或者相似业务能力或作用的资产不能够全部进入拟上市公司，这就导致了不能够进入上市公司的那部分资产继续由大股东控制，产生了大股东方和拟上市公司之间的同业竞争或者潜在同业竞争问题。

目前，解决同业竞争问题有以下几种方式：针对存在的同业竞争，通过收购将相竞争的业务集中到上市公司；竞争方将有关业务转让给无关联的第三方；竞争方放弃与拟上市主体存在同业竞争的业务；等等。[1] 这些做法，对于拟上市的出版企业有效避免同业竞争具有重要的参考价值。

（5）如何建立健全公司法人治理结构

公司治理是现代企业制度中最基本、最重要的制度安排。完善的公司法人治理结构是公司创造良好市场业绩的先决条件，是

1　吕红兵.文化企业改制及发行上市的主要法律问题.参见：中共中央宣传部文化体制改革和发展办公室编.《文化领域投融资知识讲座》.沈阳，辽宁人民出版社,2005.

保障股东方和投资者合法利益的基本要素，也是现代市场经济和资本市场健康良性运作的微观基础。目前，我国一些上市公司所暴露出的问题表明，公司法人治理机构还不够完善，存在较大缺陷。根据《公司法》《上市公司治理准则》，拟上市的出版企业也应逐渐建立健全完善的公司法人治理结构，建立健全股东大会、董事会、监事会"三会"制度，明确其权利和义务，完善"三会"的议事规则和程序，不断完善彼此之间的经济契约和道德契约，形成各负其责、协调运转、有效制衡的具体制度。

1999 年 5 月，国际经济合作与发展组织（OECD）理事会通过的《公司治理结构原则》，将公司治理结构应遵循的基本原则概括为：(1)保护股东权益。(2)确保公平对待所有股东，包括小股东、外国股东等各类股东；所有股东在权益受到侵害时应有机会获得赔偿。(3)依法保护利害相关者的权利，加强他们的参与机制；如果他们的权利受到侵犯，应能获得赔偿。(4)确保及时和准确地通告和披露公司财务状况、经营管理、所有权和公司治理机构有关的所有信息资料。(5)确保董事会对公司和股东们所承担的责任。这五项基本原则，对于正处于体制转型和制度转型的出版企业建立规范化的法人治理结构具有重要参考意义。

因此，在完善的法人治理结构体系中，股东大会应明确其与董事会之间的委托代理关系，真正成为股东特别是中小股东当家作主的场所；董事会应以全体股东利益最大化为基本目标，真正成为股东财产的集体受托人；监事会应真正成为有效行使监督权的"执法"机构；经理层应明确与其董事会的委托代理关系，全力做好日常经营管理工作，履行好作为"企业管家"的基本职责。因为，完善的法人治理架构不仅可以比较有效地规避"内部人控制"、委托—代理问题和道德风险等一系列市场败德行为所带来的风险，还可以促使企业妥善配置剩余控制权和剩余索取权，实现市场效益的帕累托最优，从而为出版企业的健康持续经营奠定良好的制度基石。对于出版企业尤其是上市出版企业而言，建立完善的法人治理结构极其重要。

第六节　债券发行

1. 债券发行的定义

债券是一种现代资本证券，是国家机关、金融机构、社会团体、企业为了筹集资金，向投资人出具的保证在一定期限内按照约定条件，到期还本付息的有价证券。

债券发行是证券发行的重要形式之一，指发行人以借贷资金为目的，依照法律规定的程序向投资人要约发行代表一定债权和兑付条件的债券的法律行为。通过债券发行，可以募集企业发展资金，调整和完善债券结构和资本结构，提高公司的整体市场价值。

根据债券发行主体的不同，可以分为政府债券发行、金融债券发行、公司债券发行。政府债券发行，即由政府所属机构发行债券，可分为中央政府的国家债券发行和地方政府债券发行。金融债券发行是由银行或者非银行金融机构发行，用于某种特殊用途或改善资产负债结构。公司债券发行是指公司为了经营发展需要，按照法定程序发行在一定期限内还本付息的债券。

2. 债券发行条件

债券发行条件指债券发行者发行债券筹集资金时所必须考虑的有关因素，也是发行者在申报书中所申明的各项条款和规定，具体包括发行额、面值、期限、偿还方式、票面利率、付息方式、发行价格、发行费用、有无担保、收益率等。债券的发行条件决定着债券的收益性、流动性和安全性，直接影响着发行者筹资成本的高低和投资者投资收益的多寡。对投资者来说，债券的票面利率、偿还期限和发行价格，决定着债券的投资价值，是最为重要的发行条件，也被称为债券发行的三大基本条件。

（1）票面利率

指发债人一年向投资者支付的利息占票面金额的比率，可分为固定利率和浮动利率。票面利率的高低直接影响着债券发行人的融资成本，债券发行人要根据自身资信情况、承受能力、利率变化情况、债券期限的长短等，决定选择利率形式和利率高低。一般而言，债券期限长，利率相对高；债券信用等级高，利率相对低；到期一次付息的利率，应高于按年付息的票面利率；单利的票面利率要高于按复利付息的票面利率。

（2）偿还期限

分为到期偿还、期中偿还、延期偿还等三种类型。到期偿还是指按照债券发行约定的还本时间，在债券到期时一次性全部偿还本金的偿债方式；期中偿还是指在债券最终到期之前，偿还部分或者全部本金的偿债方式；延期偿还是指在债券期满后，又延长原规定的还本付息的日期的偿债方式。

（3）发行价格

指债券投资人认购新发行债券时实际支付的价格。按照债券的实际发行价格和票面价格的异同，它可分为以下三种类型。

①平价发行。指债券的发行价格和票面额相等，因而发行收入的数额和将来还本数额也相等。前提是债券发行利率和市场利率相同，这在西方国家比较少见。

②溢价发行。指债券的发行价格高于票面额，以后偿还本金时仍按票面额偿还。只有在债券票面利率高于市场利率的条件下才能采用这种方式发行。

③折价发行。指债券发行价格低于债券票面额，而偿还时却要按票面额偿还本金。折价发行是因为规定的票面利率低于市场利率。一般而言，除贴现金融债券和企业短期融资券的一部分采取折价发行方式外，其他各种债券基本取平价发行的方式。

此外，对债券发行者来说，除上述条件外，债券的发行数量也是比较重要的，因为它直接影响筹资规模。如果债券发行数量过多，就会造成销售困难，甚至影响发行者的信誉以及日后债券的转让价格。如果债券发行数量过少，又不能够满足市场需求，实现不了企业资金募集的目标。

3.债券发行方式

按照债券的发行对象,可分为私募发行和公募发行两种方式。

（1）私募发行

指面向少数特定的投资者发行债券,一般不对投资者公开出售,只以少数关系密切的单位和个人为发行对象。其具体发行对象有两类:一类是机构投资者,如大的金融机构或是与发行者有密切业务往来的企业等;另一类是个人投资者,如发行单位的职工或是使用该单位产品的用户等。

私募发行一般多采取直接销售的方式,不经过证券发行中介机构,也不必向证券管理机关办理发行注册手续,操作起来比较简便,可以节省承销费用和注册费用。但是私募债券不能公开上市,流动性差,信用度相对低,发行数额一般不大,票面利率一般比公募债券高。

（2）公募发行

指公开向广泛的、不特定的投资者发行债券。公募债券发行者必须向证券交易所和证监会等证券监管机构提出申请,并在审核批准后办理发行注册手续。公募发行的债券数额一般较大,通常要求发行人委托证券公司等中介机构作为承销商承销。公募发行的债券信用度高,便于上市转让,因而发行利率一般比私募债券利率低。

公募债券采取间接销售,其具体方式又可分为以下三种。

①代销。发行者和承销者签订协议,由承销商代为向社会公

众销售债券。承销商按规定的发行条件努力推销，但是如果在约定期限内未能按照原定发行数额全部销售出去，可将债券剩余部分退还给发行者，承销商不承担发行风险。采用代销方式发行债券，手续费一般较低。

②余额包销。承销商按照规定的发行数额和发行条件，代为向社会公众推销债券，如果在约定期限内有剩余债券，须由承销商负责认购。采用这种方式销售债券，承销商承担部分发行风险，基本能够保证发行者筹资计划的实现，但承销费用要高于代销费用。

③全额包销。首先由承销商按照约定条件将债券全部承购下来，并立即向发行者支付全部债券价款，然后再由承销商向投资者分次推销。这种承销方式，可以保证发行者及时筹集到所需资金，但因为由承销者承担全部发行风险和市场风险，因而其费用也比余额包销高，是承销费用最高的一种。

西方国家以公募方式发行国家债券一般采取招标投标的办法进行。投标又分竞争性投标和非竞争性投标。竞争性投标是先由投资者（大多是投资银行和大证券商）主动投标，然后由政府按照投资者自报的价格和利率，或是从高价开始，或是从低利开始，依次确定中标者名单和配额，直到完成预定发行额为止。非竞争性投标是政府预先规定债券的发行利率和价格，由投资者申请购买数量，政府按照投资者认购的时间顺序，确定他们各自的认购数额，直到完成预定发行额为止。

在我国，通常的做法是，企业债券采取自办发行或者委托有关金融机构代办发行的方式，重点企业债券和国家债券采取银行代理发行，由国家承担发行风险。此外，国家债券采取分配认购方式，或向单位分配认购任务，或由个人自愿认购。1991 年国库券的发行，开始部分试行由银团包销发行的办法。企业债券和金融债券一般采取自愿认购的方式。

4. 公司债券上市的基本条件

根据国际通行惯例，一般只有股份有限公司才能够发行公司债券。目前，我国公司债券的发行人包括中央企业和地方企业两种，前者主要是分布在石油、化工、电力、煤炭、钢铁、有色金属等基础行业和重点能源企业；后者主要是隶属于地方政府的工商企业和投资公司。一般情况下，公司债券发行须经中国人民银行批准，重点企业债券和国家债券发行须经国务院批准。

《公司债券发行试点办法》（中国证券监督管理委员会令第 49号）第七条规定，发行公司债券，应当符合下列规定。

(1)公司的生产经营符合法律、行政法规和公司章程的规定，符合国家产业政策；

(2)公司内部控制制度健全，内部控制制度的完整性、合理性、有效性不存在重大缺陷；

(3)经资信评级机构评级，债券信用级别良好；

(4)公司最近一期末经审计的净资产额应符合法律、行政法规和中国证监会的有关规定；

(5)最近三个会计年度实现的年均可分配利润不少于公司债券一年的利息；

(6)本次发行后累计公司债券余额不超过最近一期末净资产额的40％；金融类公司的累计公司债券余额按金融企业的有关规定计算。

公开发行公司债券筹集的资金，必须用于核准用途，不可用于弥补亏损或者非生产性支出。上市公司若发行可转换公司债券，除了应符合第一款的规定外，还要符合《证券法》和《上市公司证券发行管理办法》关于公开发行可转换公司债券股票的条件，并报中国证监会核准。

5.公司债券发行上市的基本程序

公司具备相应的债券发行条件后，可以提出发行申请，并经证券交易所和中国证监会审核批准后，才能够上市发行债券。公司债券发行上市需遵循以下基本程序。[1]

（1）提出上市申请

拟发行债券公司应向证券交易所提交上市申请书、上市报告书、批准发行债券的相关文件、债券发行章程、债券资信评级证明、债券实际发行数额的证明材料、企业登记注册的证件等一系列规范性材料。

（2）证券交易所初审

证券交易所在收到上市申请文件后，将按照一定标准对企业

1　徐建华等.现代出版业资本运营.北京：中国传媒大学出版社，2006.

发行债券的申请进行严格审核。

《上海证券交易所公司债券上市规则（2009年修订）》规定，申请债券上市的企业，凡是具备以下各项条件，即可在上海证券交易所上市发行债券：经有权部门批准并发行；债券期限为1年以上；债券实际发行额不少于5000万元人民币；债券须经资信评级机构评级，且债券的信用级别良好；申请债券上市时仍符合法定的公司债券发行条件；本所规定的其他条件。

《深圳证券交易所业务规则》规定，申请债券上市的企业，凡是具备以下各项条件，即可在深圳证券交易所上市发行债券：企业经工商行政管理部门注册登记；担保单位资信良好或者债券信用评级等级不低于A级；债券实际发行额不低于1000万元人民币。

（3）证监会审核

中国证监会在收到证券交易所转送的上述文件和初审意见后，要在10天内作出核定。如果合格，允许该企业债券上市，同时报国务院证券委进行备案。

（4）出具上市通知书

证券交易所在收到中国证监会的批准通知后，将出具"上市通知书"给申请企业，并予以公告。

（5）订立上市契约

企业债券在被批准上市后，拟发行债券公司要和证券交易所订立具有法律效力的上市契约，上市契约的主要内容包括：上市公司按时提供一切与公司财务和业务有关的财务报表和统计资料的保证；上市公司向交易所及时通报公司在业务、雇员、财务、营业等方面所发生的一切重大变化及其影响的保证；对违约行为的处罚规定、补偿规定和其他相关规定；关于停止企业债券上市的有关规定。

《上海证券交易所交易市场业务试行规则》和《深圳证券交易所业务规则》对拟发行债券公司与上海证券交易所、深圳证券交易所之间订立契约的有关事项，有着明确规定。

（6）缴纳上市费用

在缴纳上市费用时，公司债券发行人还要将债券的样本和签名的法定代表人的印鉴样式送交证券交易所存验。

（7）公告上市报告书

公司债券发行人要在规定的期限内，将上市报告书、会计师事务所注册会计师签证的两个年度以上连续盈利的财务报告，向社会公众公布，并在指定的处所存放供公众查阅。

（8）挂牌上市

在上市报告书公告的规定日期内，公司债券将根据证券交易所的安排，挂牌上市。

6. 公司债券上市的理论与实践

1958年，美国著名经济学家莫迪利安尼（Modigliani）和米勒（Miller）提出著名的MM理论，创建了现代企业资本结构理论。MM理论就是指在一定的条件下，企业无论以负债筹资还是以权益资本筹资，都不影响企业的市场总价值。企业如果偏好债务筹资，债务比例相应上升，企业的风险随之增大，进而反映到股票的价格上，股票价格就会下降。企业以不同的方式筹资只是改变了企业的总价值在股权者和债权者之间分割的比例，而不改变企业价值的总额。但是，股权资本筹资和债券筹资对企业收益的影响不同，进而直接或间接地影响企业市场的总价值。其中，债券筹资有利于企业融资成本最小化，有利于形成最佳的资本结构。因此，根据 MM 理论，债券融资而非银行贷款或者股票融资，才是企业最佳的融资方式。

不过，MM 理论的应用具有严格的假设条件：(1)企业的经营风险可以用 EBIT（息税前利润）衡量，有相同经营风险的企业处于同类风险等级；(2)现在和将来的投资者对企业未来的 EBIT 估计完全相同，即投资者对企业未来收益和这些收益风险的预期是相等的；(3)股票和债券在完全资本市场上进行交易，也就是没有交易成本，投资者可同企业一样以同样利率借款；(4)所有债务都是无风险，债务利率为无风险利率；(5)投资者预期 EBIT 固定不变，即企业的增长率为零，所有现金流量都是固定年金。这些严格的假设条件基本对应于完全竞争资本市场，而在现实经济中，却存在大量的交易成本和所得税，因此 MM 定理基本上只具备理论上的有效性。

后来，美国著名经济学家迈尔斯（Myers）与麦吉勒夫（Mailuf）提出了优序融资理论。他们放宽 MM 理论完全信息的假定，以不对称信息理论为基础，并考虑交易成本的存在，认为权益融资会传递企业经营的负面信息，而且外部融资要多支付各种成本，因而企业融资一般会依次先后遵循内源融资、债务融资、权益融资的融资顺序（Pecking Order）。这一理论表明，由于管理人员发行新股容易被市场曲解，因而新股不得不以折扣方式发行，从而导致现有股东的价值降低，而债务融资则不会发生这种情况。由此可见，债券融资是一种相当不错的融资方式，其融资效果比股票融资更好。

此外，有价证券分析理论也指出，相较于股票融资，债券融资具有融资成本低，不会稀释公司的控制权，能够比较好地保护公司所有者和投资人的利益等优点，能够比较好地为企业募集发展资金，提高企业的经济效益，促进企业沿着资本市场的轨道健康良性运行。

当然，从融资实践上看，股票市场盛行的内部交易、信息披露的不透明、恶性投机炒作，以及监管乏力等严重损害了投资者尤其是中小投资者的利益，导致了比较严重的信用危机和市场败德行为。因此，采取债券融资的方式是公司融资的一个比较现实、安全的理想方式。

2005年6月10日，福建省高速公路有限责任公司向社会公开发行20亿元公司债券（简称"05闽高速债"），用于京福国道主干线和国道319线的建设。本期债券期限10年，采用固定利率形式，票面利率5.05%。通过发行本期债券，福建高速成功募集了20亿元长期建设资金，扩大了直接融资比例，并将融资成本锁定在较低水平。广发证券作为本期债券发行的主承销商，成功进行了市场分析、品种设计、债券定价、发行时机选择、市场宣传等工作，组织了强有力的承销团，保证了本期债券的顺利发行。2006 年 2 月 17 日，广发证券成功推荐 05 闽高速债在上海证券交易所上市。05 闽高速债不仅是 2000 年我国实行债券特批制以来福建省发行的第一家企业债，也是迄今为止我国高速公路行业发行规模最大的一只企业债券。

7. 我国出版企业的债券发行

《国务院办公厅关于印发文化体制改革中经营性文化事业单位转制为企业和支持文化企业发展两个规定的通知》（国办发〔2008〕114 号文件）规定："鼓励文化企业通过利用银行贷款，发行企业债券等方式，投资开发战略性、先导性文化项目，进行文化资源整合，推动大宗文化产品出口，中央财政和地方财政可给予一定的贴息。"这个文件首次明确规定了包括出版企业在内的文化企业可以采取除股票上市之外的另一个重要融资方式：债券发行上市。这为出版企业采用债券融资确立了制度保障。

由于出版业进入资本市场的时间相对比较晚，对资本运作手段和融资模式总体上不大熟悉，因而出版企业更为关注和青睐的融资方式是通过在资本市场发行股票来融资。但事实上，对于出版企业而言，采取债券融资的方式不仅能够满足企业投资发展资金的需求，也有利于拓宽融资渠道，完善融资结构，降低市场风险，获得最佳的市场价值。可喜的是，2009 年，安徽出版集团在国内同行中第一个选择了发行企业债券的方式融资，迈出了采用债券融资的宝贵的第一步。

2009 年 4 月 26 日，时代出版传媒股份有限公司（安徽出版集团）就该公司首次发行 5 年期 10 亿元企业中期银行债券，与交通银行安徽省分行在天鹅湖大酒店正式签订了合作协议书。这在全国文化企业中还是第一家，是出版企业第一次采用债券上市融资的创举，具有划时代的标志性意义。时代出版传媒股份有限公司自 2005 年 10 月成立以来，一直致力于做强主业、做大产业的发展战略，三年实现三大跨越，以创新强、速度快、业绩高在全国出版行业异军突起。特别是 2008 年战略重组"科大创新"，实现出版主业全国首次整体上市，更体现出文化产业进军资本市场的一种质的飞跃。时代出版传媒股份有限公司此次以发行企业债券募集的发展资金，主要用于新媒体开发、出版相关资源拓展、延伸文化产业链等。该公司此次发行企业中期银行债券，具有发行费率低、手续简便、用途灵活、随发随用等特点。由于其资产优良、经营业绩突出、经营管理和财务基础工作规范，安徽省内多家银行都对该公司给予了最高的信用评级，纷纷要求承销该公司本次发行的企业中期银行债券，这就使得该公司能以最低的发行成本募集到发展所需资金。这是该公司近几年产业高速发展的结果，也体现了金融对文化产业快速发展前景的良好预期。随着出版企业的投融资模式日趋成熟，相信在今后的日子里，将会有更多的出版企业选择债券融资的模式登陆资本市场，从而实现自己的做大做强之梦。

21世纪的第一个十年已经落下帷幕。中央文化体制改革的强劲东风使得中国出版业在体制机制上爆发了一次深刻的"灵魂革命",同时也开启了出版企业进军资本市场的"破冰之旅"。展望下一个十年,出版企业既要发挥内容资源优势,挺拔壮大主业,推进数字出版,实现产业发展方式的重大转型;同时,还要努力拓展更加广阔的融资渠道,积极进军资本市场,发行股票和债券,开展现代资本运营,不断培育市场前景好、发展潜力强的优势项目,吸引更多的金融资本和社会资本进入出版业,不断促进出版产业规模扩容和资产价值增值,使出版业不仅成为关乎国家意识形态安全的重要文化产业,而且成为资本实力雄厚、对整个社会经济发展具有不可替代作用的战略性支柱产业。

第六章　出版集团战略投资管理

　　出版集团的战略投资管理包括对整个战略投资全程的计划、组织、控制、协调等一系列活动，其中最为重要的包括两个环节：一个是风险管理与控制，即对投资过程中的风险的识别、防范、控制；另一个是对投资效果和收益的评估、反馈和修正。

　　一般而言，出版企业集团面临的风险有政治风险、政策风险、市场风险、财务风险、法律风险和内部治理风险等几种。出版企业集团的战略投资评估，主要分为社会效益指标评估和经济效益指标评估。

第一节　出版集团战略投资的风险控制

　　1. 风险的基本概念

　　（1）风险的定义

　　"风险"一词据说来源于远古时期的渔民，他们在长期的捕捞实践中体悟到，海浪中的"风"会带来无法预测的危险。因此，该词的原始含义是指客观危险，体现为凶恶的自然现象比如航海时遇到的礁石、风暴等。现代意义上的风险一词，涉及哲学、历史、艺术、经济等多个学科领域，与人类的决策和行为后果联系紧密。1985 年，C.A. Williams 将风险定义为在给定的条件和某一特定的时期，未来结果的变动。1995 年，A.H. Mowbray 将风险定义为不确定性。1997 年，P. Jorion 在研究金融风险时，利用"在正常的市场环境下，给定一定的时间区间和置信度水平，预期最大损失（或最坏情况下的损失）"的测度方法，来定义和度量金融风险，并将这种方法简称为 VAR 法。

通常而言，风险有两种含义[1]：一是表现为不确定性，二是表现为损失的不确定性。若"风险表现为不确定性"，说明风险产生的结果可能带来损失、获利或是无损失也无获利，属于广义风险，如金融风险；而"风险表现为损失的不确定性"，则说明风险只能表现出损失，没有从风险中获利的可能性，属于狭义风险。

由上可见，风险一词的核心含义是"未来结果的不确定性或损失"。如果采取适当的措施降低破坏或损失的概率，那么风险就可能带来机会。因此，如何判断风险、选择风险、规避风险，继而运用风险寻求机会，在企业投资过程中具有重要意义。

现实生活中风险频率和风险程度一般是反比关系。通常是，

1　参见百度百科"风险"条目。

风险频率很高，但风险程度不大；风险频率不高，但风险程度很大。

（2）风险的构成要素

风险是由风险因素、风险事故和损失三者构成的统一体，风险因素引起或增加风险事故；风险事故发生则可能造成损失。

风险因素是指引起或增加风险事故发生的机会或扩大损失程度的条件，是风险事故发生的潜在原因，可分为物质风险因素、道德风险因素（故意）和心理风险因素（过失、无意等）三种类型。

风险事故是造成生命财产损失的偶发事件，是造成损失的直接的或外在的原因，是损失的媒介物。

损失是指非故意的、非预期的和非计划的经济价值的减少。

（3）风险控制的方法

风险控制就是将风险加以事先预防、事中妥善控制、事后妥善安排的方式。对于不同类型的风险，应采取不同的风险控制方式。

（4）出版企业战略投资中的风险类型

一般而言，出版企业的战略投资风险包括政策风险、市场风险、财务风险、法律风险、内部治理风险等。

2. 政策风险及其控制

政策风险主要是指，国家宏观政治、经济、文化、社会政策对出版业的发展所作出的某种限定或者重大调整所带来的风险。由于政策的变化是一种具有很强的威慑效应的制度性行为，具有很强的制度刚性和不可逆性，从而使得出版企业在作出重要战略投资决策时，一定要全面梳理与出版业相关的尤其是与出版企业的战略投资行为相关的政策规定情况，准确厘定合规性条款和违规性内容，找到二者之间的边界，努力避免政策上的触礁。

在我国，出版业兼顾社会意识形态性和商业性，承担着重要的舆论导向和文化建设作用。尽管出版业的战略投资能够激发资本的活力和市场的能量，获得最大化的经济效益，但这一切必须以出版物坚持正确的出版方向和导向，符合中国特色社会主义建设的基本原则为前提。在当前，我国出版业要坚持以邓小平理论和"三个代表"重要思想为指导，深入贯彻落实科学发展观，高举旗帜、围绕大局、服务人民、改革创新，努力满足人民群众日益增长的精神文化需求，努力捍卫国家意识形态安全和文化安全，坚持在社会效益第一的前提下，实现社会效益和经济效益的有机统一。

（1）改革开放以来国内出版业政策变化情况

改革开放以来，我国出版业改革的政策调整进程大致可分为以下几个阶段。

①中共十一届三中全会后，重新确立了坚持"二为"方向、"双百"方针和"两用"方针，不断改进出版管理，迎来了出版市场竞争发展的新时代。

出版物兼具精神产品属性和物质产品属性，兼具文化属性和商品属性。出版社当时基本上是事业性质、实行企业化管理。出版的功能就是要实现两个效益，将政治效益放在首位，实现政治效益与经济效益相结合。出版工作的主要任务就是以马克思列宁主义、毛泽东思想、邓小平理论和"三个代表"重要思想为指导，传播和积累有益于提高民族素质、促进经济发展和社会进步的科学技术和文化知识，弘扬民族优秀文化；促进国际文化交流，丰富和提高人民的精神生活。

②中共十三届四中全会后，强化了管理，健全了规范，促进了出版事业的理性发展和繁荣。

这一时期，国家有关部门整顿书报刊市场、并撤出版单位、查处买卖书号，提出了"一手抓繁荣、一手抓管理"和"从以规模速度为主要特征的阶段向以质量效益为主要特征的阶段转移"的思路，开始实行至今仍在实行的书号总量宏观调控政策。国务院颁发了第一个比较系统的出版管理行政法规《出版管理条例》。我们现在执行的各种出版法规和政策，大多数是在这一时期出台的。

③中共十五大后，新闻出版业以推进集团化建设为突破口进行产业结构调整。

1996年1月，新闻出版领域开始集团化试点工作。进入21世纪，两办（中办、国办）2001年17号、2002年16号等一系列文件先后出台，要求新闻出版广播影视业，面对新形势，抓住新机遇，深化改革，加快发展。2001年8月，中办、国办转发《中宣部、国家广电总局、新闻出版总署关于深化新闻出版广播影视业改革的若干意见》（17号文件），标志新闻出版业改革从试点阶段进入到整体推进阶段；2002 年 5 月，新闻出版总署制发了贯彻这一文件的《实施细则》及 8 个配套文件；2002 年 8 月，新闻出版总署制发了《出版集团组建基本条件和审批程序》《报业集团组建基本条件和审批程序》《发行集团组建基本条件和审批程序》等规范性文件。2002 年 7 月，中办、国办转发《中宣部、新闻出版总署关于进一步加强和改进出版工作的若干意见》（16 号文件）。与此同时，2001 年 6 月，国办转发体改办、国家计委、教育部、新闻出版总署《关于降低中小学教材价格深化教材管理体制改革的意见》，并在福建、安徽、重庆三省市进行了 2002 年秋季中小学教材出版发行招投标试点，取得了一定成果，推动了中小学教材出版发行体制的改革。在这些政策的推动下，各地纷纷成立报业、广电、出版、发行、文艺集团。至 2002 年 10 月，经中宣部、新闻出版总署批准组建的有关集团已有 51 家，其中出版集团 7 家，发行集团 5 家，期刊集团 1 家，报业集团 38 家。

　　④中共十六大后，特别是全国文化体制改革试点工作会议后，出版改革跃升到以转变体制为主要内容的新阶段。

　　中共十六大提出了建设物质文明、政治文明和精神文明的要求，号召"牢牢把握先进文化的前进方向，坚持弘扬和培育民族精神……积极发展文化事业和文化产业，继续深化文化体制改革"，要求"大力发展先进文化，支持健康有益文化，努力改造落后文化，坚决抵制腐朽文化"。这些论述，为做好新时期的文化工作、出版工作给出了政策导向。

2003 年 6 月，召开了全国文化体制改革试点工作会议，随后出台了 21 号文件（《中共中央办公厅国务院办公厅转发〈中共中央宣传部、文化部、国家广电总局、新闻出版总署关于文化体制改革试点工作的意见〉》）。21 号文件确定为文化体制改革试点单位的新闻出版单位有 26 家，其中出版单位 9 家，发行单位 6 家，新闻单位 11 家。

2003 年 12 月，国办发 105 号文件出台（包括《文化体制改革试点中支持文化产业发展的规定（试行）》和《文化体制改革试点中经营性文化事业单位转制为企业的规定（试行）》），文件执行期限是 2004 年 1 月 1 日～ 2008 年 12 月 31 日。这是与中办发 21 号文件相配套的十分重要的指导性文件，具有重大的现实意义和历史意义。

⑤中共十七大后，出版发行业体制改革进入转企改制的全面推进阶段。

2008 年 10 月，国办发 114 号文件出台（包括《文化体制改革中经营性文化事业单位转制为企业的规定》和《文化体制改革中支持文化企业发展的规定》），文件执行期限是 2009 年 1 月 1 日～ 2013 年 12 月 31 日）。该文件涉及国有资产文化资产管理、资产和土地处置、收入分配、社会保障、人员分流安置、财政税收、法人登记、工商管理等方面。该文件"与原文件（国办发〔2003〕105 号）相比，新文件在注重保持政策连续性的基础上，政策支持力度进一步加大，更加突出了针对性和可操作性"[1]。

2009 年 3 月 25 日，新闻出版总署颁发《关于进一步推进新闻出版体制改革的指导意见》。该文件作为新闻出版改革的纲领性文件，是在深入贯彻党的十七大和十七届三中全会精神，全面贯彻落实科学发展观，落实党中央、国务院关于进一步扩大内需，妥善应对全球金融危机，全力保持经济平稳较快发展的决策部署的背景下，基于中央关于深化文化体制改革的要求，进一步推进新闻出版体制改革，推动新闻出版业大发展大繁荣而出台的。它对进一步解放和发展新闻出版生产力，促进新闻出版业的大发展大繁荣将起到积极作用。

这些改革措施的出台，对于我国的出版事业已经并将继续产生深远的影响，对出版企业的战略投资也将产生重大影响。随着出版业市场化改革的力度进一步加大，许多具有浓厚的计划经济色彩的政策规定逐渐从宏观决策中淡出，一些能够更好地实现以市场为基础进行配置资源，激发文化企业活力和竞争力的政策实施细则，还将陆续出台。这对我国的出版企业而言，无疑具有正面的激励作用。但是，任何新的政策的制定都需要凝聚多方共识后出台，政策的变迁也需要一个相对漫长的时间周期，而且政策发生作用的基础条件也具有一定的适应期。因此，对于出版企业而言，要充分地考量到新的政策制定的周期，及其隐含的风险。例如，目前，对于境外合作开办出版企业，国家对其经营领域和

---

1 张少春. 在文化体制改革配套政策培训班上的讲话. 财政部网站，2008-10-29.

股份控制权都有明文规定，对此是要坚决贯彻落实，而不能够随意触犯。

（2）国内出版企业的政策风险控制方式

①坚持正确的出版方向和导向。

在出版物内容的生产、制作和传播上，要始终不渝地遵循我国出台的一系列法律法规，如《出版管理条例》《中华人民共和国著作权法》《图书质量保障体系》《期刊管理规定》等，不要逾越雷池一步，从而体现出为社会主义精神文明建设作贡献，为社会主义文化大发展大繁荣作贡献。

②确保国有资本的主导地位。

随着出版业进入改革攻坚阶段，国家对民营资本和外国资本进入行业的限制日益放宽。2009年3月，新闻出版总署印发《关于进一步推进新闻出版体制改革的指导意见》，鼓励和支持非公有出版工作室以多种形式进入政策许可的出版领域，积极探索非公有出版工作室参与出版通道问题，开展国有、民营联合运作的试点工作；鼓励国有出版企业在确保国有资本主导地位的前提下，与非公有出版工作室进行资本、项目等多种方式的合作。这一规定将民营资本纳入社会主义先进生产力的范围，将多年来处于"潜伏"状态或"地下"状态的民营工作室和民营文化公司纳入行业的管理范围，鼓励国有出版社有选择地与民营文化工作室开展资本合作，这给民营资本进入出版业从事战略投资和资本运营注射了一针兴奋剂，也为国有出版传媒企业进一步扩大出版策划能力、市场营销能力和资本运作能力带来了巨大机会。在此背景下，出版企业开展战略投资更应该坚持国有资本的控股地位，从而保证国家对出版企业的控制权、管理权和经营权，保证出版物内容的正确导向，有效地抵御外来腐朽文化的渗透。否则，一旦国有资本失去了控股地位，则面临的政治风险就会放大，党和政府对出版导向的控制力就会减弱。因此，出版企业在进行战略投资尤其是实行股份制改造或者合作的时候，务必要确保国有资本的绝对控股地位，明确国有资本、民营资本和外国资本的股权比例。

③不断增强对于政策变迁的预见性。

古人云："月晕而风，础润而雨。"大多数政策的制定和变迁并非无痕迹可循，也不是完全无法预知的。在现代法治国家，公共政策的制定尤其是一项重大政策的制定常常会采用向公众听证咨询的方式，或者向业内外人士综合调研的方式。伴随着现代政府着力打造阳光政府、责任政府，很多公众政策和行业政策的基本内容是让公众预先知晓并征询意见的，政策调整和制定的程序也是公开透明操作的。因此，对于出版企业而言，应当多关注宏观政治经济形势，多关注行业主管部门的最新政策动态，多关注业内重要人士发表的重要言论，多关注行业最新的发展态势。

阳光卫视创办之初曾经是一片叫好声，红透半边天，但是后来被迫将个人持有的股份卖出，黯淡退出。这个结果不仅与经营管理不完善有关，更与当时投资人的政策判断有关。当时，投资人比较乐观地预测我国有线收费电视在国内的政策调整力度和调整时间，没有想到这一政策调整时至今日还没有完成，从而无法将事先设计的盈利模式加以实施。

（3）"走出去"企业的政策风险控制方式

出版企业在"走出去"进行国际化经营的过程中，也会面临政策风险。这主要来自于东道国发生政治事件，企业经营与东道国的社会发展目标、有关法律法规存在冲突。在跨国经营过程中，政治风险是广泛存在的，准确科学地预测并运用多种技术和经济手段来减少、分散和转移政治风险，是直接关系到出版企业跨国经营和海外直接投资成败的一个重要因素。

自 2007 年来，面对世界性的金融危机和人民币不断升值的国际预期，中国的出版传媒企业也进一步加大了"走出去"力度。如中国出版集团公司已经先后在悉尼、纽约、巴黎、温哥华、首尔、东京等地设立了 8 家海外合资出版社，不断建构和丰富海外市场格局。国内一些出版企业也纷纷效仿，在海外合资成立出版机构。这对中华文化"走出去"，提高中华文化的国际传播力和影响力具有重要意义。但同时不容忽视的是，我国出版企业在海外设立分支机构或者成立合资出版机构，也可能面临着潜在的国际化经营的政策风险。

这种政策风险的表现形式是多方面的，主要体现在如下几个方面。

①非歧视性干预。非歧视性干预是指东道国政府为了实现既定的经济社会发展目标而采取一定的干预措施，控制外国出版企

业的进入。这类干预措施通常比较温和，对各类外国企业和东道国企业的影响相同。

②歧视性干预。这类干预措施体现在它给予本国出版企业某些特权和优惠政策，以保护其免遭外国出版企业的竞争威胁。

③财产损毁。这是由于东道国发生内战、边境战争、骚乱、恐怖事件等所造成的。这类事件带来的损失巨大。一些跨国出版企业常常因为战事或骚乱等蒙受巨大的经济损失，而且一般无法得到补偿。即使跨国公司事先投保战乱险，能从保险公司得到一定补偿，也只能得到直接经济损失（财产破坏）的部分补偿，而企业在生产经营活动中的各种间接经济损失则无法得到补偿。最近10年来的伊拉克战争、车臣战争、恐怖主义事件，2011年初突尼斯、埃及、利比亚发生的社会动荡等等，都给当地的新闻出版业带来了比较大的负面影响。

因此，有必要采取以下风险控制方式。

①准确掌握国外政治经济动态。

对于准备"走出去"的中国出版企业，应该优先选择那些政局稳定、社会安定、人民安居的国家去设立新的海外分支机构。同时，要随时关注国外政府或者当地政府的最新动态，一旦发现战争苗头或者骚乱苗头，立即进行安全转移。日常要多和我国驻外大使馆沟通，参与或者组织一些文化交流活动，及时了解当地情况。

②全面了解并掌握国外出版产业政策。

要全面搜集和掌握不同的国家关于出版业的政策和相关规

定，从中了解到每一个政策的基本内容和其产生的历史背景。政策的调整和变迁既是行业管理方式和行业发展路径的变迁，同时也是一个时代人们的价值观念和思想观念的变迁。旧政策的退场和新政策的出台，总是与思想解放日益深刻、行业发展模式发生重大变化相关联的。

③熟悉当地国的风俗习惯和文化特点。

不同的国家有着不同的文化背景、风俗习惯、宗教信仰和禁忌。因此，要熟知当地居民和消费者的文化偏好和禁忌，从而尽快地融合到当地的文化市场中和商业环境中，尽快地培养有效的读者群和消费群。

3. 市场风险及其控制

市场风险一般指影响行业所有企业的外部经济风险，如经济危机、通货膨胀、利率和汇率变动、市场需求变化。对于上市企业而言，市场风险还包括因股市价格、利率、汇率等的变动而导致未曾预料到的潜在损失的风险。

（1）市场风险的表现形式

1997 年的东南亚金融危机和 2007 年底由美国开始的次贷危机所引起的全球性金融危机就是最为典型的例子。这次金融危机给各国出版业带来了不同的市场风险。

在美国，出版物的印刷发行受到强烈冲击。2008 年 11 月 4 日，美国在线媒体组织 What They Think 推出题为"美国印刷每月出货量"的报告，指出 9 月份美国商业印刷的出货量为 84 亿美元，比 2007 年 8 月下降 3.35 亿美元，减幅为 3.8%。图书销售下滑，部分杂志停刊。美国图书销售三大实体连锁店第三季度销售下滑明显。其中，巴诺书店第三季度销售额比上年同期下滑 4.4%，鲍德斯书店总销售额比上年同期下降 10%，百万书店平价店总销售额则比上年同期下滑 9.9%。奢侈品牌《时尚》杂志 12 月广告页码较上年同期下降 22%，趣味杂志 *Radar* 倒闭，少女时尚杂志 *Cosmo Girl* 停刊。报纸广告与发行骤减。美国报业在金融危机下发行减少，全美 507 份报纸 2008 年前两季度发行量减少了 4.64%。《基督教科学箴言报》宣布自 2009 年 4 月开始停止发行印刷版而专注网络版。2008 年 12 月 8 日，美国第二大报业集团"论坛报业"宣布向特拉华地方法院申请破产保护，在西方传媒界影响深远。出版集团纷纷裁员。企鹅出版集团旗下的哈珀 - 柯林斯和皮尔森两家出版公司宣布冻结员工薪金增长计划并考虑裁员；西蒙 - 舒斯特和托马斯·尼尔森两家出版公司在美国分别裁员 35 人和 54 人；时代华纳旗下出版公司 Time Inc 第三季度业务收入下挫 7%，计划裁员 250 人。美国最大报业集团甘尼特公司（Gannett）和《时代周刊》的发行商"时代公司"10 月底宣布裁员。

在英国，鲍德斯集团 2008 年初曾以资产抵押的方式向冰岛 Landsbanki 银行申请了 2300 万英镑的贷款，金融危机对 Landsbanki 的冲击使鲍德斯集团的贷款难以兑现，最后凭借英国政府对 Landsbanki 英国支行提供的短期担保贷款得以暂时维持运转。英国第二大图书批发商贝特拉姆因其母公司伍尔沃斯集团失去信用担保而陷入信用危机，许多出版社停止向其供货。据尼尔森图书公司的数据，排除"哈利·波特"的因素，截至 2008 年 10 月，英国图书销售额比上年同期下滑 1%。新闻集团旗下《泰晤士报》和《星期日泰晤士报》的广告收入出现了明显的下滑。

在德国，与 2007 年比，2008 年的德国图书市场相对低迷，其中商业街书店的销售额在 2008 年的前 9 个月同比减少 3%。但法兰克福书展作为世界最大的图书博览会，2008 年受金融危机的影响并不明显。

在日本，最大日报之一《读卖新闻》下属的《读卖周刊》发行量大幅下降，并在 12 月 1 日之后暂停出版。2008 年日本书业全年的销售额比 2007 年下降 3%。

法国的情况比较特殊，2008 年法国出版业在金融危机的冲击下销售额持续走高，发展速度平稳增长，呈现出"逆势上扬"的良好状态。2008 年上半年出版物销售额比 2007 年同期上涨 15%，中小书店销售额增长达到 8%。

在中国，开卷全国图书零售市场观测系统的数据显示，在 2008 年 12 个月中有 4 个自然月是下降的，集中表现在 10 月、11 月、12 月连续 3 个月负增长。与此同时，2008 年度中国书业也出现了罕见的 0.037% 年度增长数，几乎零增长。

北方联合出版传媒公司的图书委托加工等业务过去一直保持 20%～30% 的增长，但 2008 年仅仅持平。

广东省出版集团有限公司的加工出口业务原来每年规模约在

2 亿～ 3 亿元，2008 年则下降 5000 万元，利润也减少近 300 万元；此外，集团的光盘复制订单减少了约 1000 多万元，利润损失 500 万～ 600 万元。

四川新华文轩连锁股份有限公司在香港证券市场持续走低，2008 年 3 月公司股价已跌破每股净现金和每股净资产，在一定程度上挫伤了投资者信心，给下一步增资扩股带来困难。

北方出版传媒股价一度在 2008 年 10 月跌破发行价，维持在 8 元上下，距离上市初期市值大幅缩水。

当然，金融危机并不是只给出版业带来负面影响。例如，在 20 世纪二三十年代的整个西方资本主义世界经济"大萧条"中，美国好莱坞的电影、迪斯尼乐园恰恰勃然兴起。在 20 世纪 90 年代亚洲金融危机中，韩国影视和日本动漫抬头。因为，金融危机时期，人们更需要心理慰藉和精神关怀，这反而刺激了人们对包括图书在内的文化产品的消费需求。而且，文化产业是创意产业，资金要求并不高，更容易在金融危机时出现反周期的"逆势上扬"。

我国新闻出版业正处于深化改革开放、加快产业转型和结构调整的关键阶段，外部宏观经济环境的重大变化给行业发展增添了新的不确定性因素，资本市场的低迷与动荡可能减缓部分出版集团上市融资的步伐，中国出版"走出去"的航船可能面临更多的市场风浪。

（2）市场风险的控制

对于中国的出版企业，应从以下几个方面作出调整，应对诸如金融危机这样的市场风险。

①建立市场风险预警机制。

密切关注国内外宏观经济运行态势，以及政府宏观调控政策的变化；密切关注国内外政治格局和政治生态的最新趋势；建立重要市场信息变化实时数据库，及时发布市场风险预警信号。

②准确把握市场需求的最新变化，不断创新选题内容和传播手段。

比如在金融危机时期，积极策划经济、金融类型热销选题，满足读者对金融危机相关知识的阅读需要，增强应对金融危机的生活本领；开发高品质的休闲娱乐类图书，帮助身处金融危机下的读者解除苦闷，提振信心，慰藉心灵。历史上，有声电影、无线电广播、彩色动画片、摄影技术、动漫产品等传播手段，都是在经济危机中创造和发展起来的。当代，数字出版、手机增值服务等低价位、新科技的传播方式，同样有可能在危机中受到市场追捧，成为出版产业创新传播手段与培育新型业态的重要突破口。

③加大优秀人才的引进力度，激发人才的创造活力，为出版产业未来发展提供高端智力资源。

在出现重大市场风险时，往往也是重要的出版人才跳槽和转型的高峰期。金融危机增加了中国市场的吸引力，国际优秀出版人才流动到中国的可能性增加。国内出版企业要充分引进高端智力资源，打造一流的人才团队平台，培养一批优秀经营管理人才、创意营销人才、数字技术人才、外向型人才和领军人才，使一些具有国际视野、掌握专业知识、熟悉资本市场、富有开拓精神的人才尽快脱颖而出。

④加快产业升级步伐，大力推动产业结构调整。

要进一步推动经营性文化单位转企改制。要把包括出版产业在内的文化产业培育成为国家支柱性产业，首先要把经营性文化单位建设成为合格的市场主体。要按照"区别对待、分类指导、循序渐进、逐步推开"的方针，建立现代企业制度，解决好人员安置和身份转换，打破旧的体制和机制束缚，开拓更为广阔的市场，实现产业更大的发展。加快推进结构调整和资产重组，通过跨媒体、跨地区、跨行业、跨所有制的战略重组，进一步提高出版产业的集中度，打造大型出版产业集群和品牌集群。

⑤抓住国际文化市场变化的新机遇，实现文化产业"走出去"战略的新突破。

文化"走出去"，主要是通过版权"走出去"、成品"走出去"和实体"走出去"这三条途径。其中版权输出简便，但相对被动；成品输出见效较快，但受到语种局限；而在海外创办实体，实施本土化战略，则既能贴近国际社会的实际和受众，又能为我所用，能有效进入国际主流市场。国家应当出台政策支持国内重要骨干文化传媒企业，采取独资、合资、合作等多种形式，在海外创办文化传媒企业，通过实施本土化战略，尽快构建起系统高效的国际传播体系，打造国际一流的文化传媒企业。组织研制文化产业国际一流水平的评价标准，编制文化产业国际发展的总体规划，抓住有利时机，创建更多具有较强国际经营能力的文化传媒企业，让文化产业的航空母舰乘风破浪，驶向蓝海。[1]

4. 财务风险及其控制

财务风险一般是指因企业财务结构不合理、融资不当而使公司可能丧失偿债能力进而导致投资者预期收益下降的风险。如果企业经营状况良好，使得企业投资收益率大于负债率，则获得财务杠杆利益；如果企业经营状况不好，使得企业投资收益率小于负债率，则获得财务杠杆损失，甚至破产倒闭。这样的风险就是企业负债经营所带来的财务风险。

负债经营是现代企业的一种经营策略，可以弥补自有资金的不足，还可以用借贷资金来实现盈利。股份公司在生产经营中所需的资金一般都来自发行股票和债务两个方面，其中，债务（包括银行贷款、发行企业债券、商业信贷）的利息负担是一定的。如果公司资金总量中债务比重大，或是公司的资金利润率低于利息率，就会使股东的可分配盈利减少，股息下降，使股票投资的财务风险增加。例如，当公司的资金利润率为5%，公司相应贷款的利率或发行债券的票面利率为3%时，普通股股东所得权益将高于3%；如果公司的资金利润率低于3%，公司须按3%的利率支付贷款或债券利息，普通股股东的收益就将低于资金利润率。实际上，公司融资产生的财务杠杆作用犹如一把双刃剑，当融资产生的利润大于债息率时，给股东带来的是收益增长的效应；反

1 聂震宁. 抓住新机遇，实现文化产业新突破. 光明日报，2009-5-23.

之，就是收益减少的财务风险。

（1）财务风险的表现形式

对于一般的出版企业，财务风险主要集中在日常的支出方式和监管机制不够健全方面，包括开支过大过滥，收入过少过慢，从而入不敷出，寅吃卯粮。这种财务风险相对而言比较好控制，只要注意周期性的收支平衡，开源节流就能有效遏制住。但是，对于出版企业中的上市公司，其财务风险的控制难度更大，其主要表现形式也是多种多样的。

①无力偿还的债务风险。负债经营以定期付息、到期还本为前提。如果公司用负债进行的投资不能按期收回并取得预期收益，公司必将面临无力偿还债务的风险，其结果不仅导致公司现金流通不畅，也影响公司信誉程度，甚至给企业带来巨大灾难。

②利率变动的风险。公司在负债期间，受宏观经济过热、通货膨胀、货币升值等因素的影响，贷款利率上升，从而增加公司的资金成本，减少了公司预期收益。

③再筹资的风险。由于负债经营加大了公司负债比率，也相应地降低了对债权人的债权保证程度，这将在很大程度上限制公司从其他渠道增加负债筹资的可能性。

此外，在不同形式的战略投资和筹资活动中，企业所面临的财务风险是有所不同的，具体而言有如下几种。

①股份集资。可分成招股集资和发行股票两种。招股集资是企业直接向国内外投资者招标，投资建立公司的方式。采取招股

集资的企业具有相对稳定的产权，其财务收入比较稳定。它不需要到期还本付息，因此可认为基本没有财务风险。股票筹资对公司的财务也不会构成大的影响。

②举债筹资。它是企业为充分利用自身资源潜力，在缺乏资金的情况下，通过资本市场筹措资金的一个主要办法。主要分成两种：发行债券和信贷筹资。发行债券是企业以定期还本付息为前提条件，在金融市场上发行以筹资企业为名义的债券。而信贷筹资则是企业依靠自身的信用向银行贷款。两者都要付出一定的成本，但是发行债券的成本要高于信贷筹资。此外，二者在财务上都有很大的风险，一旦处理不当，很容易导致严重的财务危机。

③自然筹资。它是指在结算中形成的负债。这些负债一般是随着生产经营的规模变化而增减的。尽管自然筹资与信贷筹资都属于筹资，但自然筹资不需要通过正式手续来安排。因此，与前几种筹资方式相比，自然筹资要主动便利，没有太高的融资成本。但是，自然筹资具有期限性。一般而言，为了避免偿债期过于集中，要在不同的时间段内分散偿还自然筹资，以缓解某一段时间的财务压力。

④企业的留利筹资。它是指企业充分利用留存利润进行筹资。这种筹资具有四个优点：一是无偿性，即除了必要的手续费外，企业几乎无需对外付出任何成本。二是一般不需经过繁杂的申请审批程序，既可以缩短筹资时间，又可以降低各种手续费用。三

是纳税优惠，筹措企业内部资金大多是资金在企业内部转移，不涉及资产的取得，一般无需交纳税款。四是方便灵活，管理简单，企业筹措内部资金可以随时随地进行。这种筹措方式的资本成本小，到期还本付息的要求不是特别严格，而且筹资手续简便，具有较大的机动性，财务风险较小。

（2）财务风险的控制

那么应该如何规避财务风险呢？主要有以下措施。

①合理确定企业的资产负债率。

合理地确定企业的融资规模，合理地选择融资方式和融资渠道，合理搭配短长资金的比例，使公司的资本结构与资产结构相匹配，融资风险与融资成本相适应，从而最大限度地降低融资风险和成本，提高资金的使用效率。

②抓住最有利的投资机会。

投资也有着如人之一生的寿命周期，通常可分为孕育期、成长期、成熟期、衰退期。一项投资至成熟期时，便应及时考虑节制剩余资金的持续投入，转换投资领域或投资项目。因此，就要积极利用和抓住投资机会，绝不能够无视投资环境、投资时机而盲目投资。企业只有抓准了最佳的投资机会，才能获得最好的利润回报。否则，既不能够收回投资资金，还会给企业财务造成严重影响。

③优化企业的投资结构。

企业的投资结构是指在一定时期内企业的投资总额在各种投

资方式或者投资方向之间的分配情况。一般而言，没有风险，就没有回报；风险幅度越大，回报率就越高；风险幅度越小，回报率就越低。企业在投资过程中，不可能出现没有风险而收益大的情况。企业一定要有一个较为优化的投资结构，妥善安排不同风险系数的投资项目，既不能够片面追求高回报率而大部分地投资高风险领域，也不能够将全部资本投放过于稳妥、风险太低的投资领域。无论哪一种情形，都会给企业带来一定的财务风险。

④采取关联性投资。

投资的关联性是指企业在投资过程中所投资项目与自身主营业务的依赖程度。企业的多方向投资是分散企业风险的一种策略，但完全不相关的多方向投资不仅不分散企业财务风险，反而会加大财务风险。可以说，投资组合的风险决定于组合项目之间的相关程度。从管理的角度看，投资了一个与主营业务完全不相关的新领域，不仅分散了企业经营者的精力，也会因企业不熟悉相关业务而导致管理的低效，从而增加了企业的经营风险和财务风险。因此，企业在进行多元化投资时，注意多进行一些相关领域的多元化投资，不仅可以降低财务风险，还可以实现范围经济。

⑤加强企业内部财务审计。

建立严格的财务支出制度和财务纪律，以及违反财务纪律的惩罚制度。严格控制现金流管理和负债管理。加强内部审计，健全会计准则，与最新的国际会计准则接轨。

5. 法律风险及其控制

（1）法律风险的来源

法律风险来源于所处的法律环境，包括行业、公司、知识产权、采购和销售等的行为发生地等。

目前，世界各国沿用的法律体系基本上分为两类：大陆法系和英美法系。大陆法系又称罗马法系、民法法系、法典法系或罗马日耳曼法系，是承袭古罗马法的传统，仿照《法国民法典》和《德国民法典》而建立的法律制度。欧洲大陆上的法、德、意、荷兰、西班牙、葡萄牙等国和拉丁美洲、亚洲的许多国家，以及中国内地的法律都属于大陆法系。英美法系又称英国法系、普通法系或判例法系，美国、英联邦各国和中国香港地区采用的是英美法系。两大法系有如下主要差异。

第一，法律渊源不同。大陆法系是成文法系，它的法律渊源包括立法机关制定的各种规范性法律文件、行政机关颁布的各种行政法规以及本国参加的国际条约，但不包括司法判例。英美法系的法律渊源既包括各种制定法，也包括司法判例，而且判例法在整个法律体系中占有非常重要的地位。

第二，法律结构框架不同。大陆法系承袭古代罗马法的传统，习惯于用法典的形式对某一法律部门所适用的规范予以系统规定，法典是法律体系结构的主干。英美法系很少制定法典，习惯用单行法的形式对某一类问题做专门规定，所以其法律体系在结构上是以单行法和判例法为主干。

第三，法官权限不同。大陆法系强调法官只能援用成文法中的规定来审判案件，法官只能适用法律而不能创造法律。英美法系的法官既可以援用成文法，也可以援用已有的判例来审判案件，还可以在一定的条件下运用法律解释和法律推理的技术创造新的判例，从而使得法官不仅适用法律，也能在一定范围内创造法律。

第四，诉讼程序不同。大陆法系的诉讼程序以法官为重心，多由法官和陪审员共同组成法庭来审判案件，具有很强的纠问程序。英美法系的诉讼程序以原告、被告及其辩护人和代理人为重心进行抗辩，法官只是双方争论的"仲裁人"而不能参与争论，同时还存在负责做出事实上和法律上的基本结论（如有罪或无罪）的陪审团。

两大法系的基本价值观念、调整方式、调整对象、调整程序有着很大不同。因此，面对不同的对象，不同法系的国家的法律规定是有很大区别的，处置方式是迥然不同的，具体有如下几种类型。[1]

①不同行业。不同的行业有不同级别的法律监管和法律风险环境。在所有行业中，医药行业和生物技术行业的风险系数最高，因为该行业的一般监管很严格，资本要求很高。每个行业的法律风险级别在不同的司法管辖地还有所不同。总部在美国的医药公司比位于中国的医药公司要受到更为严格的监管。当然，出版业涉及国家意识形态和文化安全，在中外合资上有着比较明确的法律限定。

1　曾肇河. 公司投资与融资管理. 北京：中国建筑工业出版社，2006.

②不同公司类型。上市公司比一般公司要受到更加严格的监管，如果不遵守监管的规定，上市公司、公司管理人员和董事都将面临巨大罚款和潜在的刑事诉讼，甚至有被摘牌的危险。没有上市的公司则不存在此类风险。

③不同国家的知识产权。主要依靠知识产权和研发获利的公司所承担的知识产权风险，远远高于没有知识产权活动的公司。许多国际条约规定了保护知识产权，而且在不同执行力度的司法管辖区内，侵犯知识产权获得的风险和惩罚有所不同。越是在执行力度非常刚性的地方，侵权所承担的风险越大，反之亦然。

④不同地点的采购和销售行为。在中国境内经营主要业务的中国公司也会因为在中国境外从事采购、销售货物或者提供服务，而受到中国境外法律风险环境的影响。例如，外国供货商破产，违反或终止合同，因货物不符合规定而导致延迟以及额外费用等。同样，在中国境外市场销售产品的中国公司也面临外国司法管辖区的法律风险。例如呆账、主要客户破产、与经销商的争议、潜在的反倾销措施、产品责任诉讼等。

（2）法律风险的控制

中国出版企业应该如何预防和化解各种法律风险，如何建立和健全风险防范机制和管理机制呢？概而言之，有以下几点。

①不断强化法律风险管理意识。

出版企业管理层尤其是决策层必须清醒地认识到，在战略投资中是存在着一定的法律风险的，尤其是潜在的法律风险。法律风险一旦发生，就会给企业带来巨大灾难，有时甚至是灭顶之灾。但是，如果事先对法律风险有比较清醒的认知和比较强烈的防范意识，是可以预防并控制法律风险的。

②建立健全法律风险防范机制。

建立现代企业制度、完善法人治理结构，是当前我国出版单位转企改制的基本制度目标。在设计公司化的运作框架和组织体系时，要将完善企业内部法人治理结构和建立健全法律风险防范机制有机结合起来，建立法律风险预警机制和应急预案，促使法律风险防范成为公司内部控制体系的一个重点环节。例如，中国出版集团公司就专门设有法律事务部门，为全集团的重要投资决策行为提供法律咨询和建议。

③建立法律顾问与咨询制度。

现代企业一般都会聘请知名的法律专家担任企业的总法律顾问。当前，伴随着越来越多的中国出版企业大力实施"走出去"战略，在海外投资设立分支机构或者独立法人实体，面临的各种潜在的法律风险或者法律纠纷将日益增多。为了更好地适应当地国的法律环境，熟练地运用当地国法律和国际法规则捍卫自身的合法权益，已经在海外市场形成一定规模和实力的中国出版企业，应该建立法律顾问与咨询制度，聘请相关专家出任日常法律顾问，或者就某些重要的投资经营活动咨询相关法律专家。毕竟，中国的法律环境和西方的法律环境有着很大的不同。中国出版集团公司旗下的中国图书进出口（集团）总公司占据了我国出版物进口

70% 的市场份额和出版物出口 30% 的市场份额，在开展各类重大出版物对外贸易中，都会咨询相关法律顾问，从而有效地避免了触犯出口贸易合作国的相关法律规定和政策规定。

④建立合同管理、知识产权管理和授权管理制度。

加强合同管理是防范企业法律风险的基础性工作，要建立以事前防范、事中控制为主，事后补救为辅的合同管理制度。[1] 例如在 2001 ～ 2004 年，中央企业加大了管理力度，专利申请量平均增长 24.2%，注册商标申请量年平均增长 25.4%。但目前还有不少企业尚未建立知识产权法律风险防范机制和知识产权纠纷处理机制。国内的一些出版单位在这方面已经有着惨痛的历史教训。此外，在投资融资决策、对外收购股权时要严格授权程序，要加强与当地政府有关管理部门的沟通，加强与董事会、股东会和监事会等常设机构的沟通，确保授权程序的严格规范。

6. 内部治理风险及其控制

内部治理风险主要指出版企业在实施战略投资过程中因内部治理结构的不完善和管理制度的不健全所面临的风险。在一定意义上说，这种风险会对企业的战略投资产生巨大的负面作用，甚至造成无法挽回的巨大损失。

（1）内部治理风险的表现形式

①所有权结构不清晰。

对于所有权治理结构，国办发〔2003〕105 号文件和国办发

---

1 曾肇河. 公司投资与融资管理. 北京：中国建筑工业出版社，2006.

〔2008〕114 号文件都明确规定，允许出版企业引进战略投资者，实现产权主体和投资主体的多元化，前提是必须实现国有资本控股。2009 年 3 月新闻出版总署出台的《关于进一步推进新闻出版体制改革的指导意见》则为出版企业的国有资本与民营资本之间的横向合作提供了合法性依据。

产权清晰是所有权治理结构的核心内容，也就是通过明确界定资产所有者和资产经营者的权利、义务，来规范双方的行为、分配方式和控制方式。产权清晰是建立现代企业制度的基础，是进行有效激励和有效约束的前提。目前，我国出版企业的产权是由国家代表全体人民所有，国家是国有资产的代表。但是，作为资产所有者的国家，与作为经营者的出版企业之间的权利和义务关系还比较模糊，国家对出版企业资产的具体监管制度尚未建立。而且，经营主体与经济实体之间的产权关系还相对混乱，难以形成统一的市场运行体系。

②法人内部治理结构缺失或者不完善。

现代企业要求实行公司制，建立由股东会、董事会、监事会组成的完善的法人治理结构。相比之下，我国出版机构的内部治理结构却十分不科学。绝大多数出版企业仍然沿袭传统的组织体系和治理结构，实行社长、总经理负责制，并没有按照规范的现代企业制度运作。有的出版集团公司没有设置股东会、董事会、监事会，集团领导将决策权、执行权和监督权集于一体。有的出版集团虽然在形式上设立了股东会、董事会和监事会，但其构成人员交叉重合，使得董事会形同虚设，使监事会无法发挥应有的监督职能。

③委托代理机制不成熟。

在经济学理论上，委托代理问题是市场失灵的重要原因之一。在现代企业中，委托代理问题也是企业实现良性运作所需解决的重要问题。委托代理问题是指，作为委托人的资产所有者和作为代理人的资产经营者二者之间，常存在着行事意图和共同利益的不一致，当委托人不能够有效监控代理人的行为时，代理人常常不能完全按照委托人设定的目标来开展经营活动，而追求有利于个人的短期化行为，甚至使企业的效益遭受大的损失。

对于我国的出版企业而言，委托代理问题也不同程度地存在着，具体原因有：第一，在计划经济体制的长期影响下，出版单位重视政治导向，轻视经营效益，而且一些出版单位出于规避政治风险的需要，人为扩大管理幅度，增加多层次委托代理环节。第二，长久以来，委托人和代理人之间没有形成正向的、适当的激励相容机制，代理人缺乏内在的发展动力。

④"内部人控制"现象比较严重。

"内部人控制"是指现代企业中在所有权与经营权（控制权）相分离的前提下，由于所有者与经营者彼此利益的不一致，从而导致了经营者控制公司即"内部人控制"的现象。具体而言，公司的经营者即"内部人"掌握了投资权、人事权、财务权等重大经营管理权利，股东难以对其行为进行有效的监督。

内部人控制问题的形成，实际上是公司治理中"所有者缺位"剩余控制权与剩余索取权不相匹配的问题。

"内部人控制"使得管理层在进行重大出版项目决策或重要战略投资时，常常出现独断专行的现象，使得企业的投资决策也面临较大的随意性和主观性，从而给企业的投资决策带来比较大的失败风险。

（2）内部治理风险的控制

中共中央、国务院《关于深化文化体制改革的若干意见》明确提出，包括出版企业在内的文化企业，要"按照现代企业制度的要求，加快推进国有文化企业的公司制改造，完善法人治理结构"。 2010 年 7 月，中央办公厅和国务院办公厅印发的《关于进一步推进国有企业贯彻落实"三重一大"决策制度的意见》要求，对于重大决策、重要人事任免、重大项目安排和大额度资金运作事项，必须由领导班子集体做出决定。这个要求，对防范决策风险、健全内部法人治理机制、维护国有资产安全、促进国有企业改革顺利推进，具有重要作用。

具体而言，内部治理风险的控制有以下手段。

①转企改制，建立现代企业制度。

当前，除公益性出版单位外，曾经作为国有文化事业单位的经营性出版单位已在 2010 年底前基本完成转企改制，实现身份转换，建立现代企业制度。这是顺应历史发展的必然趋势，也是出版业自我发展的内在要求。在转变企业组织形态的过程中，出版企业将普遍按照《中华人民共和国公司法》注销事业单位登记，办理企业工商注册登记，开始施行公司化运营。

②完善内部法人治理结构。

对于出版企业而言，完善内部法人治理结构就是首先要依照《公司法》建立"股东会－董事会－管理层－监事会"的基本组织模式，明确股东大会、董事会、监事会和管理层的具体职责，并规范运作。这是一组相互联结并规范公司法人中相应的所有者、支配者、管理者相互权利、责任、利益等的制度安排。由于出版企业兼具意识形态性和商业性，其内部法人治理结构应与一般的行业有所不同，要有专门机构协调编辑审稿业务和经营业务，可考虑将编辑委员会也纳入基本的组织架构之中，建立决策层、管理层、经营和内容监管层互相制约的工作机制。

③建立合理的激励机制。

建立合理的激励机制有利于吸引具有战略投资运作能力的优秀人才，有利于理清委托代理关系的基本职责、建立利益共同体和命运共同体，有利于为企业的良性运营注入强大的动力。

目前出版企业的激励机制基本是年终奖金、销售提成等现金结算方式。对于上市的出版企业而言，不仅要采取年薪制和精神激励机制，还应积极探索采取股票期权激励、债券激励的方式，实现管理层持股和员工共同持股。

④强化公司内部监控机制。

要进一步健全企业内部监督机构，实现企业内各个监督机构独立运作，相互制约，协调运转。强化股东大会的职能，增加少数股东的股东大会召集权，保护股东的建议权和质询权。强化董事会、监事会对公司的监督作用，引入外部董事、外部监事，以法律的形式规定独立董事的权利和责任。健全职代会民主监督制度，加强职代会对企业重大项目投资、资产重组、工程招投标等重大事项的监督，并选好职工监事进入企业监事会。建立健全经营管理者考核制度，将企业的销售收入、利润总额、净资产利润率、人均利润率等经济指标，以及国有资产的保值增值情况，作为衡量企业经营管理者业绩的主要依据。要建立决策失误责任追究制度，坚决追究失误者的经济责任和法律责任。[1]

⑤完善公司外部监督体系。

综合运用经济、行政、法律手段，构建对国企经营者的外部监督机制。各级党委及政府监察部门应积极承担相关的监督责任，国务院和省级政府派驻国有重点大型出版企业的监事会、财务总监（人员），应依法履行监督职责，并定期将企业资产运营情况、生产经营重大决策等事项向有关部门汇报。要从干部人事制度改革入手，逐步减少企业主管部门或党政领导部门直接任命企业负责人的制度，要形成一个客观评价、选择、聘用和淘汰经营者的市场机制，推动经营人才的合理流动。同时，优化资本结构，把银行的作用引入监督体系之中。

1　张维迎.企业理论与中国企业改革.北京：北京大学出版社，1999.

第二节　战略投资评估

1. 战略投资评估的价值

战略投资评估是对公司战略投资计划的执行情况、整体绩效的评价与考核，为的是确保既定的战略目标得以很好地贯彻与实现。

战略投资评估的基本价值体现在以下几个方面。

（1）确保战略投资目标得以有效实现

战略投资是公司根据行业未来发展需要和公司整体战略规划，为实现公司战略目标进行的投资。战略投资有利于培育公司核心业务和核心产业链，提升公司的整体竞争能力和盈利能力，赢取行业领先地位，实现公司未来的可持续发展。

一般而言，公司战略投资追求的是公司长期的战略利益，因而往往会忽视或损失一定的短期利益。同时，战略投资回报周期长，面临比较大的风险，具有一定的不可预测性。因此，需要通过战略投资评估协调整体利益与局部利益、长远利益与短期利益之间的关系，最终确保战略投资的目标能够顺利实现。

（2）动态优化战略投资的具体目标

在战略投资的实际操作和执行过程中，基于企业内部的组织变革和外部的市场环境的变化，会发现原先制定的战略目标与现实出现不同步，甚至发生根本冲突。一些原本需要给予投资的出版项目或出版活动，在时过境迁后没有太大的投资必要；一些原本潜力不明显或者不看好的项目，在时来运转时却彰显良好的投资价值。因此，需要从实际出发，不断修正战略投资的具体目标，不断完善战略投资的运行模式，寻求最佳的战略投资路径。

（3）构建成熟的商业投资模式

战略投资评估对某种类型的投资模式及其实际运作效果进行检验，总结经验，吸取教训，探索成功之路，规避各种风险，创造成熟的盈利模式和商业模式。

在国际上，许多知名的出版传媒集团都制定了未来战略发展规划，具体设计了战略投资的目标和方向。当前，国内一些有远见的出版企业，也立足于自身实际，制定了三年、五年乃至十年的中长期发展战略规划。在其发展战略规划中，同时制定了企业战略投资目标规划。例如中国出版集团公司在2008年就制定了《中国出版集团公司五年发展规划（2008—2012）》，对集团公司的战略投资作出了一定的安排，为不断挺拔主业、优化出版结构，实现做强做大，建设国际一流的出版传媒企业打下了扎实的基础。

2.战略投资评估的基本标准

（1）企业战略投资评估的普通指标

通常而言，公司的战略投资评估标准包括以下指标。

①目标市场评估

企业的战略投资行为是否对应于准确的目标市场，是否为企业拓展了更为广阔的目标市场空间，是否提高了企业在目标市场的市场占有率和产品竞争力？

②顾客价值评估

企业的战略投资行为是否满足了顾客的各种有效需求，是否给顾客创造了更多的体验价值和服务价值，是否提升了顾客的品牌认可度和忠诚度？

③市场价值评估

企业的战略投资行为是否提升了企业产品的市场价值，或者提升了企业的整体市场价值？

④组织与管理评估

企业的战略投资行为是否优化了企业的市场组织体系与管理体系，是否提高了企业组织的整体效能，提升了企业的管理水平？

⑤财务评估

企业的战略投资行为是否提升了企业资产的价值？是否有效地提高了企业的利润和利润率？是否提高了净资产收益率，降低了资产负债率？

⑥环境影响评估

企业的战略投资行为是给环境带来正面的外部性，还是负面的外部性？是体现了绿色投资还是污染投资？

⑦风险评估

企业的战略投资行为面临哪些风险？如何规避这些风险？是否有效地规避了这些风险？

（2）企业战略投资的资产评估方法

在出版企业特别是出版企业集团兼并重组的过程中，目前比较流行的资产评估方法主要有以下几种。

①净资产作价法

企业拥有的资产通常包括三个部分，一是有形资产，即固定资产，包括设备、土地、厂房等。对其评估时通常考虑折旧后它的市场价，这比较容易。二是无形资产，包括品牌、商标、专利、市场网络、团队价值、特殊客户以及特许经营许可证等。这一部分的评估目前没有统一的标准，只能根据同行业的情况估计它大概的市场价值，评估难度大，差别也大。较之于一般的工商企业，出版企业往往具有更重要的品牌价值、文化价值，无形资产的比重也往往更大。三是企业对外投资所产生的资产价值，包括子公司、有价证券等。

净资产作价法是一种传统的资产评估方法，只适用于重资产的传统生产型企业。出版传媒等文化企业若采用这种方法评估，往往很难反映企业的真实价值。当然，在具体实践中，目前很多涉及国有资产的评估、审批和决策，还是采用这一方法。

②现金流量折现法

即 DCF 法。它是将企业未来的现金流量按一定的折现率来估算企业的价值的方法，包含了货币的时间价值理论、投资收益理论和风险报酬理论等应用经济学原理，不仅是金融投资学、理财学中的基本理论和方法之一，也是资产评估方法体系的重要内容之一。

现金流量折现法是目前企业价值评估模式中最主要的一种方法。国外许多研究证明，公司的价值基础是现金流量。当现金流量与利润不一致时，公司价值的变化与现金流量的变化更为一致，而与利润的变化无关。从可持续发展角度考虑，应选用未来的现金流量法评估企业价值，但在应用这一方法时，不能忽视这一方法应用的假设前提，即企业经营持续稳定，未来现金流序列可预期且为正值。

现金流量折现法的估价模型使用起来虽然比较复杂，但它具有明显优点：一是明确了资产评估价值与资产的效用或有用程度密切相关，重点考虑了企业资产未来的收益能力。二是能适用于那些具有很高的财务杠杆比率或财务杠杆比率发生变化的公司。在我国目前低效率的资本市场与不发达的商品市场条件下，现金流量折现法的适用性较弱。随着我国资本市场的进一步发展，各种市场环境将得到进一步改善，现金流量折现法所要求的资本市场的条件也能够得到满足。因此，采用现金流量折现法评估企业的价值，是一种必然的趋势。

③重置成本法

重置成本，是指企业重新取得与其所拥有的某项资产相同或与其功能相当的资产所需要支付的现金或现金等价物。它也是目前企业价值评估常用的评估方法之一。

诺贝尔经济学奖得主詹姆斯·托宾（James Tobin）1969 年提出了著名的"Q"比率理论，又被称为"托宾 Q"。Q 比率是公司市场价值对其资产重置成本的比率，反映的是一个企业两种不同价值估计的比值。

具体计算方法为：

$$Q \text{ 比率 } = \text{公司的市场价值} / \text{资产重置成本}$$

分子上的价值是金融市场上所说的公司值多少钱，包括公司股票的市值和债务资本的市场价值；分母上的价值是企业的"基本价值"——重置成本。

当 $Q>1$ 时，购买新生成的资本产品更有利，公司的市场价值大于资产重置成本，适合增加投资规模；

当 $Q<1$ 时，购买现成的资本产品比新生成的资本产品更便宜，公司的市场价值小于资产重置成本，不宜增加投资规模。

当 $Q=1$ 时，购买现成的资本产品与新生成的资本产品效果相同，公司的市场价值等于资产重置成本，维持现状即可。

重置成本法比较适合经济飞速发展、物价上涨过快的情况。它是现行投入价值的最佳计量，可以将资产持有损益与营业损益区分开来，提供有意义的会计信息。但是，重置成本的确定缺乏客观性，带有主观的成分。

④增长期权法 [1]

增长期权理论是把企业的战略性投资价值看作是实现企业长期发展战略的期权，即 Kester 所称的"增长期权"（Growth Option）的理论思想，并借鉴期权定价模型来评估企业战略性投资的价值。增长期权有两个基本假设前提：一是机会是共享的，大家都可以采取措施去获得它；二是产品市场为不完全竞争市场。

增长期权理论分析战略性投资的基本思路是：企业通过预先投资作为先决条件或一系列相互关联项目的联结，可以获得未来成长的机会（如新产品、新市场、新流程等），持有在未来一段时间内进行某项经济活动（生产某个新产品，开发某个新市场，采用某个新流程等）的权力。当市场条件合适时企业就利用这个权力，从而获得长期的增长能力。增长期权的初始投资可以减少未来的生产成本，从而能够以比没有增长期权的竞争对手更低的成本进行扩张。这种战略优势的获得导致了市场份额的扩大，从而增强了企业的市场竞争能力。

一般来说，企业的许多先行战略性投资项目（如 R & D、战略性兼并等）中，都包含了企业的增长期权。这些项目具有以下特点：项目的价值并不取决于其本身所产生的现金流大小，而是表现在其为企业所提供的未来成长机会，如提供新一代的产品、充足的资源储备、进入新市场的通道、企业核心能力的加强、战略地位的提高等。对于那些高技术企业、产品多样化企业，以及

1　参见中国资产评估，2004，（6）.

从事国际化经营的跨国公司,企业增长期权的概念显得尤为重要。

随着知识经济的崛起、经济金融化的加速发展,企业的战略性投资是企业竞争优势的重要源泉。引入增长期权的理论后,可以对战略性投资的未来不确定性进行科学评估,同时也有利于企业的投资或经营者们通过对企业整体价值的进一步认识而制定长期的发展战略。当然,由于企业的战略性投资往往带有更大的风险性,因此,有关期权定价模型对各种类型的企业战略性投资价值和企业价值评估的技术,还有待于进一步深入的研究和探讨。

3. 出版企业的战略投资评估标准

出版业是一个比较特殊的行业,既具有一般行业所共有的商业属性,又具有一般行业所不具备的意识形态属性。对于一般企业而言,实现利润最大化和成本最小化是其首要目标,也是其终极目标。但是,对于出版企业而言,其战略投资则是以实现最优的社会效益为首要目标,以努力实现社会效益和经济效益的有机结合或者有机统一为终极目标。因此,出版企业的战略投资评估,除了一般企业通用的基本标准之外,还有自己特有的行业标准。

《出版管理条例》第四条规定:"从事出版活动,应当将社会效益放在首位,实现社会效益与经济效益的最佳结合。"

社会效益意味着,出版物对社会发展和人的精神世界的积极的或者消极的影响。积极的影响会推动社会进步,发展先进文化,促进生产力发展。经济效益意味着,出版物能给出版者带来盈利或者亏损。盈利,就会在自身发展壮大的同时促进社会经济发展。

因此，对于出版企业的战略投资评估就不能够简单地套用一般企业战略投资的评估标准，需要根据出版企业的实际情况来制定。

具体而言，出版企业的战略投资评估标准包括两大体系，一是社会效益指标，二是经济效益指标。

（1）社会效益指标

出版物的社会效益很大程度上是隐性的、长期的，如社会影响力、人民群众的欢迎程度、对社会舆论的积极引导作用等等。从这个意义上讲，社会效益是很难用具体指标来度量的。但在出版实践中，下列指标可以在一定程度上反映和衡量社会效益。

①出版物质量

质量即产品或工作的优劣程度。作为一种特殊的产品，出版物具有物质和精神的双重属性，担负着传承物质文明和精神文明成果、参与精神文明建设的双重职能。考量出版物的质量应当包括政治的、学术的、技术的等方面[1]。

企业的战略投资，应当有利于生产出政治导向正确、符合学术规范、达到出版技术标准的合格的出版物，并在此基础上生产出尽可能多的良好的乃至优秀的精品力作。

一是要遵守政策规范，保证政治质量。按照《出版管理条例》第二十五条的规定，涉及反对宪法，危害国家，煽动民族分裂，泄露国家秘密，宣扬淫秽、迷信或暴力等 10 种内容的，属于禁止性选题，应杜绝于出版之前；按照《图书、期刊、音像制品、

1　刘伯根. 编辑出版论谭. 北京：中国大百科全书出版社，2005. 79～91.

电子出版物重大选题备案办法》，有关党和国家的重要文件文献、党和国家领导人的著作、涉及民族问题和宗教问题的作品、涉及中国国界的各类地图类作品等 15 类选题，属于重大选题，应备案于出版之前；按照有关专项规定，党代会和人代会文件汇编、法规汇编、年鉴和名录、人体美术图书和挂历、地图等 9 类选题，属于限制性选题，应由指定的出版社出版。

二是要遵循学术规范，保证学术质量。在保证政治质量的前提下，学术质量的高低就在很大程度上决定了图书的社会效益；同时，是否具有一定的学术质量，又是决定出版物能否出版的前提条件。笔者认为，一部作品必须至少具备科学价值、思想价值、艺术价值、知识含量这 4 个要素中的 1 个要素，同时具有独创性，才算具备一定的学术质量。

三是执行技术规范，保证编校、装帧质量和印装质量。对具有一定政治质量和学术质量的书稿，出版者还要按照一定的技术规范进行编辑处理，使之达到一定的出版要求。其中，编校质量的计算方法以新闻出版署 1997 年 3 月 3 日颁发的《图书质量管理规定》所附的"图书编校质量差错率的计算方法"为准；装帧质量包括材料选择、工艺选择、封面设计、版式设计等方面；印装质量取决于印装工艺水平和印刷材料等要素。

②重大出版项目数量

出版企业在战略投资过程中执行和完成重大出版工程和出版项目的情况，也是评估战略投资成效的重要指标。

通常所说的重大出版项目包括：国家级出版规划项目、国家级古籍整理出版规划项目、国家出版基金资助项目、国家级规划教材、新闻出版总署向青少年推荐项目、新闻出版总署"三个一百原创工程"项目、企业宣传文化专项资金项目，以及出版后获得"五个一工程"、"一本好书奖"、中国出版政府奖、中华优秀出版物奖、茅盾文学奖、鲁迅文学奖等重大的国家级和省部级奖励的项目。

这些重大项目基本是经过反复遴选才被列入项目名单的，通常具有比较高的思想文化水平和科技文化含量。它们在弘扬先进文化、传承民族传统、繁荣学术研究、表现时代精神、塑造美好心灵方面具有不可替代的重要作用，大多堪称时代经典，甚至不少是传世之作。因此，一个出版企业的战略投资能够收获的重大出版项目数量越多，说明其战略投资决策的社会效益越明显，其社会影响力和文化贡献率就越大。

③版权输出能力

企业在战略投资过程中，在一定期间内输出到海外以及港澳台地区的版权品种越多，作品所产生的国际影响越大，则其版权输出能力也就越强。品种数量可按输出的不同版本统计，系列书以版权输出合同为单位统计。版权输出能力是一面反映中华文化"走出去"基本情况的镜子，也是一面见证中华文化国际传播力的镜子。如果版权输出数量越多、产生的影响越大，说明该项战略投资所形成的企业在海外的文化传播力和影响力就越强。

近几年来，我国出版企业特别是大的出版集团对"走出去"的资金投入、战略投资力度不断加大，对外版权贸易成交活跃，版权输出和版权引进的比率不断提高。

④出版物出口能力

对于从事进出口业务的出版企业，其战略投资过程，应当有利于提高出版物的出口数量和能力。通常是根据新闻出版总署公布的当年"全国新闻出版业基本情况"，以出版物出口品种数量和出口收汇金额（以美元为统一结算标准）进行统计，计算出口市场份额，衡量出口能力。

对于像中国图书进出口（集团）总公司和中国国际图书贸易总公司这样的从事图书进出口业务的出版发行企业，它们这些年从事的开设海外销售网点、拓展海外销售渠道等战略投资行为，适合用此项指标进行评估和考核。这一指标同样也能够很好地说明此类出版单位的战略投资行为所产生的海外文化传播力和影响力。

⑤数字化水平

出版企业是信息采集、加工和传播企业，其数字化水平反映了企业的信息处理和传播能力。在战略投资过程中，出版企业所承担的数字化出版项目，以及企业的数字化信息管理平台建设水平、ERP等业务流程的信息化水平、数字出版的获利能力、网站建设和网络营销水平等，对于实现出版企业转型升级、做强做大具有不可忽视的重要作用。目前，许多大型国际出版集团的战略投资都纷纷投向数字出版领域，例如培生教育集团、亚马逊集团、爱思唯尔集团等，已经从数字出版领域获得了巨大回报，一些企业的数字出版收入已经超过集团总收入的 50%。

数字化出版已经成为时代潮流，也是未来出版业的发展方向。出版企业要通过对数字出版项目的战略投资来实现产业的转型升级和技术改造，探索成熟的数字化商业模式和盈利模式，不断提高数字化水平。

⑥智力资源建设状况

企业的智力资源建设状况，包括作者资源、客户资源，以及内部人力资源的开发、建设和提升情况。

从一定意义上说，最有远见、最有效的战略投资行为，应该是投向作为出版业创造主体的人。只有汇聚八方英才和四海俊彦，出版企业的战略投资决策才能够由成功走向新的成功。出版企业要通过战略投资活动，聚合一批高水平的作者队伍，建立一批具有成熟消费能力的忠实读者，拥有一批业务精湛、操守纯正的编辑策划人才和专业技术人才，拥有一批复合型的经营管理人才。当前，出版企业转企改制如火如荼，数字出版和跨国出版已如箭在弦上，而我国出版业高端复合型的经营管理人才奇缺。如果说，一项战略投资决策能够引进或者培养一支高素质、高水平、能打硬仗、善于运作的出版经营管理团队，那也是一个非常成功的投资决策。

（2）经济效益指标

主要包括国有资产保值增值贡献率、主营业务收入贡献率、利润贡献率、净资产收益率、成本费用占营业收入比率、流动资产周转率、资产负债率、市盈率等指标。

①国有资产保值增值贡献率

指出版企业在战略投资过程中，投资项目对国有资产保值增值的贡献情况。

对于正在进行转企改制的国有出版企业，战略投资的资本大多来自于国有资本，不能够随意使用或者浪费国有资产，更不能够在战略投资过程中导致国有资产的流失，而是需要努力实现国有资产的保值增值。

②主营业务收入贡献率

指出版企业在战略投资过程中，在一定期间内，投资项目对企业主营业务收入增长的贡献情况。出版企业的主营业务应当是各类出版物的生产、销售，而不是其他。

③利润贡献率

指出版企业在战略投资过程中，在一定期间内，投资项目所创造的利润对出版企业整体利润增长的贡献情况。

④净资产收益率

净资产收益率又称股东权益报酬率、权益报酬率、净资产利润率，是指利润额与平均股东权益的比值，是公司税后利润除以净资产得到的百分比率，也是衡量上市公司盈利能力的重要指标。净资产收益率越高，说明企业所有者权益的获利能力越高；净资产收益率越低，说明企业所有者权益的获利能力越弱。

企业资产既包括股东的投资，即所有者权益，也包括企业借入和暂时占用的资金。企业适当地运用财务杠杆，可以提高资金的使用效率，虽然借入的资金过多会增大企业的财务风险，但一般可以提高盈利；而借入的资金过少，会降低资金的使用效率。因此，净资产收益率也是衡量公司对股东投入资本的利用效率、衡量股东资金使用效率的重要财务指标。

⑤成本费用占营业收入比率

指出版企业在战略投资过程中，投资项目所花费的成本费用占其整个营业收入的比率，即成本费用／营业收入。

在实践中，受旧的体制机制影响，一些出版企业采取粗放型的投资增长方式，不节制成本投入和资源消耗，成本费用占营业收入比很高，导致"有码洋无利润，有增长无实绩"的情况。

⑥流动资产周转率

指出版企业一定时期内主营业务收入净额同平均流动资产总额的比率，是评价企业资产利用率的另一重要指标。它反映了企业流动资产的周转速度，能够促进企业加强内部管理，有效地利用流动资产创造短期投资收益，还可以帮助企业采取措施扩大销售，提高流动资产的综合使用效率。

一般情况下，该指标越高，表明出版企业流动资产周转速度越快，利用越好。在较快的周转速度下，流动资产会相对节约，相当于流动资产投入的增加，在一定程度上增强了出版企业的盈利能力；而周转速度慢，则需要补充流动资金参加周转，会形成资金浪费，降低出版企业盈利能力。

⑦资产负债率

资产负债率是全部负债总额除以全部资产总额的百分比，也就是负债总额与资产总额的比例，也称之为债务比率。负债总额指企业的全部负债，不仅包括长期负债，而且包括流动负债。资产总额指企业的全部资产总额，包括流动资产、固定资产、长期投资、无形资产和递延资产等。资产负债率是衡量企业负债水平及风险程度的重要标志。一般认为，资产负债率的适宜水平是40%～60%。对于经营风险比较高的出版企业，为减少财务风险应选择比较低的资产负债率；对于经营风险低的出版企业，为增加股东收益应选择比较高的资产负债率。

⑧市盈率

市盈率指一只股票的市场价格与每股收益（平均每股税后净利润）的比率[1]，又称价格—收益比率、股价—收益比率、市场盈利率、本益比。它通常用于投资者估算某只股票的投资价值，通过此项指标，可以看出考察期内股票价格的相对高低以及在此价格上交易的相对风险。一般认为，市盈率低的股票具有投资价值。如果一家出版企业股票的市盈率过高，那么该股票的价格具有泡沫，价值被高估。然而，当一家出版企业发展迅速且未来的业绩增长态势很好时，股票当前的高市盈率可能恰好准确表明了该出版企业的潜在的市场价值。不过，利用市盈率比较不同股票的投

1　中国大百科全书（第二版）第 20 卷. 北京：中国大百科全书出版社，2009. 360.

资价值时，这些股票必须属于同一个行业且公司的每股收益比较接近。

　　一般意义上而言，市盈率极高（如大于 100 倍）的股票，其股息收益率为零。因为当市盈率大于 100 倍，表示投资者要超过 100 年的时间才能回本，股票价值被严重高估，没有股息派发。美国股票的市盈率平均为 14 倍，表示回本期为 14 年。14 倍的市盈率折合平均年回报率为 7%。 对于我国目前上市的出版企业而言，市盈率适当高一点应该是一件好事，因为这样可以更好地提振各类投资者的信心，帮助出版产业获得更多资金和血液，积极地促进中国的出版传媒股这个新生儿在资本市场上茁壮地成长。当然，要想出版企业的股票拥有出色而合理的市盈率，最终还是要取决于出版业同仁能否以扎实的、持续的努力，创造出无愧于时代、无愧于投资者的骄人市场业绩。

本卷作者后记

《出版集团战略投资论》这部书稿，最初的名称是《出版集团如何打造战略投资者》，是中宣部"'四个一批'人才委托资助课题"。

我国的出版集团，当然也包括那些实力强大的单体出版企业，应该如何将自己打造成战略投资者呢？这实在是一个很大的课题，无论是从我国出版的实践看，还是从我国学者的研究看，都是如此。因为如此，2008 年，当时的中宣部出版局局长张小影同志为我确定这个研究课题时，我觉得这是领导在给我"出难题"。但静下心来想，难归难，它又确实是个很好的研究课题、研究方向，是迫切需要我们做出版的人，特别是做出版经营管理的人，认真面对、深入思考、有所交代的现实问题，是个贴近当前出版业改革发展实际的鲜活命题。

我们出版人，正在从事着鲜活的出版业大改革大发展的实践，正在实践中不断探索着改革的对象、发展的路径。记得在 2002 年，我刚到中国出版集团工作的时候，对于集团究竟该做些什么，怎么才算做好，心里没有底；不像在出版社，策划选题、编书卖书，事情很具体，做起来很实在，做得好不好心里很清楚。当时集团的主要领导杨牧之同志找我谈话，大意是说：比较起来，集团是个更大的平台。在出版社，你可以一本一本地做书；在出版集团，我们可以团结几千位同志一起，一批又一批地做书，可以出版更多更好的书；不仅要做具体的出版，还要做宏观的经营管理。这些，就成了我对出版集团的最初的基本认识。

中国出版集团成立之后，一直在改革，一直在变化，一直在改革中求新求变求发展。改革的基调，最初是"三统一""三步走"和"化学反应"。"三统一"是人事统一调配、财务统一管理、资源统一利用，"三步走"是资源整合、结构调整、业务重组。按照长春同志的要求，我们努力由行政捏合的集团变成真正的集团，由"物理反应"过渡到"化学反应"。

第二个阶段改革的基调是"转企改制"。2003 年年底，国办发〔2003〕105 号文件下发，要求经营性文化事业单位转制为企业；2004 年年初，国函〔2004〕22 号文件下发，要求中国出版集团转制为中国出版集团公司，按照国务院授权管理成员单位的国有资产，行使人事管理权、资产收益权、资源配置和重大事项决策权等出资人权利。在新的形势下，按照云山同志的要求，我们"三步并作两步走"，加快了以转企改制为中心的改革步伐。转制，包括单位的转变和人的转变。就单位而言，转制就是转变资产的组织、管理体制，就是由事业单位转变为企业，由一般意义上的集团转变为母子公司制的现代企业集团；就职工而言，转制就是改革人事、劳资、分配制度，把"事业人"转变为"企业人"进而转变为"社会人"。转企改制是个大文章，我们大约花了五年时间才基本做完。

第三个阶段改革的基调应当就是"打造出版战略投资者"。2007 年召开的党的十七大，把文化体制改革带入新的历史进程。十七大号召，要"在时代的高起点上推动文化内容形式、体制机制、传播手段创新，解放和发展文化生产力"，要"推动社会主义文化大发展大繁荣"，"提高国家文化软实力"，要"培育文化产业骨干企业和战略投资者，繁荣文化市场，增强国际竞争力。"面对新的形势，中国出版集团公司在聂震宁等同志的带领下，进行了积极的探索。我们努力促进文化资源与社会资源、金融资本的对接，积极开展集团内部结构重组、国内市场兼并重组、海外市场设点布局的工作，积极谋划上市融资工作。这些工作，都是打造出版战略投资者的有益尝试。

中国出版集团公司的这些改革发展实践，只是这些年来全国出版业不断改革发展的一个缩影、一个侧面。我很幸运，有机会参与了中国出版集团公司这些改革尝试，并且也有机会了解到、感受到兄弟出版企业乃至整个出版行业这些年来丰富的改革实践、巨大的发展变化。这些，正是我能够完成《出版集团战略投资论》这个课题的信心和凭借所在。

光有信心还很不够，资料的收集、理论的借鉴，都需要耗费极大的精力。实施课题研究的时候，我又很幸运地得到了全冠军、何奎、李红强三位同事不可缺少的重要的支持和帮助。中宣部出版局和干部局的领导，比如王萍、张鑫同志，在经费拨付等方面为本课题提供了直接的支持。我的同事马汝军、权舆等同志，在本课题转化为书稿的过程中，也提供了有益的帮助。学术著作通常发行不多、出版不易，新星出版社的谢刚社长，不以经济效益为先，鼎力赞襄，使本书得以顺利出版。

柳斌杰署长，于百忙之中拨冗为本书作序，给了我极大的鼓舞和鞭策。我以为，斌杰署长通过他的序言，不仅是向作者个人，也是向广大出版工作者，再一次发出了"打造出版战略投资者"的号召。

对于前面提到的各位领导、各位同事，在此一并表示衷心的感谢！

出版改革未有穷期，出版发展前景广阔。对于如何"打造出版战略投资者"，这本书只是进行了初步的探索。囿于作者学养和认知水平，不当甚或错谬之处在所难免。在此，诚恳欢迎各位读者特别是业界同人批评指正。

《出版行思录》作者后记

我从事出版工作至今已有 35 年。主要经历了两个阶段：1983 ~ 2001 年在中国大百科全书出版社，主要从事编辑出版业务工作；2002 年至今在中国出版集团公司，主要从事出版管理工作。

在大百科出版社，从编辑做起，历任几个编辑部的副主任、主任，总编室主任，副总编辑。曾担任《中国大百科全书（第一版）》的学科卷责任编辑，曾主持编纂《中国大百科全书（简明版）》《中华百科全书》等重大出版工程。

在中版集团，先是作为筹备领导小组成员之一，参与集团筹建，后任集团秘书长，2004 年起任集团公司党组成员和副总裁至今。其中，2012 ~ 2014 年一度兼任中国图书进出口（集团）总公司总经理；2012 年起兼任中国出版传媒股份有限公司监事会主席，2015 年起兼任中国出版集团公司机关党委书记。在集团，先后分管信息技术与数字化、转企改制、出版业务、国际合作、战略规划、资产与投资、办公室、党建群团、资源整合、品牌建设、企业经营、财务管理等多方面工作。

这套《出版行思录》，是对前 35 年出版工作的一个总结回顾。边干边学，边工作边思考，是取名《出版行思录》的缘由。

《出版行思录》共 8 卷，收录本人有关编辑出版、出版管理、企业管理方面的论著、论文、讲话和书评等，计 196 万字。

第一卷《产业观察》，主要是对出版产业的观察与思考，宏观的如文化软实力、出版规划、产业趋势，微观的如集团管理、出版社管理、企业经营。

第二卷《出版高地》，主要是对编辑与出版、选题与市场规律的总结与分析。

第三卷《改革制胜》，涉及体制改革、机制创新、出版战略、品牌建设等内容。

第四卷包括《国际视野》和《数字时代》两辑。上辑《国际视野》是对于建设国际化企业，对于中国出版、中国文化走向世界的实践与思考。下辑《数字时代》探讨了出版信息化、数字出版、数字阅读的新趋势等方面的问题。

第五卷包括《第一现场》和《第三只眼》两辑。上辑《第一现场》收录了作者参与的重要出版活动，可以作为很多重要作品、重要活动的现场见证。下辑《第三只眼》，收录媒体记者对作者的采访，以及出版人对作者的评论。

第六卷包括《本立道生》和《岁月留痕》两辑。《本立道生》收录了有关党的建设、人才建设、职业修养方面的实践与思考。《岁月留痕》，略微呈现作者职场外的生活。

第七卷、第八卷分别收录了作者过去出版的《编辑出版论谭》和《出版集团战略投资论》。

第七卷《编辑出版论谭》，初版于 2005 年。论述了编辑出版的基本理念、基本概念、基本流程，讨论了出版物质量、出版者素质要求和出版机构组织形式，着重讨论了百科全书等工具书编纂的基本理论与方式方法。

第八卷《出版集团战略投资论》，初版于 2011 年。是作者对创新出版企业战略管理模式、培育大型骨干文化企业和战略投资者的深入思考。

第一至第六卷的稿件，主要是在 2002～2017 年期间形成的，个别的到 2018 年。第七、第八卷的内容，形成时间较早，有些情况、资料、判断或已过时；但考虑到毕竟记录了那个时期的实际，反映了那个时期的认识，可以作为历史资料来参考，因此这次没有对这两部书稿进行内容调整。实际上，前六卷时间跨度 15 年，也存在类似的情况：随着出版工作实践的推进、改革发展的深化，我们面临的情况、问题、工作目标也在变化，我们的工作重点、思考重点、观察视点、认识水平也在变化。如实保留这些思考与认识的演变、深化过程，作为原始记录，以供同行和后人研究分析、参考比较、批评指正，正是编辑这套《出版行思录》的初衷。

在《编辑出版论谭》和《出版集团战略投资论》的后记中，

作者已经分别对这两本书的形成过程作了说明，并对有关领导和同事所给予的支持、帮助表达了谢意。

在这里，我要特别感谢中国出版集团的领导和同事们！我在集团经历了三届领导班子，杨牧之、聂震宁、谭跃以及李朋义、王涛等主要领导，宋晓红、王俊国、周洪立等各位班子里的同事，在推动集团建设、改革、发展的过程中，贡献了自己的智慧和才干，为我观察问题提供了基本的环境和条件；他们的思想，也为我思考问题提供了重要的引导、启示和帮助。

这套《出版行思录》中许多文稿的形成，都得到过我所分管过的相关部门、相关单位的众多同事的帮助，或帮我提供基础资料，或帮我修改完善。这样的同事很多，恕不一一列举，我对此铭记在心，感谢不已！

在辑录这套《出版行思录》的过程中，阿去克同志帮我对书稿进行了认真审改；仝冠军、权舆同志帮我搜集整理、编辑加工，做了许多基础性的编辑工作。对此，一并深表感谢！

岑红同志作为这套《出版行思录》的特约责任编辑，在稿件整理、筛选分类、编辑加工、审读编排、出版印制等方面，全过程地给予了支持和帮助。人民出版社的黄书元社长、蒋茂凝社长，以及相关的责任编辑、审读、出版管理人员，装帧设计师罗洪先生，特约编辑王春霞等同志，都为本书的出版提供了直接的帮助。对此，表示特别的感谢！

杨牧之同志是我的老领导，是出版界的老领导，也是著名的出版家、作家。牧之同志亲自为本书作序，是本书的幸运，也使我本人不胜荣幸。我当继续努力工作与思考，努力不负厚望。谨向牧之同志表示衷心的感谢！

"何以上达？曰下学；何以远到？曰近思。"囿于本人的认识水平，这套书的内容难免存在缺点甚至错误。敬请读者朋友批评指正！

刘伯根

2018 年 11 月 25 日